D1730120

KATJA LINKE

LET'S GO
HIMALAYA!

Wo bitte geht's nach Shangri-La?

Für Gunther,
meinen Everest

Bibliografische Information der Deutschen Nationalbibliothek
Die Deutsche Nationalbibliothek verzeichnet diese Publikation
in der Deutschen Nationalbibliografie; detaillierte bibliografische
Daten sind im Internet über http://dnb.d-nb.de abrufbar.

© 2020 Dr. Katja Linke
Covergestaltung: Emir Oručević – Studio Pulp, New York
Buchmarketing und Design: Agentur Mainwunder
Sämtliches Bildmaterial: Dr. Katja Linke
Das Zitat des Dalai Lama entstammt den Lebensregeln des 14. Dalai Lama

TWENTYSIX – der Self-Publishing-Verlag
Eine Kooperation zwischen der Verlagsgruppe Random House und BoD –
Books on Demand

Satz, Herstellung und Verlag:
BoD - Books on Demand, Norderstedt

ISBN 978-3-7407-6590-3

Inhalt

Diagnose: Reisefieber

Hatten Sie schon einmal das Gefühl, ein Hamster im Laufrad des alltäglichen Wahnsinns zu sein, ohne Aussicht darauf, dass dieser Zustand sich in absehbarer Zeit ändern könnte?

Ich bin Hausärztin und es entspricht meiner beruflichen Philosophie, mir Zeit für die Gesundheit meiner Patienten zu nehmen. Das ist nicht immer einfach und manchmal glaube ich, vor vollen Behandlungsräumen, dem nicht enden wollenden Telefongeklingel und einem überquellenden Schreibtisch kapitulieren zu müssen.

Die letzte Grippesaison belastete meine Mitarbeiter und mich ganz besonders, denn viele Menschen waren schwer erkrankt und hatten lange mit den Krankheitserregern zu kämpfen. Ein Ende schien nicht in Sicht und trotzdem versuchte ich zusammen mit meinem Team, an hektischen Tagen den Überblick zu behalten und unseren Patienten freundlich und respektvoll zu begegnen.

Ich kann von mir sagen, dass ich mit Leib und Seele Ärztin bin und meinen Beruf liebe, denn er ist mir Berufung. Aber meine hausärztliche Tätigkeit ist nicht alles. Ich bin ein Familienmensch, mein Mann Gunther und unsere beiden Töchter sind mir sehr wichtig. Wir gehören zusammen. Katharina hat im vergangenen Jahr ihren ersten Geburtstag als Teenager gefeiert. Wir nennen sie liebevoll unser erstgeborenes Glück. Nur vierzehn Monate nachdem sie das Licht der Welt erblickt hatte, verdoppelte sich das Glück durch unsere zweitgeborene Tochter Julia. Mein Mann ist als Betriebswirt tätig und arbeitet als selbstständiger Unternehmensberater. Er positioniert Menschen, Produkte, Firmen, damit sie erfolgreich am Markt bestehen können. Als ich vor vielen Jahren meinen beruflichen Traum von einer eigenen Arztpraxis verwirklichte, stand er mir beratend und tatkräftig zur Seite. Ich habe mir mein Glück selbst erarbeitet: Meine Praxis passt zu mir, und ich passe zu meiner Praxis. Aber ich teile das Schicksal tausender berufstätiger Frauen: Es fällt mir schwer, die Balance zwischen Familie und Beruf zu finden und meinen eigenen Bedürfnissen dabei gerecht zu werden.

Am Ende jener Grippesaison war auch ich am Ende. Hinter mir lagen viele Tage, an denen ich vor lauter Arbeit nicht recht wusste, wo mir der Kopf stand. Mein Akkustand zeigte Rot. Zum Leidwesen der Familie war ich angespannt, ungeduldig und beim gemütlichen Fernsehabend schlief ich meistens auf der Couch ein. Meine Lieben ertrugen mich mit Fassung. Was blieb ihnen auch anderes übrig?

Alles hat seine Grenzen, so weiß es zumindest der Volksmund. Grenzen sind mir vertraut: Als Ausdauersportlerin war ich schon öfter am Limit. In meiner früheren Berufspraxis als Notärztin prägte die Arbeit an der Grenze zwischen Leben und Tod meinen Alltag und als Ehefrau und Mutter bleiben familiäre Grenzerfahrungen nicht aus. All diese Erfahrungen haben mir nicht nur mein Begrenztsein bewusst gemacht, sondern veranlassten mich dazu, immer wieder meine Kraftquellen aufzuspüren. Seither weiß ich: Auftanken ist wichtig. Nicht nur für das Auto. Mit neuer Energie generiere ich neue Ressourcen. Für mich sind Reisen ein willkommenes Kontrastprogramm, bei dem ich nicht nur Ablenkung erfahre, sondern die heilsame Energiequelle spüre, die mich wieder erdet und von der ich lange zehren kann.

Wann beginnt eine Reise und wann endet sie?

Für mich begann meine Reise, die im Verlauf zu unserer Reise werden sollte, mit dem Aufleuchten einer Idee. Gleich einem Funken, der ein Feuer entzündet, wuchsen daraus mit gewaltiger Energie eine Fülle von Bildern und ein stilles Wissen, welches ahnen ließ, dass sich etwas Besonderes anbahnt. Es begann ganz simpel an meinem Schreibtisch. Ich saß bei einer Tasse Tee und gönnte mir eine Pause. Der erste ruhige Nachmittag seit Langem. Die Familie war nicht zu Hause und zu meinen Füßen eingerollt lag Toto, unser Hund. Draußen regnete es, die Tropfen perlten an den Fensterscheiben ab. Ich genoss das Gefühl, allein zu sein und nichts tun zu müssen.

Meine Gedanken flogen durch den Regenschleier vor dem Fenster hindurch und suchten nach schönen Erinnerungen, die mehr Farbe und Abwechslung in den hektischen Alltag bringen sollten. Dabei kam mir eine Reise nach Indien in den Sinn, die ich einige Jahre zuvor mit meiner Freundin Jeanette unternommen hatte. In meiner Erinnerung hörte ich das Trommeln und die Gesänge in Rishikesh und das Rauschen des Ozeans am Strand von Goa. Dazu gesellten sich Bilder und die Vorstellung von Farben und Düften, wie ich sie noch nie zuvor in meinem Leben wahrgenommen hatte.

Und dann, genau in diesem Moment der Erinnerung, passierte etwas Ungeplantes. Ich löste mich von vergangenen Bildern, und mit der Wucht einer Lawine wuchs die Idee von einer neuen Reise, dieses Mal in den Himalaya. Vom Dach der Welt fühlte ich mich seit vielen Jahren in magischer Weise angezogen. Schon als Kind verschlang ich den Tim-und Struppi-Comicband »Tim in Tibet« immer wieder. Später faszinierte mich »Der verlorene Horizont«, ein Weltbestseller von James Hilton. Dieser 1933 erschienene Roman handelt von dem fiktiven Ort Shangri-La in den tibetischen Bergen, einer idealisierten Welt des Friedens und tiefer Menschlichkeit. Meine Sehnsüchte waren durch das Kultbuch berührt. Ich fragte mich, ob man im heutigen Tibet etwas vom Zauber eines sagenumwobenen Shangri-La spüren konnte. Mein Entdeckergeist erwachte. Es interessierte mich, inwieweit die Realität von der Idealisierung abweicht. Außerdem faszinierten mich alpine Bergtouren und Expeditionsberichte, in denen Menschen an ihre physischen und psychischen Leistungsgrenzen gelangten.

Mein Entschluss stand fest: Ich wollte die Region bereisen, die als Dach der Welt bezeichnet wird und dem Himmel so nah ist wie kein anderer Ort auf dieser Welt.

Wo bitte geht's nach Shangri-La?, kritzelte ich auf einen Notizzettel. Ich heftete ihn an meine Pinnwand und fragte mich: Und wen nehme ich mit?

In keinem Fall aber wollte ich allein dorthin aufbrechen, weshalb ich am liebsten ein Familienmitglied dabeihaben mochte. Ich überlegte: Gunther war zu diesem Zeitpunkt beruflich stark engagiert, Katharinas ganze Kraft galt der Schule und ihrem Sport, und ich war mir nicht sicher, ob Julia körperlich den Anforderungen und Entbehrungen dieser Reise gewachsen war. Trotzdem entschied ich mich für sie, unser zweitgeborenes Glück, meine elfjährige Tochter. Von ihren guten und liebenswerten Eigenschaften schätze ich in besonderem Maße, dass sie ausgeglichen ist und über ein erstaunliches Improvisationstalent verfügt. Uns verbindet Spontaneität, wir sind beide belastbar und neugierig.

»Julia, möchtest du mich in den Himalaya begleiten?«, fragte ich sie am Abend vor dem Zubettgehen.

»Was ist der Himalaya? Ein neues Einkaufszentrum mit coolen Klamotten? Oder ein Restaurant?«, murmelte meine Tochter schlaftrunken.

Laut lachend strubbelte ich ihre Haare und kitzelte sie.

»Mein kleiner Schatz, der Himalaya ist das höchste Gebirge der Erde und liegt in Asien. Erinnerst du dich an mein altes Comicheft von Tim und Struppi? Tim erlebt Abenteuer in Tibet, und genau dort möchte ich hin.«

Julia richtete sich mit einem Ruck im Bett auf, schaute ihren Stoffbären an und antwortete hellwach: »Nach Tibet? Na klar, da bin ich dabei. Aber nur, wenn ich meinen Teddy mitnehmen darf. Für den musst du einen Reisepass besorgen. Und außerdem musst du mir versprechen, dass wir zum höchsten Berg der Welt gehen!« Sie klemmte sich ihr Kuscheltier unter den Arm, blinzelte mich mit ihren Kulleraugen an und hauchte ein »Bitte-bitte-bitte« hinterher.

Wie könnte ich diesem Blick widerstehen? Julia umarmte mich überschwänglich, sodass mir fast die Luft wegblieb. Ich war glücklich. In diesem Moment hatte ich meine Reisebegleiter gefunden: Julia mit ihrem Schmusekissen und der Teddy Herr Rauzga. Die Vorbereitungen konnten beginnen!

Ich platzte vor Tatendrang und geriet in einen fast schon manischen Zustand. Meine ärztliche Kollegin diagnostizierte mir augenzwinkernd schweres Reisefieber. Mit großer Freude und Hingabe plante und organisierte ich unsere Tour.

Julia ließ sich von meinem Reisefieber anstecken. In einem Brief an ihre Großmutter schrieb sie:

Liebe Oma!
Es gibt tolle Neuigkeiten! Im Oktober starten Mama und ich auf eine megacoole Abenteuerreise nach Tibet. Weißt du überhaupt, wo das liegt? Auf unserem Globus habe ich nachgeschaut: Tibet gehört zu China und mit meinem Finger bin ich schon hingereist, das ging ganz schnell, aber ich musste die Weltkugel ein ganzes Stück drehen. Bei unserer richtigen Reise fliegen wir mit einem Airbus und der Flug dauert so lange, dass wir zwischendurch landen müssen und sogar nachts im Flugzeug schlafen. Und das Beste ist: Ich bekomme schulfrei! Meiner Schuldirektorin musste ich versprechen, dass ich nach unserer Rückkehr von unserer Reise erzähle und Bilder zeige. Papa kauft mir sogar eine eigene Fotokamera!

Oh Omi, ich bin so aufgeregt! Ich war noch nie auf einem anderen Erdteil und möchte unbedingt wissen, ob es dort auch so aussieht wie hier in Europa. Es interessiert mich, ob die Kinder in die Schule gehen müssen, wie sie in ihren Familien leben und was es zum Essen gibt.

Mama hat mir erzählt, dass es spannende Geschichten über ein heiliges Kind gibt, das von Mönchen lange gesucht und in einem einfachen Haus bei ganz armen Leuten gefunden wurde. Dieser Junge hat später in einem großen Palast gelebt und auf einem goldenen Thron gesessen. Mehr wollte sie mir aber noch nicht verraten. Ich bin ganz schön neugierig und möchte unbedingt wissen, ob der Bub ein König war und was aus ihm geworden ist.

Ach ja, fast hätte ich es vergessen: In Tibet steht auch der höchste Berg der Welt, der Mount Everest. Den möchte ich unbedingt sehen, das habe ich mir gewünscht. Mama hat mir versprochen, dass wir in das Basislager gehen. Von dort starten die Bergsteiger zum Gipfel. Aber keine Angst, wir gehen nicht hoch. Das wäre viel zu gefährlich. Am liebsten würde ich euch mitnehmen, aber das geht ja nicht, weil dein Knie nicht mehr so gut läuft. Aber weißt du was? Ich mache dir einen Vorschlag: Wir suchen aus deinem Garten einen Stein aus, den nehme ich mit und bringe ihn zum Everest. Das ist dann so, als wärst du selbst dort gewesen. Abgemacht? Also dann: Let's go Himalaya!

Viele Grüße
deine Julia

Mein privates und berufliches Umfeld beobachtete unsere Reisevorbereitungen mit gemischten Gefühlen. Scherzhaft fragten mich einige meiner Patienten, ob ich nach dem berühmten Schneemenschen, dem Yeti, suchen würde, und mahnten zur Vorsicht. Diesen Äußerungen begegnete ich mit einem entwaffnenden Lächeln und einem lässigen Schulterzucken. Die Bedenken meiner Eltern hingegen nahm ich sehr ernst. Es brauchte ein vertrauensvolles Gespräch, um ihre fürsorglichen Ängste auf ein elterliches Minimum zu reduzieren. Ich war gerührt, als sie mir vor unserer Abreise mit guten Reisewünschen das Buch »Im Herzen des Himalaya« von Alexandra David-Néel schenkten. Sie war als allein reisende Frau Anfang des 20. Jahrhunderts in Nepal und Tibet unterwegs und wurde später als erste Europäerin in den Stand eines spirituellen Lehrers, eines Lama, erhoben.

Auch meine knapp neunzig Jahre alte Patentante sorgte bei unserer Verabschiedung im Familienkreis für eine Überraschung. Beim Essen erhob sie ihr Glas, um auf unsere gesunde Rückkehr anzustoßen. Dann sang sie das Lied »Wem Gott will rechte Gunst erweisen, den schickt er in die weite Welt«. Hochbetagt und lebensweise verteidigte sie unsere Reisepläne gegenüber manch kritischer Stimme mit den knappen Worten: »Die Schule des Lebens ist die beste! Junge Menschen müssen raus in die Welt!«

Gunther ließ mir die Freiheit, meinen Traum zu erfüllen und diese Reise in Angriff zu nehmen. Auf die wiederholte Frage, wie er mich mit unserer jüngsten Tochter in »so ein Land« lassen könne, gab mein Mann stoisch und schulterzuckend zur Antwort: »Ihr wisst doch, dass Katja sich nicht abhalten lässt, wenn sie sich etwas in den Kopf gesetzt hat. Ich weiß, dass ich mich auf sie verlassen kann.«

Hilfe, wir sind Aliens!

Wir können nicht sagen, man hätte uns vor unserer Abreise nicht gewarnt. Tibet ist kein touristisch erschlossenes Land. Aus chinesischer Perspektive öffnet sich Tibet gerade für den Tourismus, was faktisch bedeutet, dass zumeist chinesische Touristen mit Bussen durch das Land und in die Klöster gekarrt werden. Dort machen sie ebenso viele Fotos, wie sie Miniaturgeldscheine an Götterstatuen stecken. Kein persönlicher Kontakt mit Land und Leuten, kein intensives Eintauchen in eine Kultur. Alles kontrolliert und geordnet, begleitet von einem Reiseleiter, der einen Schirm trägt, durch ein Mikrofon spricht und die Gruppe per Kopfhörer durch die Klosteranlagen lotst. Er beaufsichtigt den anschließenden Souvenirkauf und führt die Gruppe am Ende zurück zum Bus, um die nächste genehmigte Sehenswürdigkeit anzusteuern. Das ist gewollter Tourismus in Tibet.

Die englische Sprache stellt dafür den passenden Begriff zur Verfügung, wenn vom *Sightseeing* die Rede ist, bei dem der Reisende, wörtlich übersetzt, eine Ansicht sieht. Es geht nicht um das Erleben von Ferne und Fremde, sondern um die *Sight*: das Sehen von Gesehenem. Oder sollten sich ganze Heerscharen technikaffiner Menschen irren, wenn sie mit auf Selfiesticks montierten Smartphones durch die Sehenswürdigkeiten der Welt ziehen und die pervertierte Ansicht der Ansicht in Form von Selfies festhalten und in den sozialen Netzwerken posten? So wie der Begriff *Sightseeing* suggeriert, genügt das Sehen einer Abbildung, die persönliche Auseinandersetzung mit der eigenen Erfahrung und Wahrnehmung wird verzichtbar bis unmöglich. Der Reisende ist durch das Hantieren mit Kamera, Smartphone und Tablet ohnehin viel zu beschäftigt. Schließlich wollen die Daheimgebliebenen und die sogenannten Follower in den sozialen Medien auf dem Laufenden gehalten werden. Wer soll da Zeit, Raum und Muße für einen emotionalen Eindruck und eine persönliche Einschätzung haben? Was darf und was soll gesehen werden?

Der Legende nach verfolgte der russische Feldmarschall Grigori Alexandrowitsch Potjomkin eine besondere Idee, um die Wahrnehmung der Zarin Katharina II. zu beeinflussen. Entlang der Wegstrecke ließ er Dörfer aus bemalten Kulissen errichten, um den Vorbeireisenden eine Scheinrealität vorzugaukeln. Indem die Grenzen zwischen Original und Reproduktion verschwimmen, ergeben sich vielfältige Möglichkeiten zur Manipulation, die letztlich dazu dienen, dass eben nur das gesehen werden soll, was der politischen Propaganda dient.

Ich wollte keine Kulissenstädte mit attraktiv herausgeputzten Schauseiten gezeigt bekommen, sondern das wahre Gesicht dieses Landes und seiner Menschen mit all meinen Sinnen wahrnehmen und mir meine eigene Meinung bilden. Wir fühlten uns bestmöglich vorbereitet: Wir hatten uns ausgedehnten medizinischen Untersuchungen unterzogen. Medizinerkollegen hielten uns für die Höhenanpassung geeignet. Julia war ohnehin durch ihre zahlreichen sportlichen Aktivitäten in einem ausgezeichneten Trainingszustand. Zu meiner Vorbereitung hatte ich mir eine Portion Askese verordnet: Ich absolvierte in sechs Monaten unzählige Trainingskilometer, die ich bei gutem Wetter joggend durch die heimatlichen Weinberge und bei schlechter Witterung auf dem Laufband absolvierte. Vor unserer Reise hatte ich einige Kilogramm Gewichtsballast abgeworfen und mir beim medizinischen Gesundheitscheck *grünes Licht* geben lassen. Bei der Höhenanpassung wollten wir nichts dem Zufall überlassen. Ich plante ausreichend Zeit für kleine Höhenschritte ein, damit sich unsere Körper gut akklimatisieren konnten. Zeitliche Puffertage, eine gut ausgestattete Reiseapotheke und mein medizinisches Fachwissen sollten das Risiko einer Höhenerkrankung minimieren. Die Ausstattungsliste des Veranstalters hatte ich mit Kollegen und ehemaligen Tibet-Reisenden diskutiert und ergänzt. Aus meiner Sicht waren wir auf alle Eventualitäten vorbereitet. Und doch hatte ich die mahnende Stimme eines Tibet-Kenners im Ohr:»Ihr seid abseits der touristischen Pfade unterwegs. Seid vorsichtig und wachsam!«

Diese Worte flößten mir Respekt ein, aber sie änderten nichts an meiner Absicht, in die kulturellen und politischen Gegebenheiten dieses Landes eintauchen zu wollen.

Die Einreise nach Tibet ist nur mit Gruppenvisum möglich. Julia und ich reisten zwar mit einem Gruppenvisum ein, aber als kleinstmögliche Gruppe: zwei Personen. Unser Visum erhielten wir von der chinesischen Botschaft in Kathmandu, weshalb wir von Deutschland zunächst nach Nepal reisen mussten und von dort aus weiter nach Tibet. Auf unserem Flug durch das Kathmandu-Tal in Richtung Lhasa erfüllte uns tiefe Vorfreude.

Wir planten, uns drei Tage in Lhasa und Umgebung aufzuhalten, um uns an die Höhe zu gewöhnen und die buddhistischen Kunstschätze kennenzulernen. Wir beabsichtigten, von dort aus für fünf Tage durch Tibet zu fahren, um dann von Old Tingri aus mit einem Yak als Lastentier und einer Trägermannschaft das mehrtägige Trekking zu beginnen. Unser Ziel war das Basislager des Mount Everest, wo wir – abhängig von der Witterung – zwischen zwei und vier Tagen Aufenthalt einplanten, bevor wir in zwei weiteren Tagesetappen mit dem Wagen nach Lhasa zurückfahren wollten. Leider reichte unsere Zeit nicht aus, um zum Kailash zu reisen. Dieser Berg ist für Hindus und Buddhisten ein Symbol des Weltenberges Meru und in deren Verständnis spirituelles Zentrum des Kosmos. Wir mussten uns entscheiden und favorisierten den Everest, auch *Mutter des Universums* genannt. Den Kailash als Pilgerziel und *Thron der Götter* schafften wir auf dieser Reise nicht. Mit einigen Tagen als zeitlichen Puffer und den Übernachtungen in Kathmandu zur Verbindung der Flugetappen würden wir einen knappen Monat unterwegs sein. Eine Anspannung erfasste mich und ich war neugierig auf all die Erlebnisse, die uns erwarteten. Ich lehnte mich in meinem Flugzeugsitz zurück und beobachtete Julia, die an ihrem Schmusekissen nestelte und vor Aufregung rote Flecken auf den Wangen bekam. Immer wieder fühlte sie in ihrer Hosentasche, ob der mitgeführte Stein aus Omas Garten da war. Bei der Sicherheitskontrolle am Flughafen hätte sich dieser Wegbegleiter fast als Hindernis erwiesen, denn als meine Tochter die elektronische Schleuse durchschritt, ertönte ein schrilles Alarmsignal. Uniformierte Beamte eilten herbei, Julia wurde abgetastet, der Stein als mögliche Ursache identifiziert und nachfolgend einer Durchleuchtung sowie einer Überprüfung auf Sprengstoff unterzogen. Die eingeschlossenen glitzernden Metallpartikel, die meine Tochter für genau dieses Exemplar aus dem großelterlichen Garten begeistert hatten, wurden als potenziell gefährlich eingestuft. Der Sicherheitsbeauftragte wurde geholt und legte die Stirn in Falten. Es sei dahingestellt, ob Überredungskünste oder Julias Tränenfluss den Beamten davon überzeugen konnten, dass dieser Stein stellvertretend für Oma mitgenommen werden musste. Als meine Tochter schluchzend verkündete, dass die Weiterreise ohne den Stein für sie undenkbar wäre, winkte der Uniformierte ab und wir durften passieren. Gott sei Dank war mir eine eskalierende Machtprobe zwischen kindlichem Ultimatum und sicherheitstechnischen Bedenken erspart geblieben.

Unsere ganze Aufmerksamkeit galt dem Naturschauspiel außerhalb der Maschine: Wir bewegten uns wie auf einem Meer aus graublauen Schaumkronen. Auch nach dem Erreichen der Flughöhe überragten einige Gipfel die Wolkendecke beträchtlich. Wie Felsnadeln durchstachen sie das Wolkenmeer und markierten den Scheitelpunkt des Himalaya als höchstes Gebirge unserer Erde. Das menschliche Auge sucht vergeblich nach einem Halt zwischen weitläufigen Schneelandschaften und schroffen Felswänden mit ihren Gipfeln, Graten und tiefen Spalten. Nie zuvor hatte ich eine derart majestätische Gebirgslandschaft aus der Luft gesehen. Aus dieser Perspektive wirkte die regelmäßige Gipfelpyramide des höchsten Bergs der Welt mit seinen knapp 9.000 Metern über alles erhaben, denn der Mount Everest überragte seine Begleiter Nuptse und Lhotse, beide ebenfalls Achttausender, um ein gutes Stück. Als die Maschine den Sinkflug antrat und wie ein metallener Vogel durch die dichte Wolkendecke stieß, wechselte für uns völlig unerwartet das Landschaftsbild. Vor uns breitete sich wie ein grünes Band ein Flusstal aus, auf beiden Seiten gesäumt von kahlen, gelblich grauen Felsbergen: das Tsangpo-Tal. Dieser gewaltige Wasserlauf zählt zu den höchstgelegenen Flüssen der Erde und wird in seinem weiteren Verlauf durch Indien Brahmaputra genannt. Die sich windenden Wasseradern erinnerten mich an die Gefäßversorgung im menschlichen Körper, und auch hier pulsierte der Strom als Lebensader Zentraltibets. Zwischen den blau und grün schillernden Wasserläufen entdeckten wir zahlreiche kleinere und größere Inseln aus Sand und Geröll. Wie in einem Werbeprospekt strahlte die Sonne vom stahlblauen Himmel und vor uns lagen Felder und glitzernde Flussarme in klarem Licht. Zwischen ihnen tat sich ein heller Streifen auf, den wir als Landebahn von Lhasa Gonggar identifizierten, dem einzigen internationalen Flughafen des Hochlandes. Mit einem unsanften Holpern setzte die Maschine auf und diese ruppige Landung sollte uns einen Vorgeschmack auf die bevorstehende Einreise geben.

Beim Betreten des Terminals über die Gangway lag ein langer Flur vor uns, unterbrochen von Durchgangsbarrieren, die in regelmäßigen Abständen aufgebaut waren. Dort saß jeweils ein Beamter oder eine Beamtin in blauer Uniform und kontrollierte unsere Pässe. Zwischen diesen Offiziellen herrschte Sichtkontakt und von einer Durchgangsbarriere zur nächsten gab es nichts, was sich an unseren Papieren oder unserem Gepäck geändert hätte. Aber jeder wollte die Papiere und die Pässe sehen, machte ein ernstes Gesicht und forderte uns mit einem energischen »You go!« zum Weiterlaufen auf. Zwischendurch mussten wir entweder warten oder im schlimmsten Fall eine Leibesvisitation über uns ergehen lassen. Dabei drängte man uns zuerst in eine Kabine und tastete uns dann mit behandschuhten Händen in respektloser Weise ab. Bei Julia geschah das etwas oberflächlicher, bei mir wollte man besonders gründlich sein. Ziemlich kraftvoll fuhren die fleischigen Hände der Beamtin an meinem Körper entlang, betasteten selbst Brüste und Schritt in entwürdigender Weise. Als mir bei einer dieser Untersuchungen zudem vom Hosenbund bis in den Slip gefasst wurde, musste ich an mich halten, weil ich am liebsten die Hände der Beamtin weggeschlagen hätte. Ich fühlte mich widerlich begrapscht und erniedrigt. Der Sinn dieser wiederholt gleichen Kontrollen erschloss sich uns nicht.

Schließlich wurden uns vor dem Einreiseschalter die Reisepässe weggenommen. Eine uniformierte Frau befahl uns, aus der Reihe der anderen Passagiere herauszutreten. Ich wusste nicht, was ich davon halten sollte. Nach einiger Zeit kam ein weiterer Beamter, ließ sich das Visum zeigen, drückte einen roten Stempel darauf und nahm es mit.

Das fing ja gut an. Ausgesondert aus der Reihe der anderen Passagiere, die mittlerweile schon fast alle problemlos den Einreiseschalter passiert hatten, warteten Julia und ich ohne Pässe und ohne Visum. Es kostete mich einiges an Energie, weil ich nicht wollte, dass Julia meine Unsicherheit spürte. Kurz darauf zog sie mich am Ärmel.

»Was kommt jetzt?«, fragte sie. »Worauf warten wir eigentlich?«

Mit einem lapidaren Schulterzucken wollte ich die Situation herunterspielen, doch sie bohrte nach: »Was machen wir, wenn sie uns die Pässe nicht mehr geben? Meinst du, wir müssen uns Sorgen machen?«

»Ach, weißt du, das ist hier so«, antwortete ich mit aller Gelassenheit, die ich in diesem Moment aufbringen konnte.

Damit gab Julia sich erfreulicherweise zufrieden, zog aber die Kapuze ihres Pullis noch weiter ins Gesicht und drückte das Schmusekissen und ihren Teddy, Herrn Rauzga, an sich. Eine gefühlte Ewigkeit später wurden wir in einem separaten Raum einer erneuten Leibesvisitation unterzogen. Danach kam ein mit vielen Abzeichen dekorierter Vorgesetzter in Begleitung bewaffneter Uniformierter und fragte mich in bestem Englisch, was der Grund unserer Reise sei. Ich erzählte freundlich lächelnd, dass ich Ärztin sei und von der Universität Heidelberg meinen Doktortitel verliehen bekommen hätte. Viele Chinesen kennen Heidelberg als beliebtes touristisches Ziel. Die Universität genießt weltweites Ansehen. Ich hoffte, dass sich diese positive Einschätzung auf uns als Personen übertragen ließ, und erläuterte, dass wir neben einigen touristischen Zielen vor allem medizinische Versorgungszentren im Bereich der Mountain Medicine ansehen wollten. Ich wollte gerade meine medizinischen Empfehlungsschreiben zeigen, als der Beamte mich anherrschte: »Don't look!«

Ich verstand zunächst nicht, was man mir sagen wollte und wohin ich nicht schauen durfte. Eine uniformierte Frau wies mich mit einer eindeutigen Geste darauf hin, dass ich den Beamten nicht direkt ansehen sollte, sondern respektvoll die Augen seitlich nach unten abzuwenden hätte. In welchen falschen Film war ich hier geraten? Es erinnerte mich an eine Filmszene, in der ein Mensch vor einen Thron geschleift und geköpft wurde, weil er es gewagt hatte, dem chinesischen Kaiser direkt in die Augen zu sehen. Julia rettete unbewusst die Situation: Sie schob die Kapuze nach hinten, um sich am Kopf zu kratzen und schüttelte ihre langen Haare. Sofort verloren die Uniformierten das Interesse an mir. Alle Blicke richteten sich auf meine Tochter.

»Look, look! Golden hair!« Die Beamtin, die mich eben noch rüde angeherrscht hatte, zeigte auf Julias hellblonde Haare, lächelte und winkte mit ausladenden Gesten ihre Kollegen herbei. Sie bestaunten mein Kind von allen Seiten, näherten sich mit einer angedeuteten Verbeugung, kicherten aufgeregt und zückten ihre ultramodernen Smartphones. Wenig später erhielten wir unsere Pässe und unser Visum zurück und durften einreisen. Sei es, weil die Papiere für in Ordnung befunden wurden oder weil Julia zustimmte, dass die plötzlich höflichen Beamten ein Foto mit ihr und ihren goldenen Haaren machen durften; mir fiel ein Stein vom Herzen! Unser erster Eindruck war, dass Überwachung und Kontrolle in der Volksrepublik China an der Tagesordnung sind. Kein Vergleich zur Situation in Deutschland, wo ausschweifende Diskussionen über Kameras mit Überwachungsfunktion und Vorratsdatenspeicherung geführt werden. Ich bin kein ängstlicher Mensch, aber die Omnipräsenz des Militärapparats zeigte sich in einer Vielzahl von Kontrollen, die bis in die persönlichsten Bereiche reichten. Ich fühlte mich eingeschüchtert.

Als ich vor Jahren in die USA einreiste, wurden Fotos gemacht und die Fingerabdrücke genommen – auch das entsprach nicht dem, was mir zum Thema gelebte Willkommenskultur als Erstes eingefallen wäre.

Ein Blick auf unsere Reiseerlaubnis brachte es auf den Punkt: Wir fühlten uns nicht nur wie Außerirdische, wir wurden auch so genannt. In unseren Händen hielten wir das sogenannte *Aliens' Travel Permit* der People's Republic of China. Es fehlte nur, dass man uns in Quarantäne stecken würde.

Wir verließen das Kontrollterminal und traten in die lichtdurchflutete Ankunftshalle, wo wir uns suchend nach unserem Reisebegleiter umblickten, der uns hier abholen sollte. Trotz der Erleichterung darüber, dass wir die Einreisehürde genommen hatten, war ich verunsichert. Insgeheim meldeten sich Befürchtungen, wen wir hier jetzt treffen würden und ob wir dieser Person vertrauen könnten. Wir waren weder ortsnoch sprachkundig und legten unser Schicksal in die Hände eines Mannes, den wir nicht kannten. Ich fürchtete schon, wir bekämen als Reisebegleiter einen militanten Staatsdiener. Ein katastrophaler Gedanke! Mit einem Stoßseufzer wischte ich diese Sorge mit einem aufmunternden »Wird schon« zur Seite und schaute gedankenverloren in Richtung der wartenden Menschen. Plötzlich zupfte Julia mich am Ärmel und zeigte auf einen jungen Mann von etwa dreißig Jahren, der ein Schild mit unseren Namen in die Luft streckte. Auf den ersten Blick war er eher klein, von zierlichem Körperbau und hatte dunklere Haut als unsere. Sein kantiges Gesicht wurde umrahmt von pechschwarzen Haaren, seine dunklen Augen schienen zu funkeln. Als er lächelnd auf uns zuging, entblößte sich eine große Lücke zwischen den Schneidezähnen, was ihm ein lustiges Aussehen verlieh.

»Tashi Delek«, begrüßte er uns lächelnd. »Möge euer Tag glücklich sein. Ich heiße Pubu, komme aus Tibet und bin euer Reisebegleiter.«

Mir fiel ein Stein vom Herzen, dass wir so freundlich und noch dazu in fließendem Deutsch begrüßt wurden. Damit waren meine Befürchtungen, Julia könne mit ihrem Schulenglisch den Unterhaltungen und Ausführungen nicht folgen, beiseitegewischt. Wie ein Zauberer aus seinem Zylinder Überraschungen hervorzieht, holte der attraktive junge Mann in einer fließenden Bewegung ein langes weißes Band aus seiner

Umhängetasche. Bei näherem Hinsehen erkannte ich, dass es sich um einen feingewebten Seidenschal handelte, den er uns mit einer angedeuteten Verbeugung um den Hals legte.

»Das ist unser Willkommensgruß in Tibet, eine Kata, ein Glückssymbol. Alles Gute für eure Reise. Ich freue mich, dass ich euch begleiten darf.«

Mit diesen Worten holte er zwei Flaschen Mineralwasser aus seiner Tasche hervor, die er uns wie ein Geschenk überreichte. Wir tranken gierig und langsam meldeten sich unsere Lebensgeister nach den schikanösen Strapazen zurück. Das tat gut! Voller Tatendrang trippelte Pubu auf der Stelle.

»Kommt mit!«, forderte er uns auf. »Draußen wartet unser chinesischer Fahrer, der bringt uns nach Lhasa, in die heilige Stadt.«

»Heilige Stadt?«, fragte Julia verwundert.

»Ja«, erklärte Pubu. »Für Tibeter ist Lhasa eine heilige Stadt, dort befindet sich der wichtigste Tempel aller Tibeter, der Jokhang. Wir werden ihn besuchen. Auf der Fahrt müsst ihr euch aber ausruhen, denn wir sind hier auf knapp 3.700 Meter Höhe, so hoch sind nur wenige Berge in Europa. Ihr müsst euch erst an die Höhe und die dünnere Luft gewöhnen, denn sie enthält nur etwas mehr als die Hälfte des Sauerstoffes als bei euch. Deshalb müsst ihr mehr atmen und alles kommt euch ungleich anstrengender vor. Hört auf die Signale eures Körpers und trinkt viel, denn die Luft ist sehr trocken und mit jedem Atemzug verliert euer Körper Flüssigkeit. Es ist wichtig, dass ihr euch Zeit für diese Anpassung lasst. Die Höhe lässt sich nicht überlisten. Wer das nicht glaubt, riskiert, höhenkrank zu werden!« Die Worte sprudelten nur so aus ihm heraus und mit schnellen Schritten führte er uns zum Ausgang des Flughafengebäudes.

Als wir ins Freie hinaustraten, waren wir geblendet vom hellen Licht der Sonne. Mit zugekniffenen Augen ließen wir den Blick über die weite Ebene und die hohen Berge schweifen. Das Atmen bereitete uns Mühe und schon die wenigen Schritte mit unserem Gepäck strengten uns so an, dass wir vor lauter Luftnot außer Puste gerieten.

Wir waren auf dem Dach der Welt angekommen!

Lhasa – unterwegs in der heiligen Stadt

Unser Weg nach Lhasa dauerte mit dem Auto mehr als eine Stunde. Erschöpft waren wir auf den Rücksitzen des Allradfahrzeuges zusammengesunken. Das Fahrzeuginnere erinnerte mich an Omas Wohnzimmer, denn die Kopfstützen waren mit Spitzendecken bezogen und die Sitzbank mit einem dicken Teppich ausgeschlagen, sodass wir die Sicherheitsgurte erst gar nicht benutzen konnten. Am Rückspiegel hing ein aus roter Wolle kunstvoll geknüpfter Anhänger. Pubu bemerkte meine Blicke, tippte an das Knüpfwerk und erklärte: »Das ist ein Glücksbringer. Die rote Farbe symbolisiert Wohlstand und Glück. Stellt euch vor, er ist aus einem einzigen Stück Schnur gefertigt. Ein Kunstwerk, Vorder- und Rückseite sind gleich. In Tibet lieben wir Glücksbringer. Wir hängen sie überallhin.« Demonstrativ hielt er mir einen Anhänger unter die Nase, der an seinem Mobiltelefon befestigt war.

Ich war müde und wollte erstmal keine weiteren Ausführungen hören. Deshalb murmelte ich nach einer kurzen, eher distanzierten Betrachtung ein sehr leises »Oh!« und ließ mich in den Sitz zurücksinken.

Pubu verstand und sortierte mitgebrachte Dokumente. Ich betrachtete das Wageninnere genauer. An der Stelle, wo in der Mittelkonsole sonst das Navigationssystem seinen Platz hat, fand sich ein DVD-Player samt Bildschirm, auf dem ein chinesisches Musical mit Tanz und Gesang flimmerte. Der chinesische Fahrer sang leise mit und ließ dabei die Perlen einer kleinen Gebetskette durch seine Finger gleiten. Nebenbei beobachtete er den Verkehr und lenkte den Wagen geschickt durch die wie mit dem Lineal gezogenen, schnurgeraden Straßenzüge. Wir fuhren durch Stadtteile, deren modernste Betonhochhäuser im kompletten Kontrast zu der ländlichen Umgebung standen. Farbenprächtige Werbetafeln verstärkten diesen Effekt und machten klar, wer in diesem Land das Sagen hat: Die großen Inschriften waren allesamt in chinesischer Sprache verfasst, die tibetische Version war, wenn überhaupt vorhanden, deutlich kleiner gedruckt. Am merkwürdigsten fand ich ein riesiges Plakat, auf dem in naiver Malerei ein idealisiertes Bild vom Mount Everest zu sehen war, an dessen Basis sich moderne Neubausiedlungen und der Potala-Palast schmiegten. Daneben stand in Überlebensgröße ein Soldat mit strengem Seitenscheitel. Zu seinen Füßen jubelte ihm Fähnchen schwenkend eine gesichtslose Menschenmenge im Miniaturformat zu. Anstelle des Himmels fand sich die chinesische Staatsflagge und in riesigen Lettern begrüßte uns der Satz: *An open Tibet of China welcomes you!* Ich amüsierte mich über die eigenwillige Art der Darstellung. Der Potala-Palast, als bekanntestes Wahrzeichen Lhasas, lag ebenso wenig am Fuße des mehr als 1.000 Kilometer entfernten Mount Everest wie eine stilisierte Neubausiedlung. Ich überlegte, wie ein solches Plakat in Europa aussehen könnte: Wie wäre es mit dem Pariser Eiffelturm am Fuß des Schweizer Matterhorns? Im Hintergrund der Kölner Dom und vor dem europäischen Flaggenhimmel würde der Papst segnend seine Hände über die ihm zujubelnde Masse halten. Still vor mich hin lächelnd schaute ich aus dem Fenster. Unser Fahrer lenkte den Wagen durch Siedlungen, die alle irgendwie gleich aussahen, selbst die Pflastersteine und die Laternen schienen sich nicht zu unterscheiden. Für Ortsunkundige war es wahrscheinlich kaum erkennbar, wo man sich gerade befand.

Wir passierten den Bahnhof, eines der Prestigeprojekte der chinesischen Regierung. Hier verläuft die Bahnstrecke von Peking nach Lhasa und von dort aus weiter nach Shigatse. Ganz im Sinne des olympischen Mottos *Schneller, höher, weiter* weist dieses politische Ehrgeizprojekt gleich mehrere Weltrekorde auf: Es ist nicht nur die höchstgelegene Bahnstrecke der Erde, sie verfügt auch über den längsten Eisenbahntunnel des chinesischen Schienennetzes und gilt als die am schnellsten befahrbare Transitroute des Riesenreiches. Wenn früher der Dalai-Lama dem chinesischen Kaiser eine Nachricht übermitteln wollte, dann benötigte der Gesandte für diese Strecke im besten Fall zwei Monate. Heute schafft ein Zugreisender diese Strecke in knapp zwei Tagen. Es liegt auf der Hand, dass die Chinesen zunächst in das Verkehrsnetz investieren mussten, weil Tibet ohne Straßen, Schienen und Wasserwege nicht erschlossen werden konnte. Diese Verbindung gilt als eines der größten Eisenbahnbauprojekte, die im 21. Jahrhundert fertiggestellt wurden. Im Jahr 2014 konnte als weitere Verlängerung die Strecke von Lhasa nach Shigatse, die zweitgrößte Stadt Tibets, in Betrieb genommen werden.

Wir bestaunten das gigantische Bahnhofsgebäude, das in seinem protzigen Prunk inmitten der kargen Landschaft seltsam deplatziert wirkte. Geld scheint hier eine untergeordnete Rolle zu spielen, dachte ich und wunderte mich über das merkwürdige Nebeneinander von ultramodernem Bahnhofsbau und alten Pferdefuhrwerken, die Menschen und Gepäckstücke transportierten. Uns begegneten zahlreiche, einfach gekleidete Menschen in bäuerlicher Tracht, die zu Fuß unterwegs waren.

Interessiert beobachteten wir viele Fußgänger mit ihren wettergegerbten Gesichtern. Sie trugen einfache Kleidung aus grob gewebten braunen oder schwarzen Stoffen. Manche Frauen hatten bunt gestreifte Schürzen über ihre erdfarbenen Kleider gebunden. Uns gefielen die langen, sorgfältig geflochtenen Zöpfe der Frauen, die kunstvoll mit bunten Perlen und Steinen geschmückt waren. Ihre Füße steckten in Fell- oder Stoffschuhen, die Männer hatten ihren Kopf mit Hut oder Wollmütze bedeckt. Viele von ihnen gingen schwerfällig auf hölzerne Stöcke als Gehhilfen gestützt. Pubu nahm unsere fragenden Blicke wahr und erklärte: »Das sind Pilger, sie alle wollen nach Lhasa. Viele kommen von weit her und manche von ihnen sind monatelang zu Fuß unterwegs. Wenn wir in Lhasa sind, werdet ihr noch viel mehr von ihnen sehen. Die Pferde oder Yaks tragen ihr Gepäck, nachts schlafen sie in Zelten. Dann wird es so kalt, dass die Temperatur bis weit unter den Gefrierpunkt sinkt. Zur Stärkung trinken sie Buttertee. Das ist gesüßter schwarzer Tee mit Yakbutter. Ihr werdet euch selbst davon überzeugen können. Er schmeckt wie süße Fleischbrühe und gibt nicht zuletzt durch das Fett viel Kraft.«

Je näher wir dem Zentrum von Lhasa kamen, desto mehr pilgernde Menschen konnten wir beobachten. Wir fuhren durch moderne Straßenzüge mit Einkaufszentren und flackernden Leuchtreklamen bis an den Rand des alten Stadtkerns, in den enge, für den Geländewagen nicht befahrbare Sackgassen führten. Plötzlich hielt der Fahrer auf der dicht befahrenen Straße an und drängte uns ohne Vorankündigung mit einer kurzen herrischen Geste zum Ausstieg. Überrascht verließen wir den Wagen. Die anderen Verkehrsteilnehmer fuhren mit minimalem Abstand und laut hupend an uns vorbei. Wir schulterten unser schweres Gepäck. Pubu ging voran und wir bahnten uns, durch hinter uns fahrende Elektroroller angetrieben, den Weg durch die verschlungenen Wege der Altstadt. Es kam mir vor, als müsste ich schwer bepackt durch ein Labyrinth laufen. Die Last des Gepäcks drückte auf meine Schultern und die Lunge brannte mir vor Anstrengung.

Im Hotel angekommen, erhielten wir eine erste Lektion bezüglich der prophezeiten chinesischen Schlitzohrigkeit: Die gebuchte Juniorsuite sah überhaupt nicht so aus wie auf den Bildern im Internet. Es handelte sich um ein normales Doppelzimmer, welches auch nicht – wie gebucht – über die Dächer Lhasas blicken ließ, sondern im Erdgeschoss zum Innenhof lag. Die von mir vorgezeigte Buchungsbestätigung ließ unseren Hotelherrn gänzlich unbeeindruckt. Meinen Einwand konterte er mit den Worten, dass der von uns gezahlte Preis der angebotenen Zimmerkategorie entspräche. Mit einer harschen Handbewegung beendete er die Diskussion und ließ mich mit dem Zimmerschlüssel in der Hand stehen. Im Vorbeigehen ließ er uns wissen, dass das Kreditkartengerät defekt sei und wir den Zimmerpreis in bar entrichten sollten: »Euro and US-Dollar welcome. No chinese money.«

Wir stellten keine weiteren Überlegungen zu dieser chinesischen Variante der Geschäftstüchtigkeit an und deponierten unser Gepäck im Zimmer. Anschließend gingen wir mit Pubu durch die engen Gassen der Altstadt Richtung Parkhor, dem Pilgerweg, der den Jokhang-Tempel umrundet. Am Eingang des Bezirkes um die Tempelanlage befanden sich ein Polizeistützpunkt und eine Sicherheitsschleuse, wie wir sie vom Flughafen kannten. Unsere Taschen wurden inspiziert und durchleuchtet, eine freundlich lächelnde Beamtin tastete unsere Körper ab und schaute in unsere Jackentaschen, bevor sie uns mit einer einladenden Geste den Eingang Richtung Altstadt öffnete.

In dem Viertel um die Tempelanlage fanden sich noch viele der alten, traditionellen Gebäude mit ihren sich nach oben verjüngenden Giebeln und den kunstvoll bemalten Tür- und Fensterstürzen. Die Fassaden waren weiß angestrichen, die Fenster schwarz umrandet. Die dunkle Fläche speichert die Wärme der intensiven Sonneneinstrahlung und sorgt dafür, dass die Luft angewärmt wird, bevor sie ins Haus eindringt, denn es kann in knapp 3.600 Meter Höhe empfindlich kalt werden. Die Gassen waren überflutet mit unzähligen Gläubigen und einigen wenigen Touristen, welche die Tempelanlage im Uhrzeigersinn umrundeten. Zahlreiche Straßenhändler boten den Pilgern ihre Waren an: Räucherstäbchen und Gebetsketten sowie Gefäße für Yakbutter, die im Tempel als Öllämpchen angezündet wurden. Julia entdeckte begeistert bunte Stofflappen in den Farben Blau, Weiß, Rot, Grün und Gelb, die in ebendieser Reihenfolge von links nach rechts angeordnet auf einem Band befestigt waren.

»Schaut mal, die sind schön. Für was sind die denn da?« Julia zeigte auf die Auslage.

»Das sind Lung Ta, so lautet die tibetische Bezeichnung für Gebetsfahnen. Sie haben im Buddhismus eine lange Tradition und sind wichtiger Bestandteil unserer Glaubenspraxis. Mit Holzstempeln werden Symbole, Mantras und Gebete aufgedruckt«, antwortete Pubu.

»Kann ich mir da für jeden Stofflappen etwas wünschen? Das wäre praktisch, dann nehmen wir gleich ganz viele mit.« Julia befühlte den Stoff und betrachtete ein aufgedrucktes Pferdemotiv.

Pubu schaute ihr zu und schüttelte lachend den Kopf.

»Nein, nein, das ist kein Wunschzettel für ein Pferd. Seit etwa eintausend Jahren kennt man die Gebetsfahnen mit ihren Glückssymbolen und heiligen Texten. Seht ihr, wie sie im Wind flattern? Mir gefällt die Idee, dass die Gebete um Glück und Frieden in andere Länder und zu anderen Menschen getragen werden.«

»Welche Bedeutung haben die Farben?« Fragend schaute ich Pubu an.

»Jede Farbe repräsentiert ein anderes Element, alle zusammen bilden unseren Kosmos. Nach der traditionellen Farbenlehre verkörpert Blau den Himmel, Weiß die Luft, Rot das Feuer, Grün das Wasser und Gelb die Erde. Übrigens werden die alten Fahnen am tibetischen Neujahrsfest, welches um die Wintersonnenwende herum stattfindet, gegen neue ausgetauscht. Der respektvolle Umgang mit den heiligen Fahnen erfordert, dass die Flaggen nicht einfach weggeworfen, sondern verbrannt werden.«

Wir waren weitergegangen und staunten über das muntere Treiben um uns herum. Eine fremde Welt! Ich konnte mich gar nicht sattsehen, war aufgeregt und innerlich angespannt, um nichts zu verpassen. Wie ein Schwamm wollte ich sämtliche Sinneseindrücke in mich aufnehmen. Auch Julias Wissbegierde schien geweckt. Sie war stehen geblieben und betrachtete eine Pilgerin, die ein dosenartiges Gebilde auf einem Stock schwenkte, wodurch sich diese Gerätschaft um die eigene Achse drehte.

Pubu war Julias fragender Blick aufgefallen. Er wandte sich ihr zu und erklärte:»Das ist eine Gebetsmühle.«

»Was ist das, eine Gebetsmühle?«, fragte Julia.»Betet die von selbst?«

»Nein, nein, die Gebetsmühle hilft uns beim Beten, ebenso wie die Gebetskette mit ihren hundertacht Perlen. Im dosenartigen Kopf der Mühle befindet sich ein Papierstreifen. Der ist ganz eng mit immer wieder dem gleichen Gebet beschrieben. Mit jedem Drehen der Mühle ist es dann so, als würde dieses Gebet unzählige Male gebetet.« Pubu bewegte seine Hand so, dass es aussah, als würde er eine unsichtbare Gebetsmühle schwingen.

Julia fand das sehr praktisch.

Wir schauten staunend auf die vielen Pilger, die auf der *Kora* genannten Pilgerstraße in Richtung der Tempelanlage zogen. Einige knieten zum Zeichen der Verehrung nieder, warfen sich auf den Boden, standen auf, gingen zwei Schritte weiter und warfen sich wieder auf den Boden. Wir beobachteten eine junge Frau, die den gesamten Weg auf diese Art und Weise zurücklegte. An ihre Schürze waren mit Bändern zwei kleine Zwillingsmädchen gebunden, die hinter ihrer Mama herstolperten. Ich schätzte die Kinder auf maximal drei Jahre.

Sie sahen wild aus mit ihren dreckverschmierten Gesichtern und den vom Kopf abstehenden verfilzten Haaren. Eines der Mädchen weinte, aber die Mutter schien für den weltlichen Kummer ihrer Tochter nicht erreichbar zu sein, zu sehr war sie mit ritueller Hingabe auf ihre eigenen Gebete konzentriert. Als sie die Hände in Demutsgeste gegen den Himmel streckte, konnten wir ihre blutig verkrusteten Handflächen sehen. Erschrocken nahm Julia meine Hand und drückte sich an mich. Ich legte meinen Arm um sie. Die Mädchen weckten meinen mütterlichen Instinkt. Sie taten mir leid, ich sah ihnen die Strapazen an. Am liebsten hätte ich die Kinder tröstend in die Arme genommen. Ich schaute auf den Pilgerstrom und fragte mich, wie lange die beiden Mädchen schon hinter ihrer Mutter her stolperten und welchen langen Weg das Dreiergespann auf diese Weise zurückgelegt hatte. Pubu riss mich aus meinen Gedanken.

»Dort vorn auf dem großen Platz seht ihr das wichtigste Heiligtum der Tibeter, den Jokhang-Tempel.«

Er deutete auf ein zweistöckiges Gebäude an der Stirnseite eines großen Platzes. Die Wände leuchteten rotorange und das goldfarbene Dach glänzte im Licht der Sonne. Es kam mir so vor, als blickte ich auf ein farbiges Juwel, das sich wie ein Farbtupfer von der erdfarbenen Bergkulisse um Lhasa herum abhob.

Wir folgten dem Pilgerstrom zur Tempelanlage. Es war mir klar, dass wir hier vor einem besonderen Bauwerk standen. Eine dichte Menschentraube drängte sich in dem Bereich, wo ich den Eingang vermutete. Dazwischen saßen unzählige Menschen. Die meisten hielten die Augen geschlossen, verharrten still und reglos. So, als würden sie nichts von der Geräuschkulisse aus Stimmen, surrenden Gebetsmühlen und trappelnden Füßen, dem Duftpotpourri der Gerüche und dem Gedränge um sie herum mitbekommen. Ich schaute mich um und wunderte mich über zahlreiche parallel verlaufende bräunlich rote Streifen auf dem Steinpflaster. Ich erkannte deren Ursache, als ich eine Menschengruppe beobachtete, die in unzähliger Abfolge Niederwerfungen ausführte: Einer der Männer hatte blutende Handinnenflächen, die er bei jedem Bodenkontakt in demütiger Geste nach vorne streckte und dabei das Blut auf dem Untergrund abstreifte.

Unsere irritierten Blicke waren Pubu nicht entgangen. »Der Jokhang-Tempel ist für gläubige Buddhisten etwas ganz Besonderes. Sie verehren ihn. Die Pilgerin vorhin mit ihren beiden Mädchen hat unglaubliche Strapazen auf sich genommen. Bestimmt war sie viele Tage oder sogar Wochen unterwegs. Es ist mir wichtig, dass ihr versteht, welche Bedeutung dieser Tempel mit seiner Buddha-Statue für die gläubigen Buddhisten hat. Vergleicht ihn mit den wichtigsten Gotteshäusern bei euch in Europa, beispielsweise mit dem Petersdom in Rom. Der Jokhang ist untrennbar verbunden mit einem berühmten König, der dieses Land vor vielen Jahrhunderten beherrscht hat. Er hat die Geschichte Tibets entscheidend geprägt.«

»Ein König? Erzähl mir mehr davon!« Julia war begeistert.

»Der Name des Königs war Songtsen Gampo, was so viel heißt wie der Mächtige, Gerechte und Tiefsinnige. Er war gerade mal dreizehn Jahre alt, als er im Jahr 629 nach Christus den Thron bestieg.«

»Was? Da war er ja nur zwei Jahre älter als ich!«, platzte Julia heraus. »So jung und schon die Verantwortung für ein ganzes Königreich. Das kann ich mir nicht vorstellen.«

»Da hast du recht, aber glaube mir, du wirst auf dieser Reise noch häufiger von Menschen hören, die schon in jungen Jahren politische und auch religiöse Verantwortung übernommen haben. In der Zeit dieses jungen Königs glaubten noch viele Menschen an Geister und magische Kräfte. Er herrschte zunächst als

Kriegsherr über ein Reich, das auch Kaschmir und weite Teile der Mongolei umfasste. In seiner Schatzkammer befanden sich wertvolle Texte, die kein Tibeter lesen konnte. Deshalb schickte König Gampo Gesandte nach Indien. Sie holten sich Hilfe von Gelehrten und es gelang ihnen, die Texte zu entschlüsseln. Außerdem konnte auf der Grundlage der indischen Schriftzeichen ein tibetisches Alphabet und die Grammatik entwickelt werden.« Pubu wandte sich mir zu und sagte: »Über viele Jahrhunderte wurde Indien zum Lehrmeister Tibets. Übrigens hat die Traditionelle Tibetische Medizin auch viele Gemeinsamkeiten mit der indischen Variante, dem Ayurveda.«

Das interessierte mich. Aber ich hatte keine Chance. Wissbegierig tippte Julia unseren Begleiter mit dem Finger an und fragte: »Lebte der König allein oder war er verheiratet?«

»Damals war es üblich, dass der König mehrere Frauen hat. Er soll mit zwei Frauen aus dem tibetischen Adel verheiratet gewesen sein, erkannte aber schon in jungen Jahren die Möglichkeiten einer geschickten Heiratspolitik. Im Jahr 637 nahm er die nepalesische Prinzessin Bhrikuti zur Frau. Diese fromme Buddhistin brachte zahlreiche Statuen als Mitgift nach Tibet. Um diese Schätze unterbringen zu können, ließen der König und seine dritte Ehefrau mitten in der vom Herrscher gegründeten Stadt Lhasa einen Tempel bauen. Er hieß ursprünglich Haus der Weisheit, heute ist es der Jokhang, das Haus des Herrn, in dem der Herr Jobo, die Statue des Buddha Shakyamuni, ihren Platz fand. Diese Statue hatte im Jahr 641 die vierte Frau des Herrschers, die chinesische Prinzessin Wen Cheng, ebenfalls als Mitgift aus ihrer Heimat mitgebracht.«

»Mit Gift? Eine vergiftete Statue?« Julia machte große Augen. »Wollte die chinesische Prinzessin den König umbringen?«

»Nein, nein!« Lachend schüttelte ich den Kopf. »Eine Mitgift ist eine Brautgabe. Ein Geschenk, das der Brautvater seiner Tochter in die Ehe mitgibt.«

»Ach so. Da muss man erstmal draufkommen. Pubu, erzähl!
Wie ging es nach der Hochzeit weiter?«

»Nach der Heirat mit der chinesischen Prinzessin bekannte
sich der König zum Buddhismus und viele Untertanen folgten
ihm. Im Jahr 779 nach Christus wurde der Buddhismus in
Tibet zur Staatsreligion erklärt.«

»Ich verstehe«, folgerte ich, »dann nutzte der König das buddhistische Gedankengut auch in der Absicht, die Tibeter unter
dem Dach der Religion zusammenzubringen.«

Pubu schnippte zustimmend mit den Fingern. »Genau. Der
König war ein echter Visionär. Er war seiner Zeit weit voraus.
Stellt euch mal vor, was er alles geschafft hat: Er ließ Klöster
bauen und vernetzte sein Reich mit einem einfachen Straßen-
system. Brücken wurden errichtet und Wasserläufe erschlossen.
Eine wichtige Voraussetzung, um Handel zu treiben. Maße
und Gewichtseinheiten wurden festgelegt, und es gab einen
Kalender. Plötzlich tummelten sich in Lhasa Kaufleute aus den
entlegensten Ländern. Mit König Songtsen Gampo begann
ein neues Zeitalter für Tibet. Er verhalf dem Land zu wirtschaftlicher Blüte und kulturellem Aufschwung. Die beiden
Prinzessinnen unterstützten ihn, so gut sie konnten. Mit ihnen
kam nicht nur der Buddhismus ins Land. In dem Gefolge von
Wen Cheng erreichten zahlreiche chinesische Spezialisten das
rückständige Tibet. Sie brachten ihr Wissen und ihre Fähigkeiten mit. Der König schickte auch Untertanen nach China,
damit sie wertvolles Wissen über die Herstellung von Seide, die
Fertigung eleganter Kleidung und Keramik erwerben sollten.
Und es gab ein Benimmprogramm: Höfische Umgangsformen
waren gefragt. Auf diesem Wege sind übrigens auch die Ess-
stäbchen nach Tibet gelangt.«

Pubu machte eine Fingerbewegung, die so aussah, als würde
er mit unsichtbaren Stäbchen ein köstliches Mahl zu sich nehmen. Julia lachte und meinte: »Die Prinzessinnen haben richtig

frischen Wind nach Tibet gebracht. Da kann man mal sehen, was Frauen so alles schaffen.«

»Stell dir vor, die beiden Prinzessinnen haben eine so steile Karriere hingelegt, dass sie sogar in den tibetischen Götterhimmel aufgenommen wurden: So wird die Nepalesin als grüne Tara und die Chinesin als weiße Tara verehrt. Sie wurden zu den allumfassenden Erlöserinnen und Beschützerinnen Tibets und verkörpern die religiöse Sehnsucht vieler Menschen. Nachher zeige ich euch die Statuen, dann könnt ihr euch selbst davon überzeugen, wie prachtvoll der Jokhang-Tempel ist.«

»Buddhisten und Buddha, das gehört irgendwie zusammen. Was ist eigentlich ein Buddha?« Julia kratzte sich am Kopf und schaute Pubu fragend an.

»Im Buddhismus versteht man unter einem Buddha ein Wesen, das aus eigener Kraft die Reinheit und Vollkommenheit seines Geistes erreicht und somit eine grenzenlose Entfaltung aller in ihm vorhandenen Potenziale erlangt hat: vollkommene Weisheit und unendliches, gleichwohl distanziertes Mitgefühl mit allem Lebendigen.«

»Das verstehe ich nicht, du sprichst wie ein Audioguide bei einer Museumstour. Das klingt zu kompliziert«, gab Julia zurück. »Kannst du mir das nicht ein bisschen einfacher erklären? Und was hat es mit dem Buddhismus überhaupt auf sich?«

Pubu dachte kurz nach, ehe er antwortete: »Julia, ich erzähl dir die Geschichte eines Prinzen, der zum Buddha wurde. Kommt, wir setzen uns dort ins Café.«

Vom Prinzen zum Buddha

Kaum hatten wir das Café im historischen Zentrum von Lhasa betreten, drängte uns Julia zu einem kleinen Tisch. Sie konnte es kaum erwarten, bis unser Reiseführer seine Erzählung begann. Wir nippten zurückhaltend an dem umgehend servierten Buttertee und hörten Pubu zu.

»Der Buddhismus ist eine der fünf großen Weltreligionen, zu denen auch das Christentum, der Islam, der Hinduismus und das Judentum gehören. Um die Wurzeln des Buddhismus ranken sich viele Legenden. Als wahrscheinlich gilt, dass der historische Buddha als Siddharta Gautama im 6. Jahrhundert vor Christus in Nordindien geboren wurde. In den meisten Schriften wird er als wohlhabender Prinz beschrieben. Angeblich wurde ihm in seiner Kindheit jeder Wunsch erfüllt, und es gab sogar Bedienstete, die verwelkte Blüten aus seinem Weg räumten.«

»Na ja, manchmal wäre ich froh, wenn ich zu Hause nicht die Spülmaschine ein- oder ausräumen müsste, aber das hört sich ganz so an, als hätte Siddharta in einem goldenen Käfig gelebt«, warf Julia ein.

»Der Legende nach wollte der Vater, dass alles Leid von ihm ferngehalten werden sollte. Als der junge Adlige außerhalb des väterlichen Palastes alten, kranken und sterbenden Menschen begegnete, war er zutiefst erschüttert. Plötzlich erkannte er, dass materielle Werte wie Reichtum und Luxus vergänglich waren, und er verließ die Familie und seine Heimat, um sich auf die Suche nach dem Sinn des Lebens zu machen.«

»Also hat er keine Lust mehr darauf gehabt, nur verwöhnt zu werden. Aber ist er wirklich ganz allein weggegangen?« Julia war sichtlich irritiert. »Er kannte sich doch in der Welt außerhalb des Palastes gar nicht aus.«

»Siddharta schloss sich verschiedenen Lehrmeistern an und verbrachte viele Jahre damit, auf jeglichen Luxus und jegliche Annehmlichkeit zu verzichten. Er hungerte und fastete so lange, bis er auf Haut und Knochen abgemagert war.«

»Wie? Er hat nichts gegessen und getrunken? Aber da stirbt man doch!« Julia schien fassungslos.

»In Sagen und Märchen wird oft von Wundern und von Menschen mit außergewöhnlichen Fähigkeiten oder Merkmalen berichtet. Unsere Legenden erzählen, dass bei Siddharta der Verzicht und das lange Fasten nur einen körperlichen Schwächezustand und nicht die erhofften Erkenntnisse brachten. Er lernte, dass weder ein Leben in purem Luxus noch ein Leben in Askese der richtige Weg war. Diese Gedanken drückte er im Bild des Lautenspielers aus.«

»Was ist eine Laute?«, unterbrach Julia die Ausführung.

»Eine Laute ist ein Saiteninstrument, so ähnlich wie eine Gitarre«, erläuterte Pubu geduldig. »Jedenfalls müssen die Saiten des Instrumentes richtig gespannt sein: Wenn sie zu locker sind, klingen die Töne dumpf, spannst du sie zu stark, reißen sie. Nur wenn die Saiten richtig gespannt sind, also nicht zu fest und nicht zu locker, kannst du ihnen schöne Töne entlocken und musizieren.«

»Das kenne ich von meinem Papa, der spielt Gitarre, und es ist wichtig, dass die Saiten richtig gestimmt sind, sonst klingen die Töne schief und schräg.«

"Ganz genau, es geht also darum, den richtigen Zustand zwischen Spannung und Entspannung zu finden. Es geht um die Balance. Siddharta bezeichnete dies als *mittleren Weg*.

Der reine Verzicht brachte ihm genauso wenig wie der Überfluss, und so verließ er die Asketen und setzte seine Reise fort. Er fand seinen Platz unter einem Bodhibaum, einer Pappelfeige, richtete seinen Blick nach innen, konzentrierte sich auf sich selbst und ließ sich durch nichts mehr ablenken. Den

Überlieferungen nach dauerte es sehr lange, bis er eine Antwort auf die Frage nach der Ursache menschlichen Leidens und in sich den Ort seines inneren Friedens gefunden hatte. Plötzlich war er erfüllt von einem überwältigenden Glücksgefühl und jubelte: *Ich bin erlöst!* Diese Erfahrung bezeichnen wir Buddhisten als Erleuchtung. Ein erleuchteter Mensch befindet sich im Zustand umfassender Liebe und reiner Freude. Siddharta wurde zum Buddha, was so viel bedeutet wie *Der Erwachte*.«

»Ich verstehe«, meldete ich mich zu Wort. »So wie die anderen Glaubensrichtungen bietet der Buddhismus den Gläubigen eine verbindende Gemeinschaft und hilft ihnen, einen Platz in der Welt zu finden. Der Glaube gibt Hoffnung auf Erlösung vom Leid, das mit dem Leben verbunden ist.«

»Und wo liegen die Unterschiede zu anderen Religionen?« Ungeduldig rutschte Julia auf ihrem wackeligen Stuhl hin und her.

»Allein die Buddhisten glauben daran, dass sie sich selbst ohne ein göttliches Wesen mit eigener Kraft aus Elend und Leid befreien können und damit auch den Tod nicht fürchten müssen. Dafür sollen sie ganz bewusst gutes Karma sammeln, das bedeutet, sie müssen gute und tugendhafte Handlungen vorweisen. Ein gutes Karma garantiert ihnen eine Wiedergeburt in einer besseren und damit glücklicheren Existenz. Umgekehrt führt schlechtes Karma unweigerlich zu einem leidvollen Leben als niederes Wesen, beispielsweise als Tier oder Dämon.«

Julia klatschte in die Hände und lachte laut auf. Entgeistert und mit aufgerissenen Augen schauten Pubu und ich sie an. Bevor ich sie tadeln konnte, sprudelte sie hervor: »Ha, das ist super! Das muss ich Katharina erzählen. Bei uns im Dorf wohnt eine ältere Frau, die immer mit uns meckert, wenn wir auf dem Nachhauseweg vor ihrem Haus etwas lauter sind. Dann kommt sie angerannt und schreit uns an, dass wir nicht so viel Krach machen sollen. Dabei ist sie am lautesten. Die wird im nächsten Leben bestimmt als Giftspinne geboren.« Julia schüttelte sich vor Lachen und klopfte sich die Schenkel. »Und eine Freundin, die immer gepetzt hat, wird im nächsten Leben bestimmt eine Klapperschlange.«

Pubu und ich fühlten uns von Julias Gelächter angesteckt. Einige der Pilger drehten erschrocken den Kopf zu uns herum, was uns aber nicht sonderlich beeindruckte. Ausgelassen lachten wir weiter und freuten uns über Julias Ideen. Vergessen waren die beschwerlichen Momente, die wir seit unserer Ankunft erleben mussten und die mir stärker zugesetzt hatten, als ich mir eingestehen wollte. Lachen verbindet sprichwörtlich, und so entstand zwischen uns ein zartes Band des Vertrauens, als wir kichernd und prustend über die Wiedergeburt einiger uns bekannter Personen fantasierten. Pubu schien regelrecht aufzutauen. Der bislang so zurückhaltende junge Mann zündete sich sogar eine Zigarette an und ließ den Rauch in dicken Kringeln in die klare Luft aufsteigen. Dabei entspannte er sich und ließ uns beschämt wissen, dass ihm das unseriöse Verhalten unseres feisten Hotelbesitzers peinlich war. Pubu wirkte bekümmert und offenbarte uns seine Sorge: Er hatte befürchtet, sein Gesicht vor uns zu verlieren, weil sich dieser Mann gierig auf unsere Kosten bereichert und sich damit unehrenhaft verhalten hatte.

Ich war berührt und freute mich über seine Offenheit, dennoch wollte ich die Situation wieder entkrampfen: Ich blies die Wangen zu einem dick aussehenden Gesicht auf, drückte mir mit dem Finger die Nase hoch, dass sie wie ein Rüssel aussah, und prophezeite dem untersetzten Hotelier kurzerhand die Wiedergeburt als Schwein. Das musste besonders lustig ausgesehen haben, denn Pubu stieß prustend vor Lachen den gerade inhalierten Rauch aus seinen Lungen. Er schlug sich auf den Oberschenkel. »Das passt!«

Nachdem sein Hustenanfall abgeklungen war, wurde er ernster und erklärte: »Im Buddhismus kennen wir drei Geistesgifte, die dafür verantwortlich gemacht werden, dass Leid entstehen kann: Unwissenheit, Gier und Hass. Diese schädlichen Eigenschaften werden auf tibetischen Malereien als Tiere dargestellt. Bestimmt finden wir so eine Darstellung auf unserer Reise. Aber was haltet ihr davon, wenn wir jetzt zum Jokhang-Tempel zurückkehren? Herr Jobo erwartet euch schon.«

Auf den Spuren der Pilger

Nach unserer kurzen Rast im Straßencafé tauchten wir wieder in den Menschenstrom ein und gingen zum Jokhang-Tempel zurück. Wir konnten es kaum erwarten, das buddhistische Heiligtum endlich von innen zu sehen. Beim Überqueren des Vorplatzes sah ich einem Mann dabei zu, wie er Gebetsfahnen um eine drei Meter hohe Säule kunstvoll drapierte. Sorgfältig arrangierte er den Stoff und verharrte danach im stillen Gebet, den Blick ehrfurchtsvoll auf den in Rottönen leuchtenden, zweistöckigen Bau gerichtet. Ich folgte seinem Blick. Die kleinteiligen goldenen Dächer reflektierten das Sonnenlicht, sodass das gesamte obere Stockwerk in einem goldenen Strahlenkranz aufleuchtete. In der Luft lag ein Duft, der mich entfernt an Weihrauch erinnerte und von den aufsteigenden Rauchfahnen der zahlreichen Öfen stammte, in denen heilige Kräuter verbrannt wurden. Staunend reihten wir uns in die Schar der Pilger ein und wurden inmitten einer Menschenschlange durch den Haupteingang geschoben.

Wir wechselten auf den sogenannten inneren Weg, ein von unzähligen Gebetsmühlen gesäumter Wandelgang, der um den Innenhof herumführte. Dort wuschen sich gläubige Pilger mit Safranwasser die Haare, einige von ihnen tranken sogar diese gelbe Flüssigkeit. Kindern wurde das Wasser über den Kopf gesprenkelt. In einem der Innenräume hingen leuchtend rote und gelbe Fahnen von der Decke herab und tauchten den Raum in ein gedämpftes Licht. Viele Pilger hielten kleine Schalen mit Yakbutter in ihren Händen. Aus deren Mitte ragte ein brennender Docht empor, sodass sie wie Teelichter brennen konnten. Einige Menschen führten Gefäße mit flüssiger Butter mit sich, mit denen sie herabgebrannte Lampengefäße wieder auffüllten. Das bei dieser Arbeit herabtropfende Fett machte den Boden gefährlich rutschig. Ich fühlte mich von der eigenartigen Atmosphäre, den Geräuschen und Gerüchen wie umnebelt. Einige Mönche brummten mit tiefer Bassstimme Gebetsformeln, die Pilger murmelten ihr *Om mani padme hum*. Helles Glockengeläut mischte sich mit den regelmäßigen Schlägen einer dumpfen Trommel. Der Innenraum des Gebäudes war von warmem Lichterschein erfüllt, der von Hunderten Butterlampen stammte und die Buddha-Statuen noch mystischer wirken ließ. In warmen Gold-, Gelb- und Rottönen glänzte der ganze Raum. Unsere Sinne waren von den zahlreichen Eindrücken und den sehr eigenwilligen Gerüchen der Butterlämpchen und angezündeten Kräuter- und Räucherstäbchen wie benebelt. Eine sakrale Atmosphäre umfing uns, als wir dicht an die anderen Menschen gedrängt im Uhrzeigersinn an den Wänden des Raumes entlanggeschoben wurden, vorbei an den Statuen von Songtsen Gampo und seinen Frauen. Die Figur des Königs schaute uns mit offenen Augen direkt ins Gesicht, als wollte er sich mit uns unterhalten.

In die Wände waren kleine Nischen eingelassen, geschmückt mit Buddha-Figuren und Bildern von Schutzgottheiten. Die Pilger verneigten sich, steckten Räucherstäbchen in Gefäße mit Sand und gossen mitgebrachte Yakbutter in die brennenden Lampen. Der Geruch von verbranntem, ranzigem Fett mischte sich mit den Ausdünstungen der Menschen. Das war zu viel für mich: Auf meiner Stirn sammelten sich kleine Schweißtropfen, nur mit Mühe kämpfte ich gegen eine aufkommende Übelkeit an.

Wir gelangten in einen kapellenartigen, reich geschmückten Raum, und hinter einem kunstvoll geschmiedeten Eisengitter entdeckten wir den Buddha Shakyamuni, den Herrn Jobo, die eineinhalb Meter große vergoldete Hauptfigur des Tempels. Der Eindruck war überwältigend: Mit freundlich nachsichtigem Gesichtsausdruck blickte die jahrhundertealte sitzende

Statue gelassen auf die Menschenmenge herab, die sich zu ihren Füßen drängelte. Gleich einem Felsen in der Brandung schien der erhaben Sitzende von dem munteren Treiben um sich herum gänzlich unbeeindruckt. Auf seinem Kopf trug er eine riesige Krone, von deren Seiten bunte Bänder in den traditionellen Farben der Gebetsfahnen herabhingen. Das aufgetragene Blattgold reflektierte und verstärkte den Schein der Butterlampen, sodass der gesamte Raum in goldenes Licht getaucht war. Was für eine sakrale Atmosphäre!, dachte ich und sah, wie die ehrfürchtig vorbeischreitenden Pilger in demütiger Geste und unter zahlreichen Verneigungen Geldscheine an den heiligen Schrein steckten. Zahlreiche Scheine fielen herab und lagen auf dem Boden umher. Wie bei einem Spaziergang durch einen Laubwald im Herbst liefen wir über die Lagen bunter Geldnoten, die unter unseren Schritten knisterten. Mönche achteten darauf, dass niemand das Geld aufhob oder einsteckte, und trieben die Pilgernden voran. Sie wachten darüber, dass niemand zu lange vor der heiligen Figur stehen oder liegen blieb. Meine Augen irrten umher und suchten vergeblich einen Ruhepunkt. Ich war fasziniert und tief beeindruckt. Der Rausch der Farben und die Maßlosigkeit des verwendeten Materials verwirrten mich, bis mir meine innere Stimme sagte: So ist das, wenn man in eine andere Kultur eintaucht. Was glaubst du, wie es wohl Fremden ergeht, wenn sie das erste Mal in Deutschland eine schwülstige Barockkirche erleben?

Sehr nachdenklich stand ich eine ganze Weile da, bis mich einer der Aufseher zum Weitergehen antrieb. Ich freute mich, dass ich diese Schatzkammer betreten konnte, die 1994 zum Weltkulturerbe Chinas erklärt worden war. Ich fühlte mich privilegiert und doch spürte ich etwas Fremdartiges, denn mein Kunstempfinden ist europäisch geprägt und mir fehlten die Kenntnisse, um die Sprache der buddhistischen Kunst zu entschlüsseln.

Hatte ich gehofft, wenn auch nur für ein paar Atemzüge, an dem großen Rausch der Gefühle teilzuhaben, den die Pilger hier in ihrem Heiligtum erleben? Viele Bilder schwirrten mir durch den Kopf. Ich wünschte mir einen kurzen Moment, ein stilles Verweilen, einen Nachhall nur für mich ganz allein. Aber dafür war hier weder die Zeit noch der Ort. Die Pilger schoben mich weiter. Vorbei an zahllosen Statuen und Butterlampen. Kurz vor dem Ausgang meinte Julia, dass sie es ganz schön merkwürdig fände, dass die Buddha-Statue so dick und wohlgenährt aussah. Sie wunderte sich darüber, denn zuvor hatte Pubu erwähnt, dass Siddharta vom langen Fasten ganz abgemagert gewesen sei. Sie ließ sich auf meine beschwichtigenden Gesten erst gar nicht ein und wandte sich direkt an unseren Führer:»Sag mal, Pubu, der Buddha sieht eher so aus, als müsste er mal eine Diät machen. Mit einem ausgezehrten Erleuchteten hat seine Figur wohl wenig zu tun.«

Es entging mir nicht, dass Pubu bei ihrer flapsigen Anrede etwas zusammenzuckte. Dann lächelte er und sagte:»In Asien steht Fettleibigkeit für Weisheit und Güte. Da ein Buddha als besonders weise und gütig gilt, wird er dicker dargestellt, als er wahrscheinlich wirklich war.«

»Aha, ich verstehe. Dann ist mein Opa wie der Buddha. Darüber wird er sich bestimmt freuen. Er ist nämlich ein bisschen dick. Oma schimpft immer mit ihm, wenn er sich ein Eis aus dem Kühlschrank nimmt, das er vorher angeblich für Katharina und mich gekauft hat. Aber dann ist sein kuscheliger Bauch ja das Zeichen seiner Weisheit.«

Ich seufzte auf und rollte die Augen, denn ich fürchtete, dass mein Vater nach unserer Reise ein weiteres Alibi für seine kulinarischen Genussfreuden erhalten sollte. Wahrscheinlich würde dies seine Haltung bestärken, Diätvorhaben mit Zurückhaltung anzugehen. Na prima. Ich tröstete mich damit, dass auf unserer Reise sicherlich noch andere Erkenntnisse hinzukämen. Somit sollte dies nicht die allererste Botschaft sein, die Julia nach unserer Rückkehr ihrem Opa überbrachte.

Bevor wir den Tempel verließen, stiegen wir auf das Dach der Anlage. Endlich frische Luft! Ich war froh, dem stickigen Geruch und den menschlichen Ausdünstungen entkommen zu sein, und atmete erstmal tief durch. Eine Wohltat! Sofort hefteten sich meine Augen an eine weithin sichtbare goldene Skulptur auf dem Dach des Tempeleinganges: ein goldenes Rad, das von zwei liegenden Gazellen flankiert wird. Es handelt sich dabei um ein weibliches Tier und ein männliches, welches sich durch ein Horn auf der Stirn von seinem weiblichen Gegenpart unterscheidet. Pubu erklärte uns, dass das Rad mit seinen acht Speichen den achtfachen Pfad zur Erleuchtung symbolisiere und die Tiere als Zeugen der Verkündigung an die ersten Lehrpredigten Buddhas im Gazellenhain erinnern sollten. Pubu drehte sich zu mir und sagte: »Wenn wir den Buddhismus in wenigen Worten erklären, dann beziehen wir uns auf eine stark vereinfachende, aber dafür leicht verständliche Definition. Diese darfst du aber nicht mit der Realität des buddhistischen Glaubens oder der Glaubenspraxis in Tibet verwechseln.«

Das hatte ich nicht verstanden. Pubu nahm meinen fragenden Blick auf und erläuterte: »Die tibetische Religion mit ihren unterschiedlichen Strömungen und Facetten ist ganz schön kompliziert. Übrigens sprechen wir vom tibetischen Buddhismus oder vom tibetischen Lamaismus.« Er machte eine Pause. »Wie erkläre ich euch das am besten?« Pubu fuhr sich durch die Haare, wiegte den Kopf hin und her. Dann tippte er sich an die Stirn und sagte: »Ich hab's! Aufgepasst. Am besten, ihr stellt euch einen großen Suppenkessel vor: Wie bei einer echten Suppe sind in den Topf vielfältige Bestandteile und Zutaten hineingeraten. Vier große Brocken, die den vier großen Schulen oder Sekten des tibetischen Buddhismus entsprechen, und kleinere Stücke, die weniger bekannte Auffassungen repräsentieren. Im Suppentopf gibt es als Geschmackverstärker einen Gewürzstrauß, den mystischen Geister- und Wunderglauben. In den Räumen und Wandnischen hier im Tempel wimmelt es von Dämonen, Gottheiten und Wesen, die den Menschen bedrohen oder schützen.« Pubu versuchte sich an einer Dämonenfratze und spreizte die Hände wie Klauen. Ich nutzte den Moment für eine Frage. »Und was ist mit den Reinkarnationen, also diesem Immer-wieder-geboren-Werden?«

»Die Lehre vom Kreislauf der Wiedergeburten stammt gar nicht aus Tibet. Sie kommt aus Indien und ist der ursprünglichen buddhistischen Lehre ebenso fremd wie der Lama-Kult.«

»Echt jetzt?« Verwirrt schüttelte ich den Kopf. »Irgendwie hatte ich eine ganz andere Vorstellung von *dem* Buddhismus. Ich hätte nicht gedacht, dass das so kompliziert ist.«

Pubu zuckte mit den Schultern und sagte: »Viele westliche Touristen kommen mit einem idealisierten, blankgeputzten und vergoldeten Friedens- und Nächstenliebe-Buddhismus im Kopf hierher. Das mag auch daran liegen, dass sich der eine oder andere westliche Star plötzlich als gläubiger Buddhist outet und es einen Hype um den Buddhismus gibt. Du musst wissen: Diese Erwartungshaltung entspricht einem verklärten Wunschdenken und hat mit der Realität und der oft komplizierten Glaubenspraxis rein gar nichts zu tun.«

Am Ende seiner Ausführung war Pubu schon fast energisch geworden. Für einen kleinen Moment blitzte eine neue Facette seiner sonst so zurückhaltenden und höflich zuvorkommenden Persönlichkeit auf, die ich zuvor noch nicht erlebt hatte. Offensichtlich war es ihm wichtig, dass der Buddhismus nicht so einfach zu verstehen ist, wie es vielleicht auf den ersten oberflächlichen Blick erscheinen mag. Und in diesem Moment war ich mir sicher, dass ich in Pubu den richtigen Begleiter für unsere Reise gefunden hatte. Er würde mir dabei helfen, hinter die Kulissen zu blicken, um die Menschen, die Kultur und die historische Entwicklung bis hin zur gegenwärtigen politischen Situation besser zu verstehen.

Gedankenvoll und erwartungsfroh ließ ich meinen Blicken freien Lauf: Zu unseren Füßen lag Lhasa, die heilige Stadt. Aus dieser Perspektive konnte ich nachvollziehen, warum sie so bezeichnet wurde. Wir beobachteten den nicht enden wollenden Pilgerfluss entlang des Parkhor. Dicke Rauchsäulen stiegen in den azurblauen Himmel auf. Sie stammten von heiligen Kräutern, die die Pilger in speziellen Öfen verbrannten, damit ihre Wünsche vom Rauch getragen in die geistige Welt transportiert wurden. Wie bunte Punkte flatterten die farbigen Gebetsfahnen im Wind, der duftenden Rauch, Gebete und Gesänge mit sich nahm und wie einen Teppich atmosphärisch ausbreitete. Wo Europas Berge aufhören, fangen die Berge in Tibet erst an. Tibet selbst ist flächenmäßig zwar fast viermal so groß wie Deutschland, allerdings ist es nur sehr dünn besiedelt. In dem weiten Land leben nur etwas mehr als drei Millionen Menschen; in Deutschland sind es fast dreißigmal so viel. Tibet ist reich an eindrucksvollen Gebirgsszenerien, und auch die Landschaft um Lhasa wäre nichts Besonderes, gäbe es nicht den Potala-Palast. Meine Augen hefteten sich sofort auf den riesigen Bau, der auf dem Marpori, dem roten Berg, die Stadt überragte. Unser Reiseführer wusste es genau: Der fünfte Dalai-Lama hatte im 17. Jahrhundert mit dem Bau des Potala-Palastes begonnen. Dabei wurden die Überreste des Palastes, den der König Songtsen Gampo im 7. Jahrhundert errichten ließ, in den Neubau integriert. Dieses Bauwerk gilt seither als eines der größten Gebäude der Welt, gigantisch sind seine Maße: sechshundert Meter lang, dreihundert Meter hoch und einhundert Meter tief. Angeblich verfügt der Potala über eintausend große Räume, dazu unzählige kleinere Zimmer, Treppen, Innenhöfe und Flure. Ganz oben befindet sich der Bereich, in dem die Dalai-Lamas lebten. Auch der jetzige, vierzehnte Dalai-Lama lebte dort, bis er vor den Chinesen fliehen musste. Der Potala-Palast gleicht einer Stadt in der Stadt, für alles musste Platz sein: Früher diente der Palast als Regierungsgebäude, Hochschule und Verwaltungszentrum. Es gab Studierzimmer, Meditationsräume und Versammlungshallen für die Mönche und den Hofstaat. Nicht zuletzt fanden die ausladenden und prunkvollen Grabmäler der früheren Inkarnationen des Dalai-Lama darin Platz. Die goldenen Dächer der Palastanlage leuchteten über die Grenzen Lhasas hinaus. Bilder vermitteln besser, als alle Beschreibungen es vermögen, einen Begriff von dem gigantischen Ausmaß des Bauwerks. Doch selbst die beste Fotografie bleibt noch weit hinter der imposanten Wirklichkeit zurück. Man muss den riesigen Palast mit seinen goldenen Dächern mit eigenen Augen erblickt haben, wie er, auf einem weißen Sockel blendend weißer Gebäude ruhend, in den azurblauen Himmel emporragt. Auf mich wirkte dieses festungsartige Bollwerk geheimnisvoll und bedrohlich. Geschichtsträchtige Orte verursachen in mir immer einen Schauer, eine Mischung aus gruseliger Gänsehaut und gebannter Faszination. Wenn diese Mauern doch erzählen könnten!

Wir konnten es kaum erwarten, den Potala aus der Nähe zu sehen und die Tiefen des Palastes zu erkunden. Zuvor wollten wir uns bei einer Mittagsrast in einem kleinen tibetischen Lokal stärken. Als Julia sich beim Betreten der Gaststube die Nase zuhielt, stieß ich sie mahnend an. Sie bedachte mich mit einem wütenden Blick und zischte mir ein für Pubu nicht verständliches »Das stinkt hier wie die Hölle!« zu. Wir bestellten von Fotoabbildungen, da wir die tibetischen Zeichen nicht lesen konnten. Ich hatte mich für Momos, tibetische Teigtaschen, entschieden, Julias Wahl war auf ein Reisgericht mit Gemüse gefallen. Noch vor Ende des Essens war Julia mit eiligen Schritten auf die Toilette verschwunden und kam erst wieder zurück, als Pubu sich angeregt mit dem Restaurantbesitzer unterhielt.

Julia schaute mich an und rollte die Augen:»Mensch, Mama, das ist nix für schwache Nerven. Das Essen war höllenscharf und dann noch Pubus Tischmanieren. Unglaublich! Nicht nur, dass er sich während des Essens eine Zigarette angesteckt und geraucht hat, er schmatzt mit offenem Mund. Das finde ich eklig.«

Ich zuckte mit den Schultern und wollte sie mit dem vielzitierten Spruch: *Andere Länder, andere Sitten,* meiner Oma besänftigen, als Julia stöhnte:»Und dann die Toiletten! Da war nur ein Loch im Boden und Papier war auch keines da. Nur ein Wasserschlauch, aber was soll ich denn mit dem anfangen? Gott sei Dank hatte ich noch ein gebrauchtes Papiertaschentuch in meiner Hosentasche. Das ist echt der Hammer!«

Die Worte waren nur so aus ihr herausgesprudelt und am Ende gluckste sie ihr lautes Kinderlachen, das so ansteckend war, dass wir uns kichernd den Bauch hielten.

Pubu kam zu uns zurück und freute sich sichtlich über unsere Heiterkeit:»Ah, es hat euch gefallen, das ist toll. Kommt, wir gehen weiter zum Potala, dem Winterpalast der Dalai-Lamas. Es gibt noch viel zu sehen.«

Julia schmetterte ein lautes »Yes!« und lachte laut. Ich bedachte unseren verwunderten Führer mit einem entwaffnenden Lächeln und schob Julia an ihm vorbei ins Freie.

Wir passierten die strengen Sicherheitskontrollen am Potala und nahmen die zahlreichen Stufen zum Palast in Angriff. Allerdings gerieten wir schon nach der dritten Treppe außer Puste. Immer wieder mussten wir stehen bleiben, um Atem zu holen. Ich fühlte mich um Jahrzehnte gealtert und musste mich sogar zweimal setzen, weil mir schwindlig wurde. Julia erging es ähnlich, und ich stellte erleichtert fest, dass mich nicht mein Alter, sondern die fehlende Höhenanpassung meines Körpers bremste. Keuchend und hustend stolperten wir durch ein bunt bemaltes Tor in einen Säulengang. Dort wachten sogenannte Lokapalas, die von Pubu als *Defender and protector gods* bezeichneten Schutzgottheiten, mit grimmigen Augen über die Besuchermassen. Uns wurde ganz mulmig zumute. Eiligen Schrittes drängte Julia mich weiter. Unser Weg führte uns durch lange Flure und verwinkelte Räume. Über steile Stiegen gelangten wir immer weiter in die Tiefen des Palastes. In einer riesigen Halle bestaunten wir mehrere tonnenartige Türme, die über zahlreiche Stockwerke aufragten und golden glänzend dem Raum eine besondere Atmosphäre gaben.

»Das sind die Grabstätten der früheren Dalai-Lamas«, erklärte Pubu. »In der größten und prächtigsten wurde der fünfte Dalai-Lama beigesetzt.«

»Boah, das ist ja riesig groß und geradezu verschwenderisch mit Gold und Edelsteinen verziert. Es glänzt, dass ich kaum hinschauen kann«, staunte Julia und blieb mit offenem Mund stehen.

»Stell dir vor, die Grabstätte ist siebzehn Meter hoch, das entspricht einem Haus mit sechs Stockwerken. Angeblich wurden 3.700 Kilogramm Gold verarbeitet.«

»Mein Auto wiegt etwa eine Tonne. Das wären ja fast vier goldene Autos«, stellte ich fest. »Das ist nur schwer vorstellbar.«

»Das stimmt. Aber nicht alle Gedenkstätten sind so dimensioniert. Das hier ist das Grabmal des dreizehnten Dalai-Lama. Er starb 1933. Wir glauben, dass er im jetzigen Dalai-Lama wiedergeboren wurde.«

Aus der großen Halle kehrten wir in das Gewirr von Treppen und Gängen zurück. Von außen wirkte der Potala wie eine Festung, die aus schweren Steinen gebaut ist. Im Inneren des Gebäudes war alles aus Holz. Man möchte sich nicht vorstellen, was im Falle eines Feuers passieren würde – die mit einer dicken Staubschicht bedeckten einzelnen Feuerlöscher schienen einem Feuer nicht im Mindesten gewachsen.

»Kommt, wir steigen auf die Dächer des Potala hinauf. Das ist der schönste Platz. Ihr habt einen tollen Blick über die Stadt und deren Grenzen hinaus.«

Pubu eilte uns voraus; wir versuchten keuchend, Schritt zu halten. Er hatte recht: Eine atemberaubende Aussicht belohnte uns für diese Anstrengung. Wir ließen den Blick über Lhasas dichtes Häusermeer und den schimmernden Fluss hinweg bis zu den Bergketten schweifen. Die Sonne stand tief am wolkenlosen, tiefblauen Himmel, wir wärmten uns an dem Licht, das die goldenen Dächer leuchten ließ. Julia und ich schauten uns staunend um. Es war angenehm still um uns herum, wir waren von der Geräuschkulisse der lebhaften Stadt wie abgeschnitten.

Pubu zeigte auf einen weiteren Gebäudekomplex mit goldenen Jalousien. »Das war die Wohnung Seiner Heiligkeit, des Dalai-Lama. Kommt, die müsst ihr euch ansehen!«

Auf mich wirkten die Räume unpersönlich und wie in einem Museum künstlich drapiert. Der Funke der Faszination zündete bei mir nicht. Auch Julia schien fast ein bisschen enttäuscht; die Wohnräume erschienen ihr ganz und gar nicht herrschaftlich und viel zu klein für einen insgesamt so großen Palast.

Pubu lachte, als sie ihm ihre Einschätzung mitteilte, und meinte: »Vergiss nicht, dass Seine Heiligkeit ein Mönch ist, der in Armut und ohne Begehren leben will. Ihm geht es weder um Besitz noch um Wohlstand. Deshalb trägt er auch die gleichen Gewänder wie die übrigen Mönche.«

»Nein, das stimmt nicht. Die Mönche haben rote Kutten. Das Gewand vom Dalai-Lama ist gelb-orange.« Julia schaute Pubu fragend an.

»Im Buddhismus steht Orange symbolisch für die Farbe des Feuers, der Weisheit und der Reife und wird als äußeres Zeichen der höchsten Stufe menschlicher Erleuchtung angesehen. Deshalb sind besonders hochrangige Mönche wie der Dalai-Lama in orangefarbene Gewänder gekleidet«, erklärte Pubu, während er zügig weiterlief und uns wie selbstverständlich aus dem Labyrinth ineinander verschachtelter Räume leitete. Während wir uns wie in einem Irrgarten fühlten, orientierte er sich scheinbar mühelos. Ich empfand den ranzigen Fettgeruch der brennenden Butterlampen als Zumutung. Schon wieder stieg eine Übelkeitswelle in mir auf. Außerdem gruselte ich mich ein bisschen in den dunklen und muffigen Gängen und vor den hölzernen Wächtergottheiten, die uns in Nischen auflauerten.

»Mama, die gucken aber böse!« Julia drückte sich eng an mich und hielt sich mit einer Hand die Augen zu, um die bedrohlichen Blicke der Figuren abzuwehren.

Unser Weg führte uns durch dunkle, kalte, zugige Gänge, über steile Holzstiegen und durch zahlreiche ineinander verschachtelte Innenhöfe. Schließlich gelangten wir in einen hallenartigen Raum. Ich schätzte die Deckenhöhe auf acht bis zehn Meter, an den Wänden entdeckte ich Regale, die bis zur Decke reichten, in denen in Tücher eingeschlagene Pakete lagerten.

»Was ist in den Paketen drin?«, fragte ich Pubu und blieb stehen. Ich besah mir die staubigen Pakete genauer und entdeckte, dass unterschiedlich aufwendige Siegel die Stoffbahnen verschlossen. Der feuchtmodrige Geruch und die charakteristischen schwarzgrauen Verfärbungen ließen mich ahnen, dass in diesem Raum auch Schimmelpilze wuchsen.

»Hier lagern alte buddhistische Schriften. Viele von ihnen sind noch nicht übersetzt. Die heiligen Bücher wurden in geweihte Stoffbahnen gepackt, und man kann nur hoffen, dass sie so länger geschützt sind.«

Ich traute meinen Ohren kaum. Es war geradezu unvorstellbar, dass in dem Raum von der Größe einer mittleren Turnhalle Schriften unter Bedingungen lagerten, die jedem europäischen Archivar die Tränen in die Augen getrieben hätten. Ob man sie vor dem sprichwörtlichen Zahn der Zeit und dem allmählichen Zerfall würde retten können? Zu gerne hätte ich ein Buch ausgepackt und darin geblättert.

Als Julia eine dunkle Nische näher betrachten wollte, schreckte sie mit einem Aufschrei zurück: Mit Totenköpfen und Schlangen verzierte Holzmasken in verschiedenen düsteren Farben mit langen Zähnen und aufgerissenen Augen starrten ihr entgegen. Es waren die Masken, die für rituelle Tänze bei Festen gebraucht werden, um böse Geister zu vertreiben.

Noch bevor wir uns länger davor gruseln konnten, gelangten wir erleichtert ins Freie, wo zwei tibetische Jungen mit einem selbst gebastelten Ball aus Flicken spielten. Wir setzten uns in den Schatten eines Baumes. Ich hing meinen Gedanken nach und leerte die nächste Flasche Wasser. Julia hielt es nicht lange neben mir aus, sie schloss sich den beiden Buben an und nach kurzer Zeit spielten die Kinder laut lachend in dem Klosterhof ihr Fußballspiel, das keiner gemeinsamen Sprache bedurfte. Pilger blieben stehen, erfreuten sich an den spielenden Kindern und lachten. Selbst den sonst mürrisch dreinblickenden chinesischen Aufsehern in Uniform huschte ein Lächeln übers Gesicht, als sie das kindliche Treiben verfolgten. Einige der Pilger wollten unbedingt mit Julia fotografiert werden. Ihr Lieblingsmotiv war meine blonde Tochter mit dem Potala-Palast im Hintergrund.

Nach dieser ausgiebigen Fotosession reihten wir uns in den Pilgerstrom ein und ließen uns weiterschieben. Plötzlich wurde es mir zu eng. Ich brauchte eine kurze Pause. Wir nutzten die Einmündung einer kleinen Seitenstraße als eine Art Parkbucht, blieben stehen und ließen die Menschen an uns vorbeiziehen.

»Wenn die Straßen und Häuser doch erzählen könnten«, sagte

ich nachdenklich. »Wie hätte ein Shangri-La in der Mitte des vorigen Jahrhunderts wohl ausgesehen?«

Pubu winkte ab. »Mit Shangri-La ist das so eine Sache. Im Jahr 2001 hat die chinesische Führung dieser Fantasie ein Ende bereitet und den Kreis Zhongdian in der tibetischen Präfektur Dêqên in Shangri-La umbenannt. Heute ist der einst verlassene Landstrich eines der beliebtesten Reiseziele.«

»Echt jetzt?« Die Vorstellung dieser dreisten Geschäftsidee schüttelte mich.

»Tja, das chinesische Mutterland hat seine eigene Vorstellung von Realität und erschafft die passende Inszenierung. Und alles politisch korrekt.« Pubu grinste. »Es ist eher so ein Shangri-La-La-La...« Er sang den Namen wie ein Lied. »Aber wenn es dich interessiert, wie es früher hier in Tibet ausgesehen hat, dann schließe die Augen. Wir denken uns in die von dir gewünschte Zeit hinein.«

Ich tat, wie mir geheißen, und atmete ein paarmal tief durch, um meine Vorstellungskraft für Pubus Worte zu schärfen.

»Achtung, Achtung, hier kommt der Countdown.« Er ahmte eine Computerstimme nach und zählte von zehn rückwärts. Ich spannte meine Rückenmuskeln durch. Den Lärm um mich herum nahm ich nicht mehr wahr. Meine ganze Aufmerksamkeit galt Pubu. »Drei – zwei – eins – null! Angekommen! Bitte bleibt sitzen, bis die Anschnallzeichen erloschen sind.« Pubu imitierte ein Motorengeräusch, das unvermittelt endete. Dann sprach er mit der Audioguide-Stimme weiter. »Die Zeitmaschine hat ihre Parkposition erreicht. Wir stehen auf dem Dach des Potala-Palastes. Es stinkt erbärmlich, denn es gibt keine Kanalisation und keine Abfallentsorgung. Tibet ist ein verrotteter, von der Welt sich weitgehend isolierender Feudalstaat mit einer parasitären Oberschicht. Den etwa zweihundert bis dreihundert adligen Familien gehören fünfundzwanzig Prozent des Weide- und Ackerlandes, die Klöster als kirchliche Feudalherren besitzen siebenunddreißig Prozent des Landes, also riesige Latifundien, und die Lhasa-Regierung hat Gebietsansprüche auf die restlichen achtunddreißig Prozent der Flächen. Adel und Klerus leben in einer symbiotischen Beziehung miteinander, denn sie eint das Streben nach Erhalt und Vermehrung des Reichtums. Sie sichern ihre Macht und ihren Besitz durch Ausbeutung Tausender Leibeigener oder anderweitig abhängiger Personen.«

Stopp! Hatte ich richtig gehört? Sprach Pubu tatsächlich über Tibet? Ich dachte an ähnliche soziale Situationen in den mittelalterlichen deutschen Ländern, wo beispielsweise im 16. Jahrhundert die unterdrückten Bauern ihren feudalherrschaftlichen Peinigern den Krieg erklärten. Sie beriefen sich auf urchristliche Werte und formulierten den spöttischen Leitspruch: »Als Adam grub und Eva spann, wo war denn da der Edelmann?«

Pubu durchbrach meine Überlegungen: »Ich glaube, ich weiß, was du jetzt denkst. Meinen europäischen Gästen fällt es schwer, die besonderen und ganz anderen Verhältnisse in Tibet zu begreifen. Es gab riesige soziale Unterschiede. Auch in Tibet wurde die Religion von den Machthabern für ihre Zwecke missbraucht. Der Glaube war der alles entscheidende Faktor, dass die unterprivilegierten Schichten ihre soziale Rolle nicht nur akzeptierten, sondern dankbar waren, dass sie eine Wiedergeburt als Mensch geschafft hatten. Aus der Sicht der Unterdrückten konnte ihre Existenz ohne Zweifel nur das Ergebnis von Handlungen und angesammeltem Karma aus dem vergangenen Leben sein. Sie empfanden es als Glück, dass sie als Mensch wiedergeboren wurden. Nun lag es an ihnen, was sie draus machten. Sie hatten es in der Hand, beispielsweise durch fromme Lebensweise, Spenden an die Klöster und die richtige Vorbereitung auf den Tod dafür zu sorgen, dass es ihnen in einem zukünftigen Leben besser ergehen möge.«

Pubu machte eine kleine Pause, um seinen Worten mehr

Nachdruck zu verleihen, dann berührte er mich sanft am Arm und sagte: »Du bist Ärztin, deshalb werden dich einige Zahlen ganz besonders interessieren. Denk daran, dass es damals noch kein Geburts- oder Sterberegister gab und es sich deshalb ausschließlich um Schätzungen handelt. Ich habe mich intensiv mit zahlreichen Quellen befasst und deshalb meine ich, dass diese Zahlen sehr nah an der damaligen Realität sind. Stell dir vor, wir stehen noch immer als Zeitreisende auf dem Potala-Palast, wir schreiben das Jahr 1947, in einem der angrenzenden Räume wird der jugendliche vierzehnte Dalai-Lama unterrichtet. Die Lebenserwartung der Menschen liegt bei nicht mehr als fünfunddreißig Jahren. Etwa neunzig Prozent der Tibeter sind Analphabeten. Die Kindersterblichkeit beträgt etwa fünfundsiebzig Prozent.«

Julia schlug sich an die Stirn. »Das bedeutet, dass von einhundert neugeborenen Kindern im schlimmsten Fall nur fünfundzwanzig die Chance haben, erwachsen zu werden. Und du, Mama, wärest mit deinen fünfundvierzig Jahren eine uralte Frau! Schnell zurück in die Zeitkapsel. Mama, mach die Augen auf, ich will wieder im Hier und Jetzt sein.«

Julia presste ihr Gesicht gegen meinen Bauch, und ich legte beschützend meinen Arm um sie. Pubu streichelte ihr über den Rücken und sagte mit sanfter Stimme: »Weißt du, mit wenigen Ausnahmen in den Adelskreisen hatten es die Frauen und Kinder im alten Tibet sehr schwer. Schwangere galten als unrein. Viele Gebärende mussten allein irgendwo im Stall auf dem Boden ihr Kind zur Welt bringen, Ärzte für Frauen und rangniedere Menschen kannte man nicht. Die hygienischen Verhältnisse waren eine Katastrophe. Meine Großmutter erzählte mir, dass die Neugeborenen damals nicht gebadet wurden. Sie kannte sogar Mütter, die ihre Kinder nach der Geburt ableckten.«

Julia schüttelte sich. »Das ist ja ekelig.«

Pubu ging nicht darauf ein. »Wenn man den Überlieferungen Glauben schenkt, erblickte auch Seine Heiligkeit, der vierzehnte Dalai-Lama, in einem Stall das Licht der Welt. Tibet kannte keine *gute alte Zeit*, der die Masse der damals lebenden Menschen nachtrauern möchte. Allenfalls die reichen Adelsfamilien oder feudalherrschaftliche, ranghohe Lamas können ihre damaligen Privilegien vermissen.«

»Mama, ich will zurück ins Hotel. Das ist ja schrecklich!« Julia nahm meine Hand und zog mich mit energischen Schritten auf den Pilgerrundweg zurück. Ich hatte gerade noch Gelegenheit, in meinem Reiseführer ein paar Informationen zur gegenwärtigen Situation nachzuschlagen: Mit der Einführung des chinesischen Gesundheitssystems, das allen Tibetern offensteht, stieg die Lebenserwartung im Jahr 2013 auf 68,2 Jahre. Außerdem besucht die Mehrzahl der Tibeter eine Schule. Dies stimmte meine Tochter etwas versöhnlicher, und doch waren wir nachdenklich und legten den Rückweg zu unserem Domizil schweigend zurück.

Am Abend saßen wir noch lange auf der Dachterrasse des Hotels und ließen die vielen Bilder und Begegnungen dieses Tages an uns vorbeiziehen. Julia hatte ihr Schmusekissen und ihren Teddy im Arm, kuschelte sich an mich und so genossen wir den Blick über die Altstadt und das tibetische Viertel. Überall hingen Gebetsfähnchen und am Nachthimmel zeigte sich der aufgehende Mond. Vor dem Zubettgehen kauften wir an der Rezeption noch fünf Flaschen Wasser. Beim Bezahlen fiel uns auf, dass selbst einfachste Kopfrechenaufgaben in den Taschenrechner eingegeben wurden. Julia schaute mich irritiert an. Sie konnte es kaum fassen, dass diese einfachen Rechnungen für Erwachsene schwierig sein könnten. Besonders belustigte sie die Tatsache, dass die technischen Hilfsmittel das Ergebnis mit einer melodisch anmutenden Stimme über einen Lautsprecher verkündeten. Ab diesem Zeitpunkt sprach Julia nur noch von den singenden Taschenrechnern. Dieses Erlebnis wollte sie unbedingt mit ihrem Papa und Katharina teilen und drängte mich zu einem FaceTime-Anruf. Kaum eine Aktion bereue ich so sehr wie diese. Schon während des Telefonats brach Julia in Tränen aus und wollte sofort nach Hause. Sie hatte eine echte Heimwehkrise und war kaum zu beruhigen. Immer wieder versuchte sie mich davon zu überzeugen, dass es das Beste für uns wäre, wenn wir nach Hause fliegen würden. Auf die Frage, was denn die Ursache für ihr Heimweh sei, antwortete sie lapidar: »Es ist einfach alles so anders hier.« Damit hatte sie zweifelsfrei recht. Irgendwann konnten wir uns darauf verständigen, diese Nacht erstmal abzuwarten. Julia schlief in meinem Arm ein, zwischendurch schluchzte sie leise im Schlaf und ich fühlte mich mies. Selbstzweifel nagten an mir. Hatte ich uns zu viel aufgebürdet?

In der Nacht schlief ich sehr unruhig. In den frühen Morgenstunden schreckte ich aus einem Traum hoch, in dem ich vor uniformierten Gottheiten mit grotesken Masken durch den Potala-Palast flüchtete. Julia schlief tief und fest neben mir. Das beruhigte mich.

Einblicke in den Alltag der Bevölkerung

Am nächsten Morgen erwachte Julia gut gelaunt und wollte von der abendlichen Heimwehepisode erstaunlicherweise nicht mehr viel wissen. »Ach, weißt du«, bemerkte sie trocken, »ich war gestern total müde, und es war mir alles ein bisschen zu viel. Da wäre ich am liebsten zu Hause bei Papa auf der Couch gewesen. Aber jetzt ist es wieder okay und ich freue mich auf den Tag. Wir können ruhig hierbleiben.«

Ich war erleichtert, umarmte sie und drückte ihr einen Kuss auf die Stirn. Wir waren nicht besonders hungrig, versuchten uns beim Frühstück aber trotzdem wieder an einer Tasse Buttertee. Der Geschmack war eigenwillig und erinnerte mich an eine Mischung aus Pommes frites und süßem Lebkuchen. Eine echte Herausforderung für unsere Geschmacksnerven. Es gelang uns nicht so recht, damit vertraut zu werden. *Liebe auf den ersten Schluck* sieht anders aus. Deshalb entschieden wir uns für Wasser und ein paar Trockenkekse, das erschien uns im Hinblick auf ungewollte Verdauungszwischenfälle am wenigsten risikoreich.

Pubu kam pünktlich zum Hotel, trank noch eine Tasse Tee und wischte sich etwas verschämt die letzten Reste des Rasierschaums aus den Ohren.

»Los, kommt, wir haben heute viel vor!« Grinsend entblößte er seine Zahnlücke. Das verlieh ihm ein lustiges Aussehen. Er leitete uns sicher durch die verschlungenen Gassen der Altstadt bis hin zu einer größeren Straße, wo der Fahrer im Wagen mit laufendem Motor wartete. Wir waren kaum eingestiegen, als dieser auch schon davonbrauste und sich den Weg durch den morgendlichen Verkehr bahnte.

Der Besuch einer Schule stand auf dem Programm, außerdem wollten wir ein Krankenhaus besichtigen und nachmittags zum Kloster Sera fahren. Es versprach ein abwechslungsreicher Tag zu werden.

Nach einer kurzen Fahrt mit dem Auto hielten wir vor einfachen Baracken, die um einen großen Platz angeordnet waren. In der Mitte stand ein großer Fahnenmast mit der roten Fahne Chinas. Überall tummelten sich Kinder in Schuluniformen, die uns an Trainingsanzüge erinnerten. Nach einer Lautsprecherdurchsage stellten sich die Schüler in Reih und Glied auf, sangen ein Lied und begannen mit einer bis in kleinste Bewegungsabläufe synchronen Gymnastik. Beim Zuschauen hatte man das Gefühl, alle bewegten sich als Ganzes. Vor den Schülern stand ein Junge mit rotem Halstuch und gab den Ton an. Pubu erklärte uns, dass dieser Junge ein Pionier sei, so nennt man hier die Kinder, die Mitglieder der Jugendorganisation der Kommunistischen Partei sind.

Als wir die Schule betreten wollten, um einen Blick in die Klassenzimmer zu werfen, wurden wir vom stellvertretenden Direktor abgewiesen. Keine Chance. Auch Julias *Blondmädchencharme* blieb ohne die erhoffte Wirkung. Es blieb uns nichts anderes übrig, als wieder ins Auto einzusteigen.

Mein Magen meldete sich knurrend zu Wort und verdrängte alle anderen Überlegungen. Ich hatte Hunger und bat den Fahrer, bei nächster Gelegenheit anzuhalten. Wir parkten vor einem unscheinbaren Ladengeschäft, in dem zwei junge Frauen hinter dampfenden Töpfen köstliche Speisen zubereiteten. Ein geradezu betörender Duft nach frisch Gebackenem umspielte meine Nase und lockte mich ins Innere. Der Innenraum war winzig und hatte neben dem Herd und einem Tisch, auf dem fertige Teiglinge bereitlagen, nur Platz für zwei Stühle, auf denen wir erwartungsvoll Platz nahmen. Die freundlichen Bäckerinnen überreichten uns ein noch warmes, frisch ausgebackenes Teigstück, welches schon beim ersten Biss unsere Geschmackssinne umschmeichelte.

»Oh, Mama, ist das lecker.« Genießerisch schloss Julia die Augen und spürte dem Geschmack nach. »Es schmeckt so wie das ausgebackene Schmalzgebäck von Oma. Das tut jetzt aber gut!«

Die Frauen kicherten und freuten sich über unsere Komplimente, die Pubu übersetzte und wir mit unseren Gesten unterstrichen. Wir probierten über den eigentlichen Hunger hinaus noch viele ihrer Köstlichkeiten, bevor uns die beiden Küchenfeen zum Wagen begleiteten und uns zum Abschied noch ein Proviantpaket in die Hand drückten. Wir waren gerührt. Diese Gastfreundlichkeit machte uns sprachlos.

Frisch gestärkt fuhren wir weiter zum Krankenhaus, einem modernen Bau, bestehend aus einer Abteilung für Traditionelle Tibetische Medizin und einem Krankenhaus mit westlichschulmedizinischer Orientierung. Auf einer Tafel am Eingang präsentierten sich die unterschiedlichen Disziplinen und wir wunderten uns über das selbstverständliche Nebeneinander von *Operating Room* und *Astronomy and the Calendar*. Pubu erklärte uns, dass die Patienten von überallher anreisten und teilweise mehrere Tage vor oder in dem Krankenhaus auf eine Behandlung warteten. Beim Betreten des Gebäudes wollte man uns auch hier zunächst keinen Einlass gewähren. Ich hatte aber nach der Abfuhr an der Schule beschlossen, nichts unversucht zu lassen. Also ließ ich mich offiziell von Pubu als Doktor der Medizin mit den entsprechenden Empfehlungsschreiben der Universität Heidelberg vorstellen. Ich positionierte mich in aufrechter Körperhaltung und setzte ein selbstbewusstes, nicht allzu freundliches Lächeln auf. Nachdem niemand etwas sagte, blieb ich kerzengerade stehen und schaute sehr ernst. Selbst

Pubu hatte eine ehrfurchtsvolle Miene aufgesetzt. Das schien Eindruck zu machen und erzielte die gewünschte Wirkung: Innerhalb kürzester Zeit brach rege Betriebsamkeit aus. Mehrere Personen wurden für uns abgeordnet und uns zur Seite gestellt, man geleitete uns schnellen Schrittes zu einem anderen Gebäude. Dort stellte man mir den Verwaltungsdirektor vor. Er begrüßte mich geschäftsmännisch mit hartem Händedruck und wies in kurzem Befehlston einige der Umstehenden an, uns die Klinik zu zeigen. Schnell waren wir von einem Tross dienstbeflissener Helfer umringt, die uns den Weg durch die Klinik bis hin zu einem Untersuchungszimmer bahnten. Darin saß eine adrett gekleidete ärztliche Kollegin mit grau meliertem Haar. Mit einer freundlichen Geste bot sie mir den Platz neben sich an. Für Julia wurde ein Stuhl herbeigeschafft. Pubu stand in ehrfurchtsvoller Distanz und übersetzte.

Ich wohnte der Untersuchung einer Patientin bei, die mit ihrem Mann eine dreitägige Anreise auf sich genommen hatte und dann noch zwei weitere Tage auf dem Klinikgelände auf ihre Behandlung warten musste. Während der fünfzehnminütigen Konsultation sprach nur der Mann, seine fünfundzwanzigjährige Frau gab ausschließlich dann Auskunft, wenn ihr Mann sie dazu aufforderte. Die Frau war in schlichter tibetischer Tracht, einem dunklen, grob gewebten Gewand, gekommen. Darüber trug sie eine bunt gestreifte Schürze, was sie als verheiratete Frau auswies. Ihr schwarzes Haar war zu vielen Zöpfen geflochten, in die sie als Schmuck farbige Perlen und kleine Holzstücke eingearbeitet hatte. Trotz ihres jungen Alters machte sie auf mich einen kranken und schwachen Eindruck. Ich war mir sicher, dass sie Schmerzen hatte, und überlegte, welche Untersuchungen ich in meiner Praxis durchführen und welche Labordiagnostik sowie bildgebenden Verfahren ich anschließen würde. Die ärztliche Kollegin übersetzte für mich, dass die Frau sich im Rahmen der bislang durchgeführten Maßnahmen westlichschulmedizinischen Untersuchungen unterzogen hatte. Auf den mitgebrachten Ultraschallbildern sah ich Hinweise auf einen Tumor der Leber und der Gallenwege, der mittlerweile wohl so groß gewachsen war, dass er den Abfluss der Gallenwege behinderte. Jetzt verstand ich, warum das Augenweiß dieser Frau gelbbraun verfärbt war und sie immer wieder ihre von Kratzspuren wunden Hände auf den Oberbauch presste. Ich sah der Frau an, dass sie litt. Immer wieder hielt sie sich den Bauch und krümmte sich in eine vornübergebeugte Haltung.

In Deutschland hatte ich Patienten erlebt, die bei vergleichbarer Symptomatik vor Schmerzen schrien. Es war mir unbegreiflich, wie die Patientin in diesem Zustand eine mehrtägige Anreise zu Fuß überstehen konnte.

Nachdem die ärztliche Kollegin den schriftlichen Urinbefund studiert hatte, der zur Basisdiagnostik in der Tibetischen Medizin gehörte, fühlte sie eine Zeit lang an beiden Handgelenken den Puls der Patientin. Sie studierte ihre herausgestreckte Zunge und schaute sich genauestens die Augen der kranken Frau an. Die Patientin saß auf ihrem Stuhl an der Kante des Schreibtisches, sie musste sich für die körperliche Untersuchung nicht entkleiden. Ebenso wenig wurden andere, mir vertraute Diagnostikmöglichkeiten wie weitere bildgebende Verfahren oder eine Labordiagnostik angeordnet. Das entsprach nicht den mir geläufigen Untersuchungstechniken, und doch hatte ich den Eindruck, dass die Ärztin genau wusste, was sie tat.

Bei der Verabschiedung erhielt die Patientin ein Rezept für eine Kräutermischung, die sie sich in der Klinikapotheke nach vorheriger Anmeldung und voraussichtlich zweitägiger Fertigungsdauer abholen konnte. Das war's. Das Ehepaar verabschiedete sich und zeigte eine zufriedene Dankbarkeit. Beim Hinausgehen fragte der Mann, ob er und seine Frau Julias Haare berühren dürften. Er nannte sie *das heilige Kind* und fasste es als besonders positives Zeichen auf, dass Julia und ich der Konsultation beigewohnt hatten. Der Kopf als Sitz des Geistes gilt den Tibetern als heilig und darf normalerweise nicht berührt werden. Seine Frau schien überglücklich, Julias blondes Haar anfassen zu dürfen, und führte nach der Berührung die Hand an ihren Mund und an die Stirn. Für einen kurzen Moment schien sie den Schmerz nicht zu spüren und lächelte. Sanft hob sie Julias Hand und streichelte mit deren Handrücken über ihre eigene Wange. Anschließend legte sie die Handflächen vor der Brust aneinander und verabschiedete sich mit einer demutsvollen Verbeugung. Ich war hin- und hergerissen in meiner Gefühlswelt: Die Patientin hatte mit ihrem Ehemann eine tagelange, beschwerliche Reise auf sich genommen und war nach fünfzehn Minuten ärztlicher Konsultation mit einem Rezept für eine Kräutermischung weggeschickt worden. Sollte das alles sein? Würde die Frau die beschwerliche Heimreise schaffen? Was könnte die Kräutermischung bewirken? Ich wusste nicht so recht, was ich von der Situation und dem gerade Erlebten halten sollte. Ich war nicht nur in einer fremden Kultur, sondern im Vergleich zum deutschen Gesundheitssystem in einer völlig anderen Versorgungssituation gelandet. Die Patientin und ihr Ehemann suchten Hilfe in der Heilkunst ihrer Kultur, der Traditionellen Tibetischen Medizin. Diese betrachtet den Menschen und die Begriffe Gesundheit und Krankheit aus einer anderen Perspektive als die mir vertraute Schulmedizin. Es ging nicht darum: »Wie schneide ich den Tumor heraus?«, sondern um die Fragen: »Wie bekomme ich mehr Lebensenergie? Woher bekommt mein Körper die Kraft, die er zur Selbstregulation, zur Heilung aus sich selbst heraus braucht?«

Je länger ich als Ärztin arbeite, desto mehr heben sich die Grenzen zwischen den unterschiedlichen medizinischen Schulen und ihren Traditionen auf. Wie wunderbar wäre es, wenn wir von *einer* Medizin sprechen könnten, in der das Potenzial der unterschiedlichen Disziplinen, ihrer Sicht- und Denkweisen zur vollen Entfaltung kommen würde.

Hand in Hand gingen Julia und ich durch Wartezonen, in denen Menschen dicht zusammengedrängt saßen. Die Atmosphäre war ruhig und entspannt, die Menschen warteten geduldig. Im Innenhof fand sich eine Art Behelfsunterkunft. Hier schliefen Menschen auf dem blanken Boden, andere kochten auf mitgebrachten Gaskochern und teilten die Speisen mit denen, die nichts zu essen hatten. Ein junges Mädchen in Julias Alter rief uns ein freundliches »Tashi Delek!« zu. Wir blieben stehen. Sie rappelte sich auf, humpelte auf uns zu, in der Hand jonglierte sie einen Becher, aus dem dampfender Buttertee schwappte. Ihr linkes Bein war deutlich kürzer als das rechte und mit fleckigen Stoffverbänden umwickelt. Sie lächelte und reichte mir den Becher, dann griff sie nach Julias Hand. Zögerlich nippte ich an der heißen Flüssigkeit und verdrängte hygienische Bedenken. Ich hätte es nicht fertiggebracht, das Getränk abzulehnen. Julia meisterte die Situation auf ihre Art: Sie flocht dem Mädchen einen Zopf, den sie mit einem ihrer glitzernden Haargummis zusammenband. Das Mädchen befühlte ihre Haare und strich sanft über die rosa glitzernden Steinchen des Gummibands. Sie strahlte. Pubu drängte uns weiter. Beim Verlassen des Gebäudes drehten wir uns um und schauten zurück. Das Mädchen stand noch immer da und winkte. Ich hielt Julias Hand eng umschlossen und blinzelte die Tränen weg.

Are you veda?

Auf unserer Fahrt zum Kloster Sera dachte ich darüber nach, wie Schulmedizin und die traditionelle Medizin anderer Kulturen einander ergänzen könnten. Ich erinnerte mich daran, wie ich vor einigen Jahren im Anschluss an eine Brustkrebsoperation eine alternative Behandlungsmethode in Anspruch genommen hatte. Das war mein erster direkter Kontakt mit einer Heilkunst, die nichts mit schulmedizinischen Ansätzen zu tun hatte.

Die Diagnose Krebs war wie ein Blitz aus heiterem Himmel in mein Leben eingeschlagen, kurz vor der Einschulung unserer erstgeborenen Tochter Katharina. Ich war zutiefst schockiert, eine solche Erkrankung passte nicht zu meiner Lebensplanung, schließlich war ich noch nicht einmal vierzig Jahre alt. Als Ärztin wusste ich, dass es für den Kontakt mit der eigenen Endlichkeit keine richtige Zeit und keine zeitliche Bewertung im Sinne eines »Zu früh« gab. Meinen Patienten versuche ich in vergleichbaren Situationen eine Lebensweisheit mitzugeben: »Frage nie: Warum ich, warum jetzt, warum diese Krankheit?« Auf derartige Fragen kann es objektiv gesehen keine Antwort geben. Sie lenken in immer wiederkehrenden Kreisen hin zur Vergangenheit und rauben Energie, die genau in diesen Momenten für wichtige Dinge gebraucht wird: Wo hole ich mir eine Zweitmeinung? Wie bereite ich mich auf längerfristige Therapien vor? Wer versorgt mich und kümmert sich um meine Angelegenheiten? Wie kann ich meinen Körper und meinen Geist unterstützen?

Plötzlich ertappte ich mich dabei, wie ich mit meinem Schicksal haderte und mich selbst mit den gleichen, unsinnigen Warum-Fragen quälte. Meine Ärzte stellten eine gute

Prognose, die Tumorerkrankung sei nicht mehr als eine Lebensepisode. Aber wer wollte das garantieren? Stundenlang saß ich wie erstarrt da und schaute aus dem Fenster, suchte dort vergeblich eine Perspektive, die mir neue Erkenntnisse liefern konnte. Um es auf den Punkt zu bringen: Ich hatte Angst. Nackte Angst, dass ich die kommenden Jahre nicht überleben könnte. Kurz: Ich begegnete meiner eigenen Endlichkeit. Meine Familie war mir Stütze, und mein Mann gab mir auch an meinen traurigsten Tagen voller seelischer Abgründe liebevoll und vorbehaltlos den Halt, den ich brauchte. Dafür bin ich ihm bis heute dankbar. Gunther machte mir Mut, nach vorn zu blicken, entwickelte Perspektiven auch dann, wenn ich vor Tränen, Wut und Trauer zu ersticken glaubte, und er appellierte an meinen kämpferischen Kern, der mich als ehemalige Ausdauersportlerin auszeichnete. Er glaubte an mich auch in den Momenten, in denen ich nicht wusste, woran ich glauben sollte. Mein Krebs konnte vollständig entfernt werden, eine Bestrahlung lag hinter mir. Die Fragen: »Was kann ich noch tun? Was kann ich tun, dass der Krebs nicht mehr kommt?«, surrten wie eine Endlosschleife durch meinen Kopf. Die schulmedizinischen Therapiemaßnahmen waren getan. Und jetzt? Ich suchte den Ausgang aus dem Hamsterrad jenes krankmachenden Gedankenstrudels, der mich mit Fragen nach Ursachen und Auslösern für die eigene Erkrankung quälte. So konnte es nicht weitergehen!

Meine Freundin und Kollegin Barbara riet mir, mich auf meine eigenen Kräfte und Ressourcen zu konzentrieren. Sie ermutigte mich, eine Auszeit zu nehmen. Ich resümierte im Stillen: Erst *Aus,* dann *Zeit.* Womit sollte ich meine Zeit denn verbringen? Von einer schulmedizinischen Rehabilitationsmaßnahme mit anderen Krebskranken wollte ich nichts wissen. Irgendwann wollte ich gar nichts mehr wissen, wollte keine Ratschläge mehr hören, auch wenn sie noch so gut gemeint waren. Ich trabte weiter durch mein Hamsterrad und zog mich zurück.

In solchen Momenten ist es gut, Freunde zu haben. Meine Freundin heißt Jarah. Sie arbeitet mit mir in der Praxis und steht mir als treue Wegbegleiterin zur Seite. Damals hielt sie mit mir meine mentalen Abgründe aus. Lockte mich raus in die Natur. Bei einem unserer Spaziergänge meinte sie: »Ich habe da so eine Dokumentation gesehen. Das könnte was für dich sein. Ayurveda.«

»Are you veda? Wie? Was soll ich sein? Veda?«

Jarah lachte. Sie lachte nicht nur laut, sie krümmte und bog sich. Das Lachen schüttelte sie regelrecht. Ich verzog das Gesicht. Wandte mich ab. »Ich finde es nicht lustig. Amüsierst du dich über mein Leid?« Sie wischte sich die Lachtränen von den Wangen, klopfte mir auf die Schulter. »Ach was, jetzt krieg dich ein. Es heißt nicht *Are you veda* sondern *Ayurveda*. Der Ayurveda entspringt der indischen Heiltradition und ist frei übersetzt die jahrtausendealte Wissenschaft vom Leben. Gesundheit im Ayurveda ist der Zustand des vollkommenen Gleichgewichts aller körperlichen und geistigen Funktionen. Ziel des Ayurveda ist es, Gesundheit in diesem umfassenden Sinne aufzubauen und schon bestehende Krankheiten mit natürlichen Mitteln zu heilen.«

»Aha«, antwortete ich, »klingt interessant. Könnte vielleicht etwas sein.«

Ich informierte mich. Mir gefiel der Gedanke, die klassische Schulmedizin durch die ressourcenorientierte Medizin des indischen Ayurveda zu ergänzen. Wissenschaft vom Leben. Das klang gut.

Das war es, was ich suchte: Ich wollte gesund sein und mich mit dem Leben und nicht mit Krankheit oder Tod beschäftigen. Mit aller Kraft leitete ich die Kehrtwende aus meinem Gedankenkarussell ein und entschied mich für eine Ayurveda-Kur mit Panchakarma-Behandlung. Dabei sollten durch verschiedene Reinigungsverfahren physiologische Unreinheiten schrittweise aus dem Körper entfernt und das natürliche Gleichgewicht als Grundlage von Gesundheit wiederhergestellt werden. Neugierig und ohne Vorbehalte ließ ich mich auf die Therapiemaßnahmen ein und betrat eine neue medizinische Welt. Der körperliche Reinigungsprozess war anstrengend. Zu ihm gehörten nicht nur wohlriechende Ölmassagen und entspannende Stirngüsse, sondern auch Darmeinläufe auf Kräuter-Öl-Basis und weitere entgiftende Maßnahmen, die nicht immer angenehm waren. Eine solche war die sogenannte Nasya-Behandlung. Oberflächlich formuliert bestand sie aus der Reinigung der Nasennebenhöhlen. Wer jetzt denkt, er putzt sich einfach mal die Nase, irrt gewaltig. Meine damalige Therapeutin hieß Maria, eine äußerst liebevolle Person, der sofort mein Vertrauen gehörte. Ihre asiatischen Wurzeln konnte und wollte sie nicht verleugnen. Sie war von untersetzter Gestalt, einen guten Kopf kleiner als ich und in ihrem Wesen durch und durch von mütterlicher Fürsorge geprägt. Sie verwöhnte mich zu Beginn der Behandlung zuerst mit einer wundersam entspannenden Kopf- und Nackenmassage, bei der ich mich auch nur kurz in meiner Befindlichkeit beeinträchtigt fühlte, als sie mich heftig an den Haaren zog.

»Muss so sein. Gut für Kopfdurchblutung«, erklärte sie mir in ihrem asiatisch gefärbten Sprachduktus. Ich störte mich nicht weiter daran und ließ mich vertrauensvoll vor ein Inhalationsbad setzen. Als sie mir eine Augenbinde umlegte, hätte ich grundsätzlich misstrauisch werden können, allerdings empfand ich die kühlende Kompresse zu diesem Zeitpunkt noch als wohltuend. Erst als sie ätherische Öle ins kochend heiße Wasser goss, hatte ich das Gefühl, neben einem Erstickungsanfall auch noch eine ausgedehnte Verätzung der Schleimhäute zu erleiden. Maria legte mir fürsorglich ein

Handtuch über den Kopf, sodass auch kein Dampfpartikel entweichen konnte, drückte mich mit der Hand auf dem Rücken noch etwas weiter in die Schüssel mit dem aufsteigenden Wasserdampf und raunte mir in dem Moment, als ich fühlte, wie ein stechender Schmerz meine Stirnhöhle durchzuckte, mit ruhiger Stimme zu: »Jetzt ganz logga, logga und ganz sön ruhig atme.«

Ich glaubte mich einer Ohnmacht nahe und war mir sicher, dass sich mein Riechsinn an dieser Stelle dauerhaft verabschiedet hatte, als Maria noch einige weitere Tropfen des ätherischen Öls aufgoss.

»So mache mir noch ei bissele weida.«

Ich versuchte auszuweichen und atmete nicht über die Nase, sondern über den Mund direkt in die Lunge ein, was dazu führte, dass ich bei einem Hustenanfall fast erbrach. Meine Lungen brannten wie Feuer, ich war fix und fertig. Maria zeigte sich mit dem Ergebnis ihrer Behandlung mehr als zufrieden. Bevor sie mich in wärmende Laken packte, träufelte sie mir noch ein übelriechendes Öl in die Nase, welches mir einen erneuten Würgereiz verursachte.

»Machte nixe, hochziehe und rausspucke.« Ich folgte kommentarlos ihrer Aufforderung und hoffte, nicht allzu große Anteile meines Frontalhirns durch die Behandlung lädiert zu haben. Allerdings gelang meine Nasenatmung so mühelos wie selten zuvor: Beim Einatmen hatte ich das Gefühl, aus dem höchsten Punkt des Schädels einen Luftdurchzug zu spüren, und ich empfand bei aller körperlicher Erschöpfung auch einen besonderen Moment der geistigen Klarheit. In meiner Erinnerung fühlte ich eine wohlige Geborgenheit, als mich Maria in vorgewärmte Tücher wickelte, mich auf mein Zimmer begleitete, sanft ins weiche Bett legte und mir zuflüsterte: »So, jetzt bissele hinlege und ausruhe, so lang slafe wie geht und Kraft tanke.«

Die Kur weckte in mir nicht nur neue Energien, auch meine Lebensgeister kehrten allmählich zurück und ich fand meine optimistische Grundhaltung wieder. Selbstverständlich nehme ich seither meine schulmedizinischen Verlaufskontrollen und Vorsorgeuntersuchungen sehr ernst. Erfreulicherweise waren sie allesamt ohne auffällige Befunde. Ich fühle mich gesund und bin mir sicher, dass die Ayurveda-Maßnahme eine richtige und sinnvolle Ergänzung zur schulmedizinischen Therapie war. Ich achte auf mich. Es ist mir wichtig, dass es nicht nur meinem Körper, sondern auch meiner Seele gut geht.

Über diese Gedanken versunken, musste ich tatsächlich eingeschlafen sein. Ich erwachte erst, als Julia mich sanft anstieß und zum Aussteigen ermunterte. »Mama, wir sind da. Schau mal, wie groß das Kloster ist.«

Schlaftrunken rieb ich mir die Augen. Ich brauchte einige Zeit, um mich zu orientieren, dann stieg ich aus und betrachtete den gewaltigen Klosterkomplex von Sera.

Welch ein Unterschied zu den überschaubaren Baukörpern, die wir als Klosteranlagen in Deutschland kennen.

Wir standen vor einer riesigen Anlage in den Dimensionen einer Kleinstadt. In seiner Blütezeit lebten in Sera bis zu 10.000 Mönche und ihre spirituellen Lehrer, die Lamas. Auf dem leicht ansteigenden felsigen Untergrund war, so weit das Auge reicht, eine Vielzahl von kleineren Gebäuden zu erkennen, aus denen ein mächtiger zentraler Bau herausragte. Jetzt verstand ich den Begriff *Mönchsstädte*, und ich fand es einleuchtend, dass diese Einrichtungen mit ihrer wirtschaftlichen, geistigen und militärischen Macht sich auch zu einem »Staat im Staate« entwickeln konnten.

Im Kloster Sera

Das Kloster Sera liegt am Fuße der kahlen Granitberge nur wenige Kilometer nördlich von Lhasa entfernt. Das 1419 gegründete Sera zählt neben Ganden und Drepung zu den drei bedeutenden Staatsklöstern. Im Jahr 1959 lebten in diesen drei Anlagen in der Umgebung Lhasas 16.500 Mönche: 7.700 in Drepung, 5.500 in Sera und 3.300 in Ganden. Das militärische Potenzial dieser drei Klöster überragte die militärischen Möglichkeiten der Regierung in Lhasa und der zugehörigen Armee bei Weitem. In der Geschichte Tibets kommt Sera eine besondere Bedeutung zu, da sich hier in der Mitte des 15. Jahrhunderts eine Reformbewegung gegen den Sittenverfall etablierte, die sich rasch im Land verbreitete und – vergleichbar mit der Reformation in Deutschland – zu einschneidenden Veränderungen führte. Auch der Dalai-Lama stammt aus der reformierten buddhistischen Schule der Gelugpas, auch *Gelbmützen* oder *Die Tugendhaften* genannt. Zum Zeitpunkt unseres Besuchs lebten in Sera nur noch etwa dreihundert Mönche.

Die zahlreichen Touristenbusse auf dem Parkplatz sowie die explizite Beschilderung zum Museumsshop ließen mich befürchten, dass wir hier bei einer touristischen Attraktion angekommen waren, die mit dem mönchischen Leben nur noch wenig zu tun hat. Ich konnte nur wenige Pilger entdecken, dafür sah ich zahlreiche chinesische Reisegruppen, die mit Kameras und auf Selfiesticks montierten Mobiltelefonen bewaffnet die Klosteranlage durchströmten.

Wir absolvierten zunächst eine Klosterumrundung zu Fuß, immer bemüht, die Stupas im Uhrzeigersinn zu passieren. Julia interessierte sich fast ausschließlich für die umherstreunenden Hunde. Sie fotografierte sie in den außergewöhnlichsten Posen und kraulte sie ausgiebig und voller Hingabe. Die auf dem Fell umherspringenden Flöhe störten sie nicht und verursachten nur mir einen wahrscheinlich psychogen ausgelösten Juckreiz. Später erzählte uns Pubu, dass die Hunde in der weitläufigen Klosteranlage nicht nur völlige Freiheit genießen, sondern auch regelmäßig von den Mönchen gefüttert werden. Man schätzt sie als Reinkarnationen von ehemaligen Mönchen, die ein schlechtes Karma angesammelt hatten. Auch das ist eine Besonderheit von Sera.

Etliche Kindermönche rannten vor den Hunden entlang und wirbelten eine gehörige Menge Staub auf. Hinter dem Staubschleier verblasste die Silhouette der Tiere und meine Fantasie ließ schemenhaft aus den Tieren wieder Mönche werden – und das so, wie sie wohl vor einhundert Jahren ausgesehen hätten: zerlumpt in ihren schäbigen Kutten und verwahrlost, was ihre Hygiene betraf. Sie stanken erbärmlich. Alle Europäer, die damals Tibet bereisten, zeichneten ein ähnliches trostloses Bild von der Mehrheit der Mönche. Eine Steigerung des Elends bildeten die gefürchteten Mönchssoldaten, wie Alexandra David-Néel in ihren Reiseberichten in den Anfängen des 20. Jahrhunderts schrieb. Sie bezeichnete sie als »gänzlich ungebildete Haudegen und Raufbolde mit Spatzengehirn«, welche die Bevölkerung tyrannisierten. Für ihre Feudalherren leisteten sie nützliche Dienste, indem sie mit »handfesten Argumenten« die Zwangsabgaben von der Bevölkerung eintrieben. So wenig, wie wir uns vor unserem Besuch die Dimensionen einer Klosterstadt wie Sera vorstellen konnten, so wenig hatten wir ein realitätsnahes Bild vom damaligen Leben. Es dominierte eine idealisierende Sichtweise, deren verklärte Perspektive sich vielleicht auch von bildgewaltigen Szenen aus Hollywoods Filmwerkstatt nährte. Quellen und historische Reiseberichte lüften den Vorhang der Geschichte und lassen hinter die Kulissen blicken: Jedes Kloster war ein getreues Abbild des tibetischen

Feudalstaates. Der Abt regierte wie ein König in seinem Reich, war geistiges Oberhaupt, Regierungsgewalt und oberste Gerichtsbarkeit. Der Strafenkatalog war grausam und fern einer Gewaltlosigkeit, wie wir sie heutzutage mit dem Buddhismus in Verbindung bringen. Amputationen von Gliedmaßen und Augenausstechen gehörten zu den bevorzugten Sanktionen für Verfehlungen. Eine Armee von Mönchssoldaten leistete dem Abt Befehlsgehorsam, der kraft seines Amtes über die Existenz der ihm Anvertrauten verfügen konnte.

Selbstverständlich lebte der Abt des Klosters in Prunkräumen, kleidete sich in Brokat und Seide und leistete sich jeglichen Luxus. Er konnte, durch religiöse Begründungen legitimiert, in geheimen tantrischen Riten auch verborgen Sexualität praktizieren. An dieser ausschweifenden Lebensweise ließ er die oberste Schicht der Lamas aus seinem herrschaftlichen Dunstkreis teilhaben.

Der Abt von Sera repräsentierte einen Teil der Regierungsgewalt von ganz Tibet. Ohne sein Siegel als Zeichen seiner Unterschrift konnte kein Staatsvertrag abgeschlossen werden. Diese Machtposition hatte er sich nicht durch Frömmigkeit oder besondere Güte erworben, sondern durch brutale Machtkämpfe, kriegerische Auseinandersetzungen, Gewalt, Bestechung und gnadenlose Unterdrückung sowie Ausbeutung der zum Kloster gehörenden Leibeigenen. Die nächste soziale Hierarchiestufe in den Klöstern bildeten die Lamas, speziell ausgebildete, ordinierte Mönche, die über der Masse der einfachen Mönche standen.

Hier im Kloster Sera musste ich auch meine Vorstellungen von Klöstern als Bildungsstätten korrigieren. Grobe Schätzungen sprechen von fünfundsiebzig bis neunzig Prozent Analphabeten, die noch in der Mitte des 20. Jahrhunderts in den Klöstern lebten. Das Schicksal der Kinder, die von ihren Eltern ins Kloster geschickt wurden, war schwer: Sie hatten den Lamas, ihren Lehrern, in jeglicher Weise zur Verfügung zu stehen und wurden wie Leibeigene behandelt. Unter Lernen verstand man vor allem das stupide Auswendiglernen religiöser Texte, welches nicht selten von Peitschenhieben begleitet wurde. Die einflussreichen Adelsfamilien sorgten dafür, dass das Bildungsprivileg ihrem Nachwuchs vorbehalten war. Private Lehrer und Hochschulen in den Klöstern übernahmen den Wissenstransfer. In ihren Berichten verrät uns Alexandra David-Néel weiter, dass neben buddhistischer Philosophie und Metaphysik auch Heilkunde sowie Zauberei und Sternendeuterei gelehrt wurde. Adel und Klerus waren in Tibet wie im Europa des Mittelalters eng miteinander verbunden. Aus den mächtigsten Adelsgeschlechtern entstammten häufig auch die Inkarnationen der höchsten geistigen Würdenträger. Ein Schelm, wer Böses dabei denkt, dass die Inkarnationssucher häufig in den wohlhabendsten Familien fündig wurden. Auch hier gibt es Parallelen zum europäischen Wechselspiel von religiösen Kräften und politischen Prozessen, denn die katholischen Päpste rekrutierten sich über Jahrhunderte ebenfalls aus den einflussreichsten Adels- oder Kaufmannsfamilien.

Meine abschweifenden Gedanken hatten mich langsam werden lassen. Irgendwann war ich stehen geblieben. In meine Überlegungen vertieft schaute ich in den wolkenlosen Himmel. Julia zupfte an meinem Ärmel und drängelte: »Mama, mach mal schneller, ich muss aufs Klo.«

Der Besuch dieser öffentlichen Toilette war ein besonders gewöhnungsbedürftiges Highlight: ein kleines Häuschen mit zwei durchlaufenden Rinnen, daneben jeweils ein halbvoller Eimer Wasser. Die Hinweisschilder machten klar: Männer links, Frauen rechts. Dazwischen eine brusthohe Trennwand als improvisierter Sichtschutz zwischen Männlein und Weiblein. Keine Tür. An jeder dieser Rinnen hockten die Menschen hintereinander aufgereiht und verrichteten ihre Notdurft. Julia trippelte von einem Fuss auf den anderen. »Ich pinkle mir gleich in die Hose, aber ich kann mich da nicht dazu etzen. Mama, wenn ich hinter der Frau mit der Sonnenbrille gewesen wäre, dann hätte sie mir direkt ins Gesicht gefurzt. Und Durchfall hatte sie auch noch. Voll eklig.« Ich verzog das Gesicht und versuchte, möglichst flach zu atmen. Der Gestank war widerlich. Ich nahm Julia in den Arm und wir warteten, bis wir allein waren. Auch wenn wir mittlerweile eine gewisse Routine entwickelten, waren wir bei dieser sehr primitiven Toilettenversion noch immer schamhaft berührt. Aber wir hatten Glück, denn immerhin gab es dieses Häuschen! Bis zur Mitte des vorigen Jahrhunderts war es üblich, dass alle Menschen ihre Notdurft irgendwo im Freien verrichteten. Es fällt nicht schwer, früheren Reiseberichten Glauben zu schenken, die den fürchterlichen und ekelerregenden Gestank in ganz Tibet beschrieben.

Wir wuschen uns die Hände mit Wasser aus unseren Trinkflaschen. Ich steckte mir einen Kaugummi in den Mund, um meinen Geruchssinn mit dem ätherischen Öl der Minze zu besänftigen.

»Wo wart ihr? Ich habe euch gesucht.« Pubu lief uns entgegen. »Kommt mit, hier gibt es was für Julia!« Wir folgten ihm in einen kleinen Innenhof. Im Schatten eines Baumes saß ein Mönch und wiegte sich im Takt seiner gesprochenen Gebete. Seine Haut war faltig und vom Wetter gegerbt, seine Augen leuchteten, als er Julia sah. Er winkte sie zu sich. Dann stand er auf, hielt seine Hand über ihren Kopf und murmelte in unverständlichem Singsang ein Mantra. Mit schwarzer Kreide malte er Julia einen Strich vom Nasenrücken bis in den Bereich zwischen den Augenbrauen.

»Dieses Zeichen soll vor dem bösen Blick schützen, ein langes und gesundes Leben bringen, den spirituellen Weg verbessern und vor allem zur Erleuchtung führen«, sagte Pubu. »Hier im Kloster werden nur die Kinder auf diese Weise gesegnet.«

Julia grinste. »Das ist ja wunderbar. Dann bekomme ich in der Schule nur noch gute Noten – und alles ohne zu lernen.« Der Mönch lächelte und es schien, als hätte er Julias Äußerung verstanden. Pubu übersetzte seine Worte: »Möge euer Weg gesegnet sein.« Wir bedankten uns mit einer Verbeugung und gingen weiter.

Pubu erzählte uns, dass die meisten Klöster im Zuge der militärischen Integration Tibets ins chinesische Mutterland zerstört wurden. Nur wenige waren übrig geblieben. »Die chinesische Zentralregierung nimmt auf das klösterliche Leben Einfluss«, sagte er, »nichts geschieht ohne die Zustimmung der Partei. Immerhin gibt es mittlerweile Programme zur Restaurierung der historischen Anlagen. Aber es gibt viel zu tun.« Er zeigte auf eingestürzte Gebäude und eine aus den Angeln gerissene Holztür.

Er führte uns durch mehrere Hauptgebäude bis zu einer großen Halle, über deren Eingangstreppe bunte Tücher mit buddhistischen Symbolen gespannt waren. Diese sollten nicht nur Kälte und Wind, sondern auch die Sonne abhalten, und tauchten den Innenraum in gedämpftes Licht. Pubu zeigte uns im Eingangsbereich Wandbilder mit angsteinflößenden Gestalten in grellen Farbtönen. Um ihre Köpfe war eine Krone aus Flammen gewunden, in den Händen hielten sie beispielsweise Schwerter oder Tiere.

»Puuuh, die sind ja zum Fürchten. Geisterbahn auf Tibetisch …«, flüsterte Julia mir zu.

Pubu sah meinen irritierten Blick und erklärte, dass es sich um Schutzgottheiten, sogenannte Lokapalas oder Dikpalas handelte, die mit ihrem schrecklichen Aussehen das Böse davon abhalten sollten, in die Andachtsräume vorzudringen. Als wir das Innere des Gebäudes betraten, wunderten wir uns über zahlreiche Mönche, die moderne Turnschuhe trugen und mit Mobiltelefonen beschäftigt waren. Die Technik hatte auch hier

Einzug gehalten. Zu unserem Erstaunen schienen Smartphones nicht mehr ein rein westliches Phänomen zu sein. Noch mehr wunderte ich mich über Kugelschreiber und Taschenrechner, die vor einer Buddhafigur in Opferschalen lagen.

»Das sind ja komische Gaben!«, entfuhr es mir.

»Darf ich vorstellen, Frau Doktor, das ist der Buddha der Weisheit.« Pubu deutete eine Verbeugung an. »Und das sind Opfergaben, von denen sich Schüler und Studenten gute Prüfungsergebnisse erhoffen.«

»Sehr praktisch.« Vielleicht hätte ich diesem Buddha zu Studienzeiten einen Pilgerpfad aus bunten Stiften gebaut oder ihm eine Krone aus bunten Geodreiecken gebastelt. Mein persönliches Ritual vor Prüfungen verdanke ich einer Empfehlung meiner Oma Liesel. Sie vertraute auf den heiligen Aloisius von Gonzaga als Schutzpatron der Studierenden. Deshalb machte ich es so: In meiner Taufkirche entzündete ich eine oder – wenn ich auf Nummer sicher gehen wollte – gleich mehrere Kerzen und betete bei einem Vaterunser, dass mir bei Klausuren das vielzitierte Licht aufgehen möge. Meistens klappte das. Aloisius sei Dank!

Meine Aufmerksamkeit kehrte in den Raum zurück. In einer Nische schlug ein Mönch im gleichmäßigen Rhythmus eine Trommel, während ein anderer eine Glocke und ein dritter ein schalmeiartiges Blasinstrument erklingen ließ. Dazu mischte sich ein gleichförmiger Singsang mehrerer junger Novizen.

»Das ist eine Puja«, erläuterte uns Pubu, »dabei kommen die Mönche zusammen und lesen gemeinsam aus den heiligen Schriften des Buddhismus. Durch rituelle Handlungen soll das Böse abgewehrt und das Gute gestärkt werden. Instrumente wie Glocken, Trommeln und manchmal auch größere Blasinstrumente sorgen für eine feierliche Atmosphäre, denn im Rahmen der Puja wird die Lehre Buddhas verkündet.«

Die Zeremonie dauerte noch eine ganze Weile an. Ein alter Mönch brummte den Obertongesang. Es war erstaunlich, dass ein so ausgezehrter Körper eine so kräftige Stimme hervorbrachte, in welche die jüngeren Mönche mehr oder weniger rhythmisch einfielen. Der Gesang wurde schneller, entschlossener und schien spannungsvoll auf einen Höhepunkt zuzusteuern. Die Instrumente intonierten schriller und markanter, die Mönche griffen neben sich und setzten ihre gelben Mützen auf, die ihrem Orden den Namen gaben: Gelugpa. Feierlich wurde der letzte Gesangsabschnitt vorgetragen, dann öffneten sich wie von Zauberhand die Türen und wie beim Ertönen der Pausenklingel in der Schule stürmten alle ins Freie.

Ich kam nicht dazu, den Gedanken weiterzuverfolgen, denn der plötzlich intensive Geruch nach hochprozentigem Alkohol in einem der Räume lenkte mich ab. Die Atmosphäre glich der eines Trinkgelages. Bei näherem Hinsehen fielen uns Unmengen von Flaschen und Gläsern auf. Es roch wie in einer Schnapsbrennerei, betrunkene Menschen konnten wir jedoch keine entdecken. Unschlüssig sah ich mich um. Dann fragte ich: »Pubu, was soll der ganze Schnaps hier? Wenn die Mönche das alles trinken, dann hat sich's mit Puja. Dann geht hier nix mehr, dann haben sie nicht nur Hunde auf dem Hof, sondern auch einen Kater.«

Pubu schaute verdutzt. Natürlich wusste er nicht, was ein Kater ist.

»Das sagt man so, wenn man sehr betrunken ist und sich am nächsten Tag nicht gut fühlt.«

Pubu nickte. »Genau deshalb steht hier so viel Alkohol. Böse Geister lieben Alkohol. Wir machen sie damit betrunken. Dann können die Schutzgottheiten sie besser fangen.«

So hatte ich das noch nie gesehen – die Eckkneipe als Ort der Gefahrenabwehr. Das musste ich Beate, der langjährigen *Perle* und versierten Bedienung in unserer Lieblingskneipe zu Hause, erzählen. Sie würde sich bestimmt darüber freuen, wenn man sie als Hohepriesterin in besonderer Mission gegen böse Geister verehren dürfte.

Bei unserem Rundgang durch die Klosteranlage waren wir umringt von einer wachsenden Schar kleiner Jungen im Mönchsgewand. Sie alle wollten Julia sehen, kicherten und deuteten auf ihre blonden Haare. Pubu erklärte uns, dass es nur wenigen Klöstern gestattet ist, Kinder und Jugendliche in die Klostergemeinschaft aufzunehmen, da der Staatsapparat eine andere, allgemeine Schulbildung vorsieht.

Es war angenehm warm geworden, wir saßen windgeschützt und verfolgten gespannt die Ankunft der Mönche zur nachmittäglichen Debattierstunde. Sie positionierten sich im Schatten der Bäume, die Gebetsketten am linken Arm pendelnd, die rechte Hand zum Schlag bereit. Die verbalen Angreifer lehnten sich zunächst weit nach hinten auf ihrem Standbein zurück, um dann in einem langen Ausfallschritt nach vorn den Fuß in den Kies aufzustampfen. In diesem Bewegungsfluss feuerten sie nicht nur ihre Thesen auf den am Boden Sitzenden ab, sie schlugen auch nach einer Ausholbewegung die rechte in die linke Hand. Dann verharrten sie vornübergebeugt wie ein Speerwerfer, der seine Waffe erfolgreich in feindliche Gefilde geschleudert hatte. Das Klatschen hallte an den Mauern wider und klang wie ein Schusswechsel. Die in ihren Bewegungen viel sparsameren Verteidiger saßen im Kiesbett und wehrten die auf sie niedergebrüllten Attacken mit ruhiger Stimme ab. Als Sieger dieses Verbalgefechts ging derjenige hervor, dem es gelang, den Debattierkollegen sprachlos zu machen. Wie gebannt verfolgte ich konzentriert das Geschehen und genoss die spannungsgeladene und zugleich heitere Stimmung, die über allem lag. Während das Stimmengewirr der Wortgefechte und das laute Händeklatschen von den weiß getünchten Mauern des Klosterinnenhofs langsam verhallte und die Mönche nach und nach den Innenhof verließen, fragte ich in die Runde: »Was haben wir eigentlich gerade erlebt? Waren die eingeübten Bewegungsabläufe nicht eine Art Ballett? Stereotype Bewegungsmuster ergänzt durch Sprache, modelliert von sanften Tönen bis hin zu lautem Gebrüll?«

Pubu bestätigte meine Vermutung: »Wir haben ein Spektakel gesehen, eine ritualisierte Debatte, die zu einer Attraktion geworden ist. Euch hat es gefreut, die Touristen haben ihren Spaß daran und glauben, es müsste sich hier um Traditionen geistiger Debatten handeln. Das ist nicht so. Diese Aufführungen erfreuten schon vor hundert Jahren den Regenten, den Dalai-Lama und die feudalherrschaftliche Oberschicht.«

Spontan dachte ich an Gladiatorenkämpfe im alten Rom, die Kaiser und Volk zur Unterhaltung dienten, als Pubu ergänzte: »Und wenn sich die Schau mit beliebigen alten Texten zu einer handfesten Prügelei entwickelte, war den Mönchen der Beifall ihrer Zuschauer gewiss.«

Unsere Unterhaltung wurde abrupt beendet, als eine chinesische Touristin mit Sonnenhut über meine ausgestreckten Beine fiel. Die betagte Dame hatte Mönche mit ihrem Smartphone filmen wollen und dabei nicht darauf geachtet, wohin sie ihre eigenen Füße setzte. Sie rappelte sich auf, rückte die Sonnenbrille zurecht, ließ einen Wortschwall auf mich niedergehen, bei dem ich nur »Sorry, sorry, sorry« verstand, und eilte den anderen Touristen hinterher, um nicht den Anschluss an ihre Gruppe zu verpassen. In diesem Moment wurde mir klar, dass diese Klosteranlage nebst Debattieraufführung und das bunt wuselnde Treiben der chinesischen Reisegruppen in der Tat mehr Gemeinsamkeiten mit einer touristischen Folkloreeinrichtung als mit einem historischen Pilgerziel hatte. Nach und nach leerte sich der Innenhof, ich setzte mich in den Schatten eines Baumes und schaute Julia dabei zu, wie sie junge Spatzen beim Kampf um eine Schale Reis fotografierte.

Julia hatte ihre eigene Sichtweise auf das Erlebte, das zeigte ihr Tagebucheintrag von diesem Tag:

Heute Nachmittag waren wir auf Besichtigungstour im Kloster Sera. Als Erstes sind wir um die Klosteranlage herumgelaufen und ich habe ganz viele Hunde fotografiert. Mama hat gemeckert, dass meine Speicherkarte so schnell voll geht. Also machte ich nur noch von jedem dritten Hund ein Foto. Ich kann mir gar nicht vorstellen, dass die niemandem gehören. Viele waren abgemagert, manche hatten auch Krankheiten, die konnten schon gar nicht mehr aufstehen. Das hat mir total leidgetan. Dazwischen sind ganz kleine Hundebabys rumgesprungen, da hätte ich am liebsten eins mitgenommen, aber Mama hat es verboten. Voll nervig. Als wir durch das Kloster gingen, hat Pubu wieder ganz viel erklärt, allerdings fand ich es etwas langweilig. Ich glaube, das würde jedes Kind langweilig finden. Am besten hat mir gefallen, wie die Mönche aus buntem Sand große Bilder gemalt haben. Diese Bilder nennt man Mandalas, sie sind rund und bis zu drei Meter groß. Wenn man diese Bilder versehentlich berührt, macht man alles kaputt. Wenn nach vielen Wochen Arbeit das Sandbild fertig ist, wischen sie einmal durch, machen alles kaputt und schütten den Sand in den Fluss. Es soll verdeutlichen, dass nichts bestehen bleibt. Die Kraft des Mandalas soll in jedes einzelne Sandkorn übergegangen sein, und wenn der Sand dann ins Wasser geschüttet wird, sollen sich die betenden Körner mit dem Fluss in alle Welt verteilen. Ganz viele Leute wollten wieder mit mir Fotos machen, weil ich so weiße Haut und blonde Haare habe. Ich komme mir vor wie ein Fotomodell. Manchmal ist es nervig, aber meistens gefällt es mir, dass sich die Leute für mich interessieren. Allerdings mag ich es nicht, wenn sie mir etwas zum Essen anbieten. Am Anfang habe ich immer Nein gesagt, dann habe ich gemerkt, dass sie enttäuscht waren. Jetzt mache ich es so, dass ich zumindest eine Kleinigkeit versuche. Das reicht dann auch schon.

Am Ende dieses erlebnisreichen Tages genossen Julia und ich die letzten Sonnenstrahlen auf der Dachterrasse. Ein wunderbares goldenes Abendlicht wärmte uns. Wir kuschelten uns aneinander und ich versuchte, meine Sinneseindrücke zu sortieren. Unmöglich. Hundegebell, Kinderweinen, Glöckchenklingeln, Stimmen, Hupen, einfache Alltagsgeräusche von allen Seiten. Ein Duftteppich unterschiedlichster Gerüche umspielte meine Nase. Leben pur auf engstem Raum. In Gedanken durchlief ich noch mal die verschiedenen Stationen der letzten Tage: Von der Altstadt zum Jokhang-Tempel und dem Potala-Palast, von der Schule zu dem Krankenhaus und der Klosteranlage durften wir eine Vielfalt an Eindrücken sammeln und unseren Wissensfundus erweitern. Alles Fremde und Neue, das ich gesehen, gehört, erlebt und gefühlt hatte, gab mir den Impuls, meine Sichtweise und Einschätzung zur Historie und Kultur Tibets zu überdenken.

Julia hielt ihren Teddy und streckte den Stein aus Omas Garten in die Sonne, sodass er glitzerte.

»Mama, ich glaub, das ist ein Zauberstein, der Wünsche erfüllen kann. Ich wünsche mir, dass wir in Tibet noch viele schöne Abenteuer erleben.« Sie küsste den Stein und steckte ihn zurück in ihre Hosentasche.

Zufrieden lächelnd hielt ich meine Tochter im Arm. Ziellos ließ ich meinen Blick umherschweifen, bis er von einem goldglänzenden Dach festgehalten wurde. In diesem Moment zündete in mir der Funke einer Idee: Über diese Reise will ich ein Buch schreiben!

Schulmedizin trifft Traditionelle Tibetische Medizin

Am nächsten Morgen wollten wir unsere Reise Richtung Westtibet fortsetzen. Doch wir konnten die Stadtgrenzen Lhasas nicht so früh wie geplant hinter uns lassen, denn Pubu hatte in der Nacht Zahnschmerzen bekommen. Mit schmerzverzerrtem Gesicht, die Hand schützend auf die geschwollene Wange gelegt, bedeutete er uns nuschelnd, dass er aufgrund seiner Zahnschmerzen noch schnell einen Zahnarzt aufsuchen müsse. Nach unserem Erlebnis im Krankenhaus und dem Einblick in die medizinische Versorgungssituation wusste ich nicht so recht, was ich davon halten sollte. Besonders die Bezeichnung *schnell* erschien mir nicht fassbar. Als Pubu uns durch den Parkhor bis zum Souvenir- und Gewürzmarkt führte, vermutete ich, etwas falsch verstanden zu haben. Da entdeckte ich mitten in der Einkaufsstraße ein Ladengeschäft, in dessen Auslage diverse Goldzähne und Gebisse präsentiert wurden. Im Schaufenster stand ein historischer Zahnarztstuhl.

Eine ausgefallene Dekorationsidee!, dachte ich und wunderte mich, dass Pubu ausgerechnet dort Platz nahm. Die vorbeigehenden Menschen schienen sich an diesem Anblick und der Behandlung auf dem sprichwörtlichen Präsentierteller in keiner Weise zu stören. Ein älterer Mann in einem weißen Kittel kam und forderte Pubu mit einer Handbewegung auf, den Mund zu öffnen. Nach einem kurzen Blick zückte er kommentarlos eine Zange und zog den Zahn, auf den Pubu zuvor mit dem Finger gezeigt hatte. Die ganze Prozedur nahm maximal zwei Minuten in Anspruch und erfolgte ohne Aufklärungsgespräch, ohne Erläuterung der Therapie und selbstredend auch ohne Betäubung. Mit offenem Mund starrten Julia und ich auf Pubu.

Wir waren sprachlos. Über unsere erstaunten Gesichter amüsierte sich der Mann im weißen Kittel in besonderer Weise und hielt uns mit der Zange den von schwarzen Karieslöchern zerklüfteten Zahn wie eine Trophäe entgegen. Er lachte laut. Dabei blitzten uns seine goldenen Schneidezähne entgegen. »Hoffentlich bekommen wir hier kein Zahnweh!«, stammelte Julia und suchte meine Hand. Ich konnte ihr nur recht geben.

Bei der Verabschiedung und nach obligatem Foto mit Julia und mir bedankte sich Pubu beim Zahnarzt und zahlte mit einem Zehn-Yuan-Schein, was ungefähr dem Kaufpreis von zwei Wasserflaschen entspricht. Er schien von der Behandlung nicht sonderlich beeindruckt und freute sich, den schmerzauslösenden Übeltäter los zu sein.

Neben der Zahnarztpraxis saß ein älterer tibetischer Mann in weißem Kittel auf einem wackeligen alten Stuhl vor einem kleinen Ladengeschäft, in dem zahlreiche Behältnisse unterschiedlicher Größen und Formen auf engen Regalen standen. Kräuter zum Trocknen hingen von der Decke herab. Über dem Eingangsbereich befand sich ein Schild, welches den Ort als Zentrum für Traditionelle Tibetische Medizin auswies. Ehrlich gestanden, hatte ich mir unter einem Zentrum etwas Größeres vorgestellt. Aber wie ich am Vortag feststellen durfte, ging meine Vorstellung von praktizierter Medizin und von der Dimensionierung medizinischer Zentren sehr weit an der Realität in Tibet vorbei. Der nicht unattraktive, gepflegte Herr hatte uns wohl schon eine ganze Weile beobachtet. Als sich unsere Augen trafen, winkte er mich mit einer kleinen Bewegung herbei und fragte uns nach unserer Herkunft. Ich erklärte ihm, dass wir aus Deutschland, genau genommen aus der Nähe von Heidelberg kämen.

»Ah, you are medical doctor«, antwortete er bestimmt und klatschte zur Bekräftigung seiner Aussage in die Hände. Julia sah mich erstaunt an und fragte, woher dieser Mann denn wisse, dass ich Ärztin sei. Ich zuckte mit den Schultern, denn auch ich hatte nicht den Eindruck, dass man mir meinen Beruf auf den ersten Blick ansehen würde. Mit einem Nicken bestätigte ich seine Vermutung, was dazu führte, dass er mich sofort an der Hand nahm und mich freundlich, aber bestimmt mit beiden Händen auf einen Stuhl drückte. Mit einem lauten Lachen klatschte er erneut und gab mir zu verstehen, dass er mir unbedingt einen persönlichen Eindruck von der Tibetischen Medizin verschaffen wolle. Hilfesuchend blickte ich zu Pubu, der sich noch immer die Backe hielt, mir aber mit einer lässigen Handbewegung signalisierte, dass wir noch etwas Zeit erübrigen könnten. Ich wollte nicht unhöflich sein, war mir aber nicht sicher, was ich von dieser Situation halten sollte. Was, wenn ich es mit einem Scharlatan zu tun hatte? Da der Zahnarzt bei Pubus Behandlung nicht gerade zimperlich vorgegangen war, machte ich mich auf das Schlimmste gefasst. Hilfesuchend blickte ich mich nach Julia um. Ohne langes Zögern nahm sie mir die Entscheidung ab und gab dem wartenden ärztlichen Kollegen mit einem Nicken zu verstehen, dass ich sein Angebot annehmen würde. Mit beherztem Griff nahm er meine Hand, griff um mein Handgelenk herum und fühlte den Puls. Mit einem Mal wirkte er hoch konzentriert. Wie ein Klavierspieler legte er jeden Finger um mein Handgelenk, jeden einzelnen Finger prüfend in die Tiefe der Gewebsstrukturen drückend. So prüfte er die Pulsqualitäten am rechten und linken Handgelenk.

»So wie ein Sturm riesige Wellen aufbäumen kann und sanfte Winde einen See nur leicht berühren, lassen sich neben Länge, Breite, Tiefe auch Kraft, Fülle und Form der einzelnen Pulswellen erspüren«, erklärte er mit ruhiger Stimme.

Danach schaute er mir intensiv in die Augen und bedeutete mir, die Zunge herauszustrecken. Schließlich rannte er ins Innere seines Ladengeschäfts, kam mit einem Stuhl zurück, den er vor mir abstellte, und setzte sich mir gegenüber.

»Don't worry«, sagte er, »you are in good state of health.« Na, das war ja beruhigend, dass er mir einen guten Gesundheitszustand attestierte.

»But let me tell you something about you.«

Was dieser freundliche, aber mir völlig unbekannte Mann dann über mich sagte, gehört zu den Mysterien unserer Reise. Einleitend erklärte er mir, dass die Traditionelle Tibetische Medizin über dreitausend Jahre alt sei und gemeinsame Wurzeln mit der Traditionellen Chinesischen Medizin und dem indischen Ayurveda habe. Er betonte explizit, dass dieses System kein spirituelles, sondern ein medizinisches sei, das ausschließlich an Universitäten gelehrt werde. Als der tibetische Arzt die zehnjährige Dauer seiner eigenen Ausbildung beschrieb, machte er eine ausladende Geste. Danach führte er aus, dass die Tibetische Medizin wie der Ayurveda ein ganzheitliches System sei, das den Menschen als Ganzes sehe und behandle. Grundlage sei die Konstitutionslehre gemäß der drei Körperenergien Wind, Galle und Schleim. Jeder Mensch verfüge von Geburt an über diese drei Energien, die in einem individuellen Verhältnis zueinander stünden.

Mein ärztlicher Kollege bemerkte, dass meine Gedanken eine andere Richtung nahmen, und tätschelte meinen Handrücken. »Hey you, I'm here!«, gab er mir lachend zu verstehen und forderte mich so auf, seinen Ausführungen weiter zu folgen: Der Mensch habe also konstitutionelle Stärken und Schwächen, und wenn diese individuelle Zusammenstellung aus dem Lot komme, sei die Entstehung von Krankheiten begünstigt. Ich sei ein Windtyp mit einem starken Galleanteil. Er schilderte mich als kreativen Menschen mit vielen Ideen und der Neigung, sich zu verausgaben. Manchmal sei ich nervös, angespannt und mit Selbstzweifeln beschäftigt, allerdings könne ich auch sehr zielorientiert und ausdauernd sein. Eine große Selbstdisziplin würde mich auszeichnen, ich könne mir viel abverlangen, aber ich sei auch ungeduldig mit mir und anderen. Dann legte er den Kopf zur Seite, nahm meine beiden Hände und mahnte mich in freundlicher, aber doch eindringlicher Weise, meinen gelegentlichen Zorn zu mäßigen. Ab und an hätte ich Probleme mit der Wirbelsäule und meine linke Schulter sei nicht ganz in Ordnung. Insgesamt gebe es nichts, worüber ich mir Sorgen machen müsse. Er empfahl mir, nicht zu viel Sport zu treiben, generell Maß zu halten, regelmäßig warm zu essen und zu meditieren. Zum Abschied legte er seine Stirn an meine und umarmte mich in freundschaftlicher Weise. Ich brachte noch geradeso ein »Thank you« hervor. Ansonsten war ich sprachlos, völlig sprachlos. Davon abgesehen, dass meine linke Schulter in der Tat schon mehrfach operiert worden war, gab es kaum jemanden aus dem Kreis der mir vertrauten Menschen, der mich treffender hätte charakterisieren können. Ich dachte an meine Ayurveda-Kur und erinnerte mich an eine ähnliche Einschätzung der dortigen Therapeuten. Egal ob Traditionelle Chinesische, ayurvedische oder Traditionelle Tibetische Medizin – irgendetwas musste diesen ganzheitlichen Sichtweisen gemein sein, die energetische Zustände und Konstitutionstypen als Vorstufen von Krankheiten identifizierten. Die von mir erlernte klassische Schulmedizin schien dagegen geschichtlich noch in den Kinderschuhen zu stecken. Auf eine jahrtausendealte Tradition konnte sie jedenfalls nicht zurückblicken. Ich nahm mir vor, mich zu Hause intensiver mit diesen traditionellen Heilmethoden zu befassen. Sicherlich würde ich das eine oder andere beim Blick über den sprichwörtlichen schulmedizinischen Tellerrand lernen können.

Mein kleiner Ausflug in die Arbeitsweise der Traditionellen Tibetischen Medizin hatte mehr Zeit in Anspruch genommen als geplant. Plötzlich hatte Pubu es eilig. Wir mussten innerhalb eines eng gefassten Zeitfensters den ersten Checkpoint zur Ausreise aus Lhasa passiert haben. Der Fahrer erwartete uns schon ungeduldig an der nächstgelegenen Kreuzung im Wagen. Schnell waren wir eingestiegen, als er mit aufheulendem Motor durchstartete und sich in den betriebsamen Verkehrsfluss einreihte.

Fahrt durch Tibet

Unsere Fahrt quer durch Tibet Richtung Westen bis zum Ausgangspunkt unseres Trekkings in Old Tingri nahm fünf Tage in Anspruch. Bis auf kurze Pausen saßen wir die gesamte Zeit im Fond des Allrad-Boliden. Nachdem wir an den ersten Tagen in Lhasa zahlreiche kulturelle und emotionale Eindrücke sammeln konnten, war die stunden- und tagelange Fahrerei eher eintönig und langweilig. Wir schauten aus dem Fenster auf die vorbeiziehende Landschaft oder lauschten gezwungenermaßen den chinesischen Musicals, zu denen der Fahrer mal mehr, mal weniger laut mitsang. Insgesamt legten wir knapp 1.800 Kilometer zurück, was ungefähr der Fahrtstrecke von Heidelberg nach Sizilien entspricht. Damit erschöpft sich der Vergleich, denn der Ausbau der Verkehrsnetze könnte kaum unterschiedlicher sein.

Tibet galt früher für Reisende als *Verbotenes Land*. In ihrem Reisebericht beschrieb zu Beginn des 20. Jahrhunderts die allein reisende Alexandra David-Néel, dass sie sich oftmals verkleidet und damit unerkannt durch das Land bewegen musste. Heute stellt sich Tibet viel eher als *Land der Verbote* dar. Ich traute meinen Ohren nicht, als Pubu davon berichtete, dass er als Tibeter keinen Reisepass habe und es ihm nicht erlaubt sei, ins Ausland zu reisen. Er begründete dies als generelle Vorsichtsmaßnahme der chinesischen Regierung, damit tibetische Sympathisanten des Dalai-Lama sich nicht ins Ausland absetzen und die Exilregierung unterstützen könnten. Er selbst habe Residenzpflicht in dem Distrikt, in dem er gemeldet sei, und könne sich nur dank seiner Tätigkeit als Touristenführer im Land bewegen. Er verdanke diese Beschäftigung seinem Bruder, der für die Regierung arbeite.

Zunächst war ich unschlüssig, ob ich den Ausführungen Pubus glauben wollte, aber die vielen militärischen Stützpunkte entlang der Transitroute sprechen eine klare Sprache und lassen wenig Interpretationsspielraum zu. Auf dieser nicht in allen Abschnitten asphaltierten Straße, die sich durch karge Steppen und grünes Weideland schlängelt und durch Täler mit Neubausiedlungen und über Pässe mit dünner Höhenluft führt, waren auch wir unterwegs. Im Volksmund wird diese Strecke *Friendship Highway* genannt. Dabei geht es nicht immer nur freundschaftlich zu. Auf unserer Fahrt durch Tibet gewöhnten wir uns nicht nur an die Höhe, sondern auch an die immer wiederkehrenden Kontrollen mit militärischer Präsenz. Es irritierte uns, dass in einem der Hotels unser Gepäck in unserer Abwesenheit offensichtlich durchsucht worden war. Nachdem wir erleichtert feststellten, dass nichts fehlte, nahmen wir auch diese Vorgehensweise schulterzuckend hin. Bei wem hätten wir uns auch beschweren sollen und welche Konsequenzen hätte dies für uns gehabt? Wir bewahrten die Ruhe, begehrten niemals auf und entwickelten an den Checkpoints eine gewisse Routine, wenn wir aus dem Auto aussteigen, Pässe und Visum abgeben und vor allem warten mussten. Mal wurde unser Auto durchsucht, mal mussten unser chinesischer Fahrer und der tibetische Führer mit den uniformierten Beamten mitkommen. Dann standen Julia und ich frierend neben dem Auto und versuchten, gute Miene zum merkwürdigen Spiel zu machen. In keinem Fall wollten wir unsere Verunsicherung zeigen. Julia entwickelte ihre eigene Strategie: Sie nahm ihren Zauberstein und beflüsterte ihn mit Wünschen, dass es schneller gehen möge. Manchmal hatte sie Erfolg, dann strahlte sie mich mit ihren blauen Kinderaugen an und meinte: »Siehst du, es geht. Omas Stein hat magische Kräfte!«

Julia blieb begehrtes Fotomotiv, ich bewunderte sie, dass sie trotz all dieser Repressalien immer ein Lächeln für das Foto mit den Beamten aufbrachte. Uns selbst war es übrigens strengstens verboten, militärische Einrichtungen und Personen zu fotografieren.

So wie wir in Deutschland Bundesländer kennen, gliedert sich China in verschiedene Verwaltungsdistrikte. Im Unterschied zu Deutschland, wo wir uns frei bewegen können, mussten wir uns bei jeder Einreise in einen neuen Distrikt Tibets beim örtlichen Polizeistützpunkt anmelden. In der Praxis bedeutete dies, dass wir wieder unsere Pässe und das inzwischen viel gestempelte Visum abgeben mussten. Die Uniformierten kontrollierten unseren »Außerirdischen-Ausweis«, und auf dem Formular zum Reiseverlauf wurde überprüft, ob Daten und Übernachtungsorte übereinstimmten. Pubu legte ein weiteres Schriftstück vor, auf dem die Passierzeiten der vorherigen Checkpoints aufgelistet waren, und zeigte von den Hotels abgestempelte Aufenthaltsbescheinigungen vor. Ich staunte nicht schlecht, denn auf diese Weise konnte unser Reiseweg fast schon minutiös nachvollzogen werden. Der Staat schien wirklich alles unter Kontrolle haben zu wollen.

Es würde den Tatsachen nicht gerecht, wenn wir nur über die negativen Erlebnisse und Repressalien berichten würden. Die meisten Menschen verhielten sich uns gegenüber ausgesprochen wertschätzend und waren sehr freundlich und hilfsbereit. Vor allem die traditionsbewusste tibetische Bevölkerung suchte den Kontakt zu uns, lud uns zum Essen ein oder reichte uns Buttertee. Eine Ablehnung der Einladungen hätte bedeutet, die Menschen zu beleidigen und sie in ihrer Ehre zu kränken. Deshalb nahmen wir immer einen Teil der Speisen und Getränke an. Das fiel uns manchmal wirklich schwer, denn der gesalzene Buttertee schmeckte uns nicht und die zumeist sehr fetten Speisen stellten unseren Verdauungsapparat vor gewaltige Probleme.

Immer wieder blieben Menschen stehen, starrten Julia an und baten um ein Foto. Häufig wurde auch Pubu angesprochen. Menschen mit blauen Augen und goldenen Haaren wurden ohnehin bestaunt, aber Kinder mit diesen körperlichen Merkmalen haben in Tibet Seltenheitswert und fallen sofort auf. Wir erfuhren an manchen Stellen sogar eine Form tiefer religiöser Verehrung. So kam es an den Tempelanlagen häufiger vor, dass pilgernde Tibeter sich vor Julia niederwarfen und später scheu nach einem Foto fragten. Die Augen der Menschen leuchteten, wenn sie die Bilder betrachteten und per Smartphone an Freunde und Familie schickten. Pubu musste genau erklären, woher wir kamen und warum »kleine westliche Menschen mit goldenen Haaren und hellen Augen« das Land bereisten. Julia begegnete den Menschen mit großer Offenheit und verschenkte großzügig ihr Kinderlächeln. Im Nachhinein glaube ich fest, dass uns viele Repressalien durch Julias Äußeres und ihr geduldiges Wesen erspart blieben.

Zunehmend fühlte Pubu sich in seiner Rolle als Führer wohl: Zum einen freute er sich über unser Interesse, zum anderen war er gefragter Ansprechpartner seiner Landsleute, die ihn mit Fragen über uns und insbesondere über die kleine »Kindfrau« Julia bedrängten. Geduldig beantwortete er alle Fragen. Man merkte ihm an, dass er stolz war. Das Interesse der Bevölkerung wurde von unserem chinesischen Fahrer argwöhnisch verfolgt, per Telefon kommentiert und wahrscheinlich an irgendwelche Stellen gemeldet. In solchen Situationen mahnte Pubu uns dann zur Weiterreise. Er wählte die unverfängliche Formulierung wie »damit wir den Zeitplan einhalten können«, was sich bei einer Zweiergruppe mit eigenem Fahrer und Führer einfach als Vorwand entlarven ließ.

Als Julia und ich auf einer der Autofahrten miteinander über den Dalai-Lama sprachen und diese Bezeichnung mehrfach fiel, wurde unser Fahrer sehr unruhig. Die Blicke wanderten über den Innenspiegel zu uns auf die Rückbank und er begann plötzlich, hektisch auf unseren tibetischen Führer einzureden und zu telefonieren. Pubu war dies sichtlich unangenehm, auch er drehte sich häufiger als sonst zu uns um. Schließlich versuchte er, ein unverfängliches Gespräch über das Wetter zu beginnen. Das kam mir komisch vor.

»Ich glaube, wir wechseln besser das Thema«, sagte ich zu Julia. »Immer wenn wir über den Dalai-Lama sprechen, wird Pubu unruhig.«

Julia rollte mit den Augen, überlegte kurz und sagte: »Weißt du was, Mama? Ich habe eine Idee: Der Dalai-Lama erinnert mich mit seinem gelben Gewand an eine Banane. Wir könnten ihn doch so nennen. Dann sprechen wir *Banane* und alles ist gut.«

Gesagt, getan. Wir ließen uns auf Pubus Gespräch ein und fragten den chinesischen Fahrer mit vorgespieltem Interesse über die chinesischen Tanz- und Singfilme aus, die er während der Fahrt abspielte. Auf diese Weise entspannte sich die Situation wieder. Bei unseren nachfolgenden Gesprächen vermieden wir die Bezeichnung *Dalai-Lama* und sprachen über *die Banane*, daran störte sich niemand mehr. Und doch war ich irritiert, dass wir uns nicht frei unterhalten konnten. Es stellte sich das gleiche unangenehme Gefühl ein, welches ich erstmals am Flughafen bei der Einreise und später mehrfach an den Checkpoints hatte. Aber welcher Illusion hatte ich mich hingegeben? Es war offensichtlich, dass eine so ungewöhnliche Gruppe wie unsere als kontrollbedürftig eingestuft wurde. Was war leichter, als diese Aufsicht dem chinesischen Fahrer zu übertragen, der unserem tibetischen Führer zur Seite gestellt worden war. Es hätte mich schon stutzig machen können, als Pubu einige Tage zuvor erwähnte, dass er erstmals mit diesem und nicht mit jenem Fahrer zusammenarbeitete, der ihn sonst über Jahre hinweg begleitet hatte. Scheinbar war unser chinesischer Fahrer dafür zuständig, dass wir nichts zu sehen bekamen, was wir nicht sehen sollten. Ich war stolz auf Julias feinsinniges Gespür und ihre genial einfache Lösung, mit der wir uns unterhalb des aufmerksamen Radars unseres Fahrers bewegen konnten. Unser Improvisationsvermögen und unsere Anpassungsfähigkeit sollten in den folgenden Tagen noch häufiger herausgefordert und auf die Probe gestellt werden.

Am Mittag des vierten Fahrttages passierten wir den Yamdrok-See und blickten von einer Anhöhe auf kristallklares Wasser, das uns entgegenschimmerte. Die seitlichen Ausläufer des Sees schienen wie Arme durch die umliegenden Gesteinsmassen hindurchzugreifen, und so erstreckt sich einer der höchstgelegenen Seen der Erde über eine Fläche von mehr als sechshundert Quadratkilometern. Eine ganze Weile fuhren wir am Ufer entlang, immer wieder begeistert von der Schönheit der Natur, die uns ein einzigartiges Farbenspiel bot. Wie gemalt hoben sich die verschiedenen Blautöne des Wassers vom angrenzenden dunklen Gestein ab. Die über uns hinwegziehenden Wolken verliehen diesem Bild eine gewisse Dramatik. Plötzlich und unvermittelt stoppte der Fahrer den Wagen, zeigte auf die Wasseroberfläche und redete aufgeregt auf Pubu ein. Ich wusste zuerst gar nicht, wohin ich schauen sollte, als Julia mich anstieß: »Mama, Mama! Schau! Da schwimmt ein Tier im Wasser und kämpft um sein Leben! Da am Ufer stehen zwei Kinder mit einer Kuh und rufen dem Tier etwas zu.«

Eilig verließen wir den Wagen, überquerten die wenig befahrene Straße und rannten ans Ufer des Sees. Das von Julia als Kuh beschriebene Tier stellte sich als ausgewachsenes Yak heraus. Es scharrte mit den Hufen im Kiesbett und stieß laute verzweifelte Töne in Richtung des kleineren Tiers im Wasser aus. Dabei schüttelte es wild den Kopf und trabte am Ufer des Sees rastlos hin und her. Unser Fahrer befragte die aufgeregten Kinder. Pubu konnte den Größeren der beiden, den ich auf maximal zwölf Jahre schätzte, gerade noch davon abhalten, die Kleider abzulegen und zu dem Tier zu schwimmen. Ich fasste ins Wasser und fühlte die Temperatur. Eiskalt! Das Kind wäre schnell unterkühlt gewesen und für das Yakkalb war das Wasser definitiv auch zu kalt. Nachdem das Jungtier anfangs noch schnell größere Kreise geschwommen war, konnte man zusehen, wie seine Bewegungen allmählich schwächer wurden. Auch Julia hatte erkannt, dass das verzweifelte Tierkind sterben würde, wenn nicht unverzüglich Hilfe nahte.

»Mama, das Kalb stirbt gleich, mach doch was! Pubu, sag dem Fahrer, dass er Hilfe holen soll. Wir können doch nicht hier rumstehen und dem Kleinen beim Ertrinken zusehen!«, schrie Julia entsetzt und zog ihm am Ärmel.

Die beiden Nomadenkinder weinten. Pubu übersetzte, dass sie das Muttertier mit dem jungen Kalb zum Tränken geführt hatten. Die übrige Nomadenfamilie war mit den anderen Tieren auf einem höher gelegenen Gebiet geblieben. Das Kalb sei der einzige Nachwuchs in diesem Jahr, alle anderen seien nach der Geburt gestorben. Der kleinere Junge jammerte und schlug verzweifelt die Hände vor sein schmutziges, von Tränen überströmtes Gesicht.

Pubu und unser Fahrer beratschlagten sich kurz. Es war sinnlos, telefonisch Hilfe zu holen, weil dies zu lange gedauert hätte. Außerdem gab es in dieser Gegend mal wieder keine Netzverbindung. Unser Fahrer rannte zum Auto und kam mit einem Seil zurück. Das große Muttertier rannte mittlerweile am Ufer auf und ab, immer lauter und verzweifelter dröhnten die kehligen Laute über das Wasser zu dem Jungtier, dessen Bewegungen immer langsamer wurden. Gerade so reckte es den Kopf über die Wasseroberfläche. Es gelang Pubu, die Mutter einzufangen und vom Uferrand aus einige Meter ins Wasser zu führen. Der Fahrer folgte den beiden mit dem Seil, an dessen Ende er eine lassoartige Schlinge geknüpft hatte. Das Jungtier schwamm langsam auf seine Mutter zu. Als es zwischendurch kurz unter Wasser tauchte, schrie Julia auf und warf sich an mich. Schützend legte ich meinen Arm um sie, an der anderen Hand hielt ich den kleineren der beiden Nomadenjungen. Es blieb nicht mehr viel Zeit, das Kalb drohte endgültig zu versinken. Auch die Yakmutter brüllte nicht mehr und eine gespenstische Stille legte sich über die Szene. Ich wagte kaum zu atmen. Der Fahrer war bis an die Hüften ins Wasser gewatet, weiter konnte auch er sich nicht mehr vorwagen. Als das junge Tier in einem letzten Aufbäumen die Wasseroberfläche durchbrach, warf er gekonnt die Schlinge und erwischte den Kopf des Kalbes. Ein Jubeln brach los. Wie Sieger bei einem Wettbewerb rissen wir die Arme hoch, freuten uns und feuerten unseren Fahrer an, der das erschöpfte Tier Richtung Ufer zog. Pubu half ihm und schob das zitternde Kalb aus dem Kiesbett des Sees heraus zu seiner Mutter, die ihr Kleines sofort ableckte. Wir rieben das Jungtier mit Stofflappen warm und führten es mit der Mutter umher. Das Tier war gerettet. Wir fielen einander in die Arme und drückten uns erleichtert. Vor Kälte und Erschöpfung zitternd, wechselten Pubu und der Fahrer ihre nassen Kleidungsstücke. Anschließend versuchten sie, die vor Kälte steifen Glieder zu mobilisieren, sie klopften und rieben ihren Körper, um die wärmende Durchblutung zu aktivieren. Ich war angenehm überrascht von der menschlichen und hilfsbereiten Seite, die unser Fahrer bei der Rettungsaktion gezeigt hatte.

»Jetzt brauchen wir einen Energiespender!« Ich eilte zum Fahrzeug, um etwas Essbares zu suchen. Die aufregende Rettungsaktion hatte uns hungrig gemacht und wir teilten die letzten Reste des mittlerweile trockenen, aber immer noch sehr leckeren Schmalzgebäcks, das uns die beiden Bäckerinnen in Lhasa mit auf den Weg gegeben hatten. Dazu tranken wir eine Cola. Die beiden Nomadenjungen lachten, als das kohlensäurehaltige Getränk in ihrem Mund sprudelte, und rieben sich genussvoll den Bauch. Diese Geste brauchte keine Übersetzung. Dankbar verbeugten sie sich unzählige Male. Beim Abschied packten sie uns an den Schultern und führten ihre Stirn an unsere. Von ihren Segenswünschen begleitet, setzten wir unsere Fahrt fort.

Die letzte asphaltierte Straße lag schon eine Weile hinter uns, Sand- und Steinpisten wechselten sich ab und wir wurden auf der Rückbank mitunter heftig durchgeschüttelt.

Mitten im gebirgigen Niemandsland hielten wir vor einer Steinhütte an. Ich vermutete schon, wir hätten uns verirrt, denn kein Schild ließ erahnen, dass es sich hierbei um eine Raststation handelte. Nach einer überaus freundlichen Begrüßung servierte man uns unaufgefordert Buttertee und eine Schale Reis. Ich würzte meine Portion mit einem scharfen rötlichen Pulver, das wie Brausepulver auf der Zunge brannte. Zuerst erschrak ich, denn ich glaubte an eine allergische Reaktion. Glücklicherweise blieben weitere Symptome aus, sodass ich das Zungenbrennen auf das Würzpulver schob. Ein erneuter Versuch bestätigte meine Vermutung. Sobald einige Körnchen meine Zunge berührten, prickelte es. Geschmacklich konnte ich dieses Gewürz ansonsten nicht einordnen, noch nie hatte ich etwas Vergleichbares gegessen. Aber ich mochte es.

An einer der behelfsmäßig verputzten Wände entdeckte ich zwei Poster. Eins zeigte das Antlitz Mao Zedongs, den langjährigen Führer der Kommunistischen Partei Chinas. Direkt daneben fand sich eine Abbildung des Potala-Palastes mit Regenbogen und dem Antlitz des Buddhas des Mitgefühls, in dessen Inkarnationslinie der Dalai-Lama steht. Wie einfallsreich!

Damit hing indirekt Seine Heiligkeit, der Dalai-Lama, an der Wand, obwohl die chinesische Regierung dies strengstens untersagt und sogar unter Strafe stellt. Eine überaus geschickte Lösung, die zudem völlig unverfänglich war und wahrscheinlich keinem Chinesen auffallen würde. Auf der gegenüberliegenden Seite hing ein aufwendig gestalteter Wandteppich, ein Thangka. Er zeigte eine detailreiche Abbildung des Lebensrades, des Samsara. Mein Auge verlor sich in den unzähligen Bildelementen.

»Ein meisterliches Werk, nicht wahr?«, fragte mich Pubu, der mein Interesse bemerkt hatte. »Allerdings gehört zur religiösen Malerei mehr als nur der geschickte Umgang mit Farbe und Pinsel. Durch ritualisierte Segnungen, Opfergaben, Meditationen oder Gebete überlassen wir Tibeter bei der traditionellen religiösen Kunst nichts dem Zufall. Gefällt es dir?«

»Ehrlich gesagt, weiß ich gar nicht, wo ich zuerst hinsehen soll«, gab ich zurück.

»Schau her, ich erkläre dir die Symbolik. Die ursprüngliche Form des Rad-Mandalas soll die Bereiche menschlicher Existenz, den Ursprung des Leidens sowie den Wechsel von Werden und Vergehen bildhaft darstellen. Da ein Rad von seiner Nabe her bewegt wird, symbolisiert der innerste Kreis durch miteinander verbundene Tierdarstellungen drei Charaktermerkmale, die unser Bewusstsein verblenden. Erinnere dich an unsere lustige Teepause in Lhasa, als wir dem Hotelier die Wiedergeburt als Schwein prophezeiten. Hier siehst du die Tiere: Das Schwein steht für Unwissenheit und Stumpfsinn, die Schlange für Neid und Hass und der Hahn für Gier und Habsucht. Der Hintergrund des zweiten Kreises ist farblich geteilt. Die schwarze Farbe versinnbildlicht den Weg des Schattens und unheilvoller Reinkarnation, Weiß dagegen den Weg des Lichts, der ein hilfreiches Karma voraussetzt.«

Interessiert hörte ich Pubu zu. Nie im Leben hätte ich geglaubt, dass so viel Bedeutung selbst in den kleinsten Details steckt.

»Der folgende Kreis zeigt in sechs Segmenten die Bereiche, die ein Menschenleben beeinflussen können. Samsara, der endlose Kreislauf von Tod und Wiedergeburt, wird durch Höllenwesen, Hungergeister, Tiere, Titanen, Götter und Menschen visualisiert. Das Rad dreht sich, und solange der Mensch von den leidvollen Emotionen dieser Bereiche beherrscht wird, kehrt er immer wieder dorthin zurück. Nur über diese kleine schmale Brücke gelangt er zu einem weißen Tempel, der als Symbol des Nirwana zu deuten ist. Wenn wir das Nirwana aus eigener Kraft erreicht haben, lassen wir alles Leid hinter uns und befinden uns im dauerhaften Zustand der Erlösung.« Er zeigte auf einen unscheinbaren weißen Steg, der mir ohne seinen Hinweis niemals aufgefallen wäre.

»Und warum wird das Rad von einem schwarzen Dämon in seinen gruseligen Klauen gehalten? Der sieht ja aus, als wäre er aus einer Geisterbahn ausgerissen.« Julia schaute Pubu erwartungsvoll an.

Ich persönlich war mir unsicher, ob Pubu überhaupt wusste, dass eine Geisterbahn eine Attraktion auf Jahrmärkten ist.

»Das ist der Totengott Yama. Er war der erste Sterbliche, der in die himmlische Welt gelangte.«

»Erstaunlich, dass sie ihn dort reingelassen haben. So wie er aussieht, hätte er eher in die Hölle gepasst«, schloss Julia und eilte mit wehenden Haaren nach draußen.

Pubu schüttelte lachend den Kopf und schaute ihr hinterher. Julia hatte ihn mal wieder sprachlos gemacht.

Planänderungen und Lösungen

Als wir am fünften Tag unserer Fahrt durch Tibet beiläufig nach dem bevorstehenden Trekking fragten, stellte sich heraus, dass sich in diesem Punkt eine gravierende Änderung ergab. Wir hatten uns bei der Reiseplanung für ein naturnahes Trekking mit einer Trägermannschaft und einem Yak als Lastentier entschieden. Dies wurde uns bei der Buchung von der lokalen Reiseorganisation bestätigt. Der eher an kapitalistische als an sozialistische Wirtschaftsformen erinnernde Aufschlag zum Reisepreis wurde von uns alternativlos hingenommen und natürlich bezahlt. Als Julia wissen wollte, wann und wo wir auf unsere Mannschaft und das Yak treffen würden, teilte Pubu uns lapidar mit, dass dies nicht gehe. Pubu zuckte mit den Schultern und machte eine beschwichtigende Geste. »Macht euch keine Sorgen. Ich führe euch beim Trekking, der Fahrer fährt mit dem Wagen vor und sucht den Lagerplatz aus. Wir kochen für euch, und die Zelte kriegen wir auch ohne Mannschaft aufgestellt. In Old Tingri holen wir das Zelt und die Ausrüstung. Es gibt dort einen Markt, wo wir die Einkäufe erledigen können. Dann haben wir alles, was wir brauchen. Ist doch alles okay, oder?« Nichts war okay. Ich war entrüstet, weil dies weder der Vereinbarung noch dem gezahlten Reisepreis entsprach. Meine Einwände sprudelten aus mir heraus. Pubu blickte zur Seite und fummelte eine Zigarette aus seiner Jackentasche. Hektisch zog er daran und blies geräuschvoll den Rauch in die Luft. Er ging nicht auf meine Argumente ein, sondern verwies auf eine Entscheidung des Managements. Ich hielt ihm das Schreiben vor die Nase, welches nicht nur den Erhalt des Reisepreises belegte, sondern auch das Trekking mit Yak und Mannschaft bestätigte. Meinen in der Lautstärke anschwellenden Wortschwall schien er plötzlich nicht mehr zu verstehen. Pubu stand einfach nur still da und ließ meine Argumente und Aufforderungen an sich abprallen. Irgendwann gab ich auf und wurde still. Ich kann es nicht leiden, wenn Vereinbarungen nicht eingehalten werden. Es war mir klar, dass dies nicht Pubus Entscheidung war. Irgendwie tat er mir leid, denn er musste meine Unzufriedenheit aushalten. Ich fühlte mich wütend und ohnmächtig zugleich. Was sollte ich tun?

Offensichtlich hatten die Unannehmlichkeiten, die uns bereitet wurden, eine neue Stufe erreicht, und es war nur menschlich, ein gewisses System dahinter zu vermuten.

Ich gebe ehrlich zu, dass ich an dieser Stelle erstmals ernsthaft in Erwägung zog, die Reise durch Tibet abzubrechen. Aber so einfach konnte und wollte ich mich nicht beugen. Einen Abbruch der Reise hätte ich als Kapitulation empfunden – es existierte keine Gefahr, für eine Rückreise gab es keine Notwendigkeit. Außer einer Planänderung und meinem gekränkten Stolz war bislang nicht viel passiert. Ich besprach die Situation mit meiner Tochter.

»Ach weißt du«, meinte Julia, »das ist wie bei dem Nintendo-Spiel. Da muss der Super Mario auch immer neue Aufgaben bewältigen. Sieh es doch so: Wir haben das nächste Level unserer Abenteuerreise erreicht.«

Wir erreichten Old Tingri am späten Nachmittag. Dieses am Friendship Highway gelegene Örtchen zeichnete sich nicht durch besondere Bauten aus. Es bestand aus einer Durchfahrtsstraße, an deren Seiten sich ein paar einfache Restaurants und Hotels aneinanderreihten. Dennoch erfreute sich Old Tingri gerade bei Trekking-Touristen großer Beliebtheit. Von dort aus hatte man guten Zugang zum Mount Everest Nationalpark und zum etwa achtzig Kilometer entfernten Basislager des höchsten Berges der Welt. Nach einer letzten Übernachtung mit einem festen Dach über dem Kopf wollten wir am folgenden Morgen zu Fuß weitergehen. Vorher mussten jedoch noch Einkäufe getätigt und die Ausrüstung verladen werden.

Auf einem größeren Platz in einer Lücke zwischen zwei Häusern war ein Markt mit zahlreichen Ständen aufgebaut. Wir schlenderten an den Auslagen vorbei und staunten über die verschiedenen Gemüsearten, von denen wir viele nicht kannten. Auf einem großen Pritschenwagen lagerten Felle, die von Nomaden abgeladen wurden. Daneben hingen auf einem improvisierten Holzgerüst Hälften geschlachteter Tierkörper und wurden zum Kauf angeboten. Da wir uns auf einer Höhe von knapp 4.500 Metern über dem Meeresspiegel aufhielten und die Temperaturen permanent unterhalb des Gefrierpunkts lagen, entsprach die Umgebung einem riesigen Kühlschrank. Das Fleisch wurde zusätzlich mit Salz abgerieben und auf diese Weise haltbar gemacht.

In dem ruhigen und eher gemütlichen Publikumsverkehr fiel eine Menschentraube auf, die um ein Geländefahrzeug mit geöffneten Türen stand. Es war meiner Aufmerksamkeit entgangen, dass sich Julia, neugierig wie sie ist, durch die Menschenmenge hindurch bis nach vorn zum geöffneten Wagenschlag durchgeschoben hatte. Ohne sie sehen zu können, hörte ich ihre Stimme: »Mama, komm schnell, hier liegt ein Mann, dem geht es schlecht! Du musst ihm helfen!« Und zu den Umstehenden, die sie natürlich nicht verstehen konnten, rief sie: »My mum is doctor!« Das genügte, um mir Platz zu verschaffen. Auf der Rückbank des Jeeps kauerte apathisch ein blasser Chinese, schweißbedeckt und schwer atmend. Er hatte erbrochen, war eingeschränkt ansprechbar, reagierte aber auf Schmerzreize. Aus meiner Jackentasche holte ich ein Pulsoxymetrie-Gerät, das wie eine Klammer am Finger befestigt wird und über ein Sensorfeld die Sauerstoffsättigung im Blut anzeigt. Zu Hause in Deutschland hatten wir normale Werte zwischen 97 und 99 Prozent. Ein Blick auf die Anzeige bestätigte meinen ersten

Verdacht: Sein Zustand war kritisch, die Sauerstoffsättigung im Blut betrug nur 77 Prozent und sein Herz raste bei 160 Schlägen pro Minute. In meiner ersten Verdachtsdiagnose vermutete ich, dass er die Symptome einer akuten Bergkrankheit entwickelt hatte. Im Kofferraum des Wagens entdeckte ich gleich mehrere, offensichtlich noch nicht benutzte Sauerstoffflaschen, die zur Standardausrüstung jedes Touristenfahrzeugs gehören, und schickte Julia, um die Reiseapotheke aus meinem Gepäck zu holen. Ich ließ mir einen der größeren Sauerstoffbehälter reichen, stellte auf dem Druckwandler einen mittleren Sauerstofffluss ein und hielt dem Mann die Sauerstoffmaske vor Nase und Mund. Er schaute mich ängstlich an, doch schon nach ein paar Atemzügen kehrte etwas Farbe in sein Gesicht zurück und sein Puls beruhigte sich allmählich. Als die Sauerstoffsättigung auf über achtzig Prozent gestiegen war, begann er zu sprechen. Einer der Umstehenden übersetzte: Er war vor zwei Tagen von Peking, das gerade mal vierundvierzig Meter über dem Meeresspiegel liegt, aufgebrochen und mit dem Flugzeug nach Lhasa und von dort aus mit dem Fahrzeug weitergereist. Da er nicht viel Zeit hatte, ließ er den Fahrer Tag und Nacht durchfahren. Am Folgetag wollte er das Lager 1 am Mount Everest auf einer Höhe von knapp sechstausend Metern erreichen. Die Kopfschmerzen, den Schwindel und die Übelkeit als erste Anzeichen der Höhenkrankheit hatte er ignoriert. Viel zu schnell und ohne Höhenanpassung war er in die Bereiche gekommen, die dem nicht akklimatisierten Körper einfach nicht genügend Sauerstoff boten. Die körperlichen Reaktionen und sein Zusammenbruch waren die Folge. Ich erklärte ihm und seinen Begleitern ruhig, dass er schnellstmöglich einer professionellen medizinischen Behandlung zugeführt werden müsse, da er sonst sein Leben aufs Spiel setzen würde. Der Mann war enttäuscht und wollte schon mit mir diskutieren, als ich ihn mit einer bestimmten Geste und einem scharfen »No!«

zum Schweigen brachte. Seine Begleiter forderte ich unmissverständlich auf, ihn schnellstmöglich und unter permanenter Sauerstoffgabe in die nächsterreichbare Klinik zu bringen. Zur Sicherheit gab ich ihm eine Cortison-Tablette. Zusammen mit dem Sauerstoffvorrat sollte dies die Symptome lindern und dafür sorgen, dass sein Zustand bis zum Erreichen der medizinischen Versorgungseinrichtung stabil blieb. Ich schärfte dem Mann und seinen Begleitern eindringlich ein, dass es an dieser Stelle nur ein Zurück und keinesfalls ein Vorwärts geben konnte. Sie nickten und brausten mit dem Allradfahrzeug den Friendship Highway entlang, weg vom Everest-Gebiet. Einige der Umstehenden klopften mir anerkennend auf die Schulter, verneigten sich demutsvoll mit vor der Brust aneinandergelegten Händen. Julia war stolz und lobte mich: »Das hast du super gemacht. Der Mann hatte echt Glück, dass du da warst. Jetzt haben wir heute schon ein Kalb und einen Chinesen gerettet. Ich glaube, damit machen wir mindestens ein Leben in der Wiedergeburtsliste gut.«

Als wir am nächsten Morgen den Gipfel des Mount Everest am stahlblauen Himmel erblickten, fühlte ich mich in meinem Innersten berührt. Dort wollte ich hin. Das war mein Ziel. Ich visualisierte unsere Ankunft im Basislager und fühlte, wie ein Motivationsschub meinen Körper durchströmte.

»Los geht's!«, sagte ich zu Julia und drückte ihr einen Kuss auf die Nase. Es war schneidend kalt und die Feuchtigkeit unseres Atems gefror sofort zu kleinen Kristallpartikeln, die im klaren Licht der Morgensonne glitzerten. Wir schulterten die Rucksäcke, der Wind schlug uns in launenhaften Böen ins Gesicht. Das beeindruckte uns nicht. Wir zogen die Mützen tiefer ins Gesicht und hatten unser Ziel fest ins Auge gefasst: der höchste Berg der Erde mit seiner charakteristischen, von Schneefahnen umwehten Gipfelpyramide.

Ein weites Land

Auf unserem Fußweg Richtung Everest über staubige Schotterstraßen kamen wir an Nomaden und ihren Herden vorbei. Viele Frauen trugen ihre Kinder in einem Tuch auf dem Rücken gebunden. Einige der Männer führten hölzerne Handspindeln mit, auf denen sie mit eleganten Handbewegungen die Wolle ihrer Schafe zu einem Faden sponnen. Kleinere Kinder und Hütehunde teilten sich die Aufgabe, die Herden zusammenzuhalten und in die beabsichtigte Richtung zu treiben.

Auf einer Passhöhe stapften wir zwischen Gebetsfahnen herum, die in breite Spinnen festgezurrt waren. Der Wind pfiff uns um die Ohren. Die bunten Fahnen flatterten und verursachten ein ratterndes Geräusch, welches die gewohnte Stille in einem unrhythmischen Stakkato durchbrach. So schlugen die aufgedruckten Gebete im Wind, um ohne Unterlass bewegt, gebetet und fortgetragen zu werden bis ans Ende der Zeit.

»Die Landschaft prägt die Seele«, bemerkte Pubu, als ich den Blick über die schier unendliche Weite des Himmels schweifen ließ. »Die Tibeter sind ein freiheitsliebendes Volk, sie sind aber auch zäh und ausdauernd. Das müssen sie auch sein, denn sonst könnten sie unter diesen klimatischen Bedingungen nicht überleben.«

Ich empfand die Landschaft als sehr karg. Es gab nichts, was das Auge des Betrachters anregte. Meine Gedanken zogen in die Weite und kamen auch genauso schnell wieder zurück. Wir gingen mechanisch vor uns hin, ohne ein Gefühl für die Strecke zu bekommen, die wir schon zurückgelegt hatten. Alles sah noch genauso aus wie eine oder zwei Stunden zuvor. Meine Idee, einfach schneller zu gehen, entpuppte sich als nicht zielführend und wurde sofort bestraft. Die Anstrengung und die trockene Luft verursachten einen widerlichen Reizhusten und meine Lungen brannten. Auf dieser Höhe von knapp 4.800 Metern über dem Meeresspiegel enthält die Luft nur noch halb so viel Sauerstoff wie bei uns zu Hause. Auch wenn wir mittlerweile ganz gut an diese Bedingungen gewöhnt waren, merkten wir die körperliche Belastung sofort. Ich holte das Pulsoxymeter hervor. Das Gerät zeigte nur siebenundachtzig Prozent an. Unser Blut konnte also deutlich weniger Sauerstoff transportieren. Kein Wunder, dass uns die körperliche Belastung derart anstrengte. Zu Hause in Europa müssen Patienten, deren Sauerstoffgehalt auf solch niedrige Werte abfällt, intensivmedizinisch betreut und sogar beatmet werden, da sonst die Organe, allen voran das Gehirn, irreparable Schäden davontragen. Unser Körper hatte sich im Rahmen der langsamen Höhenakklimatisierung an den niedrigeren Sauerstoffgehalt gewöhnt. Wir waren zwar zwischendurch – bildhaft gesprochen – außer Puste, ansonsten jedoch wohlauf.

»Nur so schnell gehen, wie ihr durch die Nase atmen könnt!«, war eine der Empfehlungen, die uns Gerlinde Kaltenbrunner bei einem ihrer Vorträge mit auf den Weg gegeben hatte. Sie musste es ja wissen, denn sie hatte als erste Frau alle vierzehn Achttausender ohne künstlichen Sauerstoff bestiegen. Deshalb war sie mit allen Aspekten der Höhenanpassung bestens vertraut.

Es fiel uns nicht leicht, ihre Empfehlung zu beherzigen. Teilweise war der Lufthunger einfach zu groß, legte sich aber, wenn wir langsamer gingen oder eine kleine Pause machten. Auf diese Weise hatten wir den ersten Pass von 5.500 Metern mühelos unter einem wolkenlosen Himmel überschritten. Die Sonne war während unseres Aufstiegs auf der Südseite des Passes so heiß gewesen, dass unsere Gesichtshaut trotz der aufgetragenen Creme mit hohem Lichtschutzfaktor brannte. Es war so warm, dass wir uns der Jacken entledigten und mit kurzen Ärmeln den Weg fortsetzten. Kaum hatten wir jedoch die schattige

Nordseite erreicht, begannen wir zu frieren. Der Kontrast zwischen Sonnenschein und Schatten erschien mir so groß, dass man, wenn man gleichzeitig eine Körperseite der Sonne und die andere dem Schatten aussetzen würde, sowohl mit Sonnenbrand als auch mit Erfrierungen rechnen müsste. Plötzlich war es eiskalt und der Wind schlug uns Wolken feinen Sandstaubs wie Nadelstiche ins Gesicht. Es blieb uns nichts anderes übrig, wir mussten die wärmende Kleidung wieder anziehen. Die Sonnenbrillen erfüllten auch auf der Schattenseite ihren Zweck. Dort schützten sie uns nicht nur vor der intensiven ultravioletten Strahlung, sondern auch vor dem kleinkörnigen Sand.

Als ich mich, einem menschlichen Bedürfnis folgend, hinter einen Steinwall setzte, entdeckte ich vor mir Knochen, die sich bei näherem Hinsehen als menschliche Knochen herausstellten. Ich war erstaunt und zugleich fasziniert. Anfangs war ich zögerlich, dann entschied ich mich, Pubu meinen Fund zu zeigen. Aufgrund der Größe und der Form vermutete ich, dass es sich um den Unterarmknochen eines Menschen handeln müsse. Aber wie kam so ein Knochen an diese Stelle? So ein Teil des menschlichen Skeletts hatte ich zuletzt während meines Studiums in Heidelberg beim Anatomiekurs in der Hand gehabt. Ich fragte Pubu, was das zu bedeuten habe – an der gleichen Stelle hatte ich zuvor Nomaden bei ihrer Rast beobachtet. Pubu klärte mich darüber auf, dass ich den Knochen von einem Platz aufgenommen hatte, an dem offensichtlich Himmelsbestattungen durchgeführt wurden. Darunter konnte ich mir nicht viel vorstellen, und so lernte ich, dass bei diesem Zeremoniell der tote Körper zerteilt und den Tieren als Nahrung dargeboten wird. Auf diese Weise kann die Seele den Körper verlassen und in den Kreis der Wiedergeburt eintreten. Wenn ein Mensch stirbt, werden alle an den Menschen erinnernden Gegenstände und Bilder aus dem Haus gebracht und verbrannt. Die Seele des Verstorbenen soll durch dieses Ritual für die Wiedergeburt und den Eintritt in zukünftige Lebenszyklen bis hin zur Erleuchtung frei werden. Das Leben in Tibet ist am natürlichen Rhythmus des Lebens und der Jahreszeiten ausgerichtet. Der Hang zur Eile, wie er in modernen Städten so offenkundig ist, existierte im ländlichen Tibet nicht. Ich beschloss, den Knochen sofort an die Stelle zurückzubringen, wo ich ihn aufgenommen hatte, und schämte mich, diesen Ort beschmutzt zu haben.

Um die Mittagszeit trafen wir auf unseren Fahrer, der an einem Bachlauf auf uns gewartet hatte. Mit Verwunderung stellte ich fest, dass er nicht allein war. Ein Mann mit kahl rasiertem Schädel saß bei ihm. Da dieser eine orangefarbene Robe trug, folgerte ich, dass es sich um einen Mönch handeln musste. Er hatte uns wohl schon eine Weile beobachtet und ich gewann den Eindruck, dass er uns erwartete. Er schien mir älter als siebzig Jahre zu sein, und doch blitzten uns seine lebendig funkelnden Augen erwartungsvoll entgegen. Schon beim ersten kurzen Eindruck mutmaßte ich, dass hinter diesem Augenpaar ein wacher Geist stecken müsse. Freundlich lächelnd führte er die aneinandergelegten Handflächen zur Stirn und verbeugte sich vor uns. Mit einer einladenden Geste deutete er auf die freien Plätze am Lagerfeuer. Dann schwieg er und schaute auf seine im Schoß gefalteten Hände. Ich betrachtete sie mir genauer: Es waren große Hände ohne Spuren von Falten oder Altersflecken. Sie erinnerten mich an die Hände eines jungen Mannes, fest und muskulös. Der Mönch trug keine Ringe, kein Amulett.

»Tashi Delek.« Mit dieser Begrüßung nahmen wir Platz.

Die Begegnung

Die Rast tat unseren müden Gliedern gut. Wir wärmten uns am Feuer und tranken eine Tasse tibetischen Buttertee. Trotz des eigenwilligen Geschmacks merkte ich sofort, wie mir das Getränk Kraft und Energie gab. Ich fragte mich, warum der Mönch an dieser Stelle auf uns gewartet hatte.

Er lächelte mir aufmunternd zu. Bestimmt sah er uns die körperliche Anstrengung und unsere Erschöpfung an. Ich war überrascht, als er mich in fast akzentfreiem Deutsch fragte: »Gestattet ihr, dass ich euch ein Stück des Weges begleite?«

Ich zögerte einen Moment, war verwirrt, weil ich nicht damit gerechnet hatte, von einem tibetischen Mönch in meiner Muttersprache angesprochen zu werden. Diese Reise steckte voller Überraschungen: Die Begleitung durch die Trekking-Mannschaft mit Yak hatte nicht geklappt, alles lief anders als gedacht und geplant. Ich wusste nicht, was ich von der Sache halten sollte. Julia nahm mir die Entscheidung ab.

»Ob jetzt eine tibetische Kuh mit Hörnern mit uns geht oder ein Mönch im orangefarbenen Gewand, das ist doch egal. Wobei ... mit ihm können wir uns wenigstens unterhalten ... vielleicht.«

Ja, warum eigentlich nicht?, dachte ich, drehte mich zu dem freundlich lächelnden Mann und sagte mit einer einladenden Geste: »Sie können sich uns gerne anschließen. Wenn Sie möchten, nimmt unser Fahrer Ihr Gepäck mit.«

»Ich besitze nur das, was ich am Leib habe und was ich hier trage«, entgegnete er und zeigte auf einen kleinen Beutel, nicht viel größer als Julias Rucksack.

Und so liefen wir nach unserer kleinen Rast gemeinsam los. Gedankenversunken trottete ich die staubige Schotterstraße entlang. Noch saß der Ärger tief in mir, dass das Trekking plötzlich ohne Yak und zusätzliche Mannschaft stattfand und man uns nicht rechtzeitig, sondern eher beiläufig über die Änderungen informiert hatte. Ich fühlte mich arglistig getäuscht und hinters Licht geführt. Der lokale Reiseveranstalter hatte sich auf unsere Kosten bereichert und uns nicht nur um Geld betrogen, sondern uns auch eines besonderen Erlebnisses beraubt. Ich wusste gar nicht, woher diese Welle der Wut auf einmal kam, schließlich hatten wir auch viele schöne Momente erlebt. Es half nichts, in diesem Moment konnte ich meinen düsteren Gedanken nichts entgegensetzen. Ich brummelte und grummelte vor mich hin und schaute Julia zu, die unbeschwert am Wegesrand entlanghüpfte, zwischendurch Steine aufhob und sie genau besah. Sie war auf der Suche nach einem besonderen Exemplar, welches sie am Everest-Basiscamp zusammen mit Omas Zauberstein ablegen wollte. Nachdem ich schon einige »ganz besonders tolle« Steine in meinem Rucksack trug, wollte ich mir nicht noch mehr Gewicht aufbürden lassen und kommentierte Julias Neuentdeckungen nicht mit dem von ihr erhofften Interesse. Dies führte dazu, dass Julia sich zu unserem neuen Begleiter gesellte und ihn mit der Frage ansprach: »Ich bin übrigens die Julia, und wie heißt du?«

»Meine ehrwürdigen Eltern gaben mir den Namen Tashi, das bedeutet so viel wie Glück«, antwortete der Mönch.

»Ah, das ist wie *Tashi Delek*, das kenne ich. Es wird hier benutzt wie bei uns *Guten Tag* und bedeutet *Viel Glück*. Na dann hoffe ich, dass du unserer Reise ab jetzt Glück bringst. Bislang habe ich nämlich auch schon einiges ausgehalten. Einmal musste ich sogar weinen vor lauter Heimweh nach meinem Papa und meiner Schwester. Was machst du hier, warum fährst du nicht mit dem Auto? Und wo hast du Deutsch gelernt?« Die Sätze sprudelten nur so aus Julia heraus. Sie war froh darüber, einen neuen Gesprächspartner gefunden zu haben.

»Eure Sprache habe ich von einem Schweizer Ingenieur

gelernt, der meinen Brüdern und mir bei der Planung und Durchführung von Bauarbeiten an unserem Kloster behilflich war.«

»Und wohin gehst du jetzt?« Julia sprang von einem Fuß auf den anderen und hopste um Tashi herum.

»Ich habe mich auf den Weg gemacht. Mein Ziel ist das Kloster Rongbuk. Mein Freund lebt dort. Wir sind in unseren Herzen verbunden. Nicht immer waren es freudige Erlebnisse, die wir teilen durften, aber wir sind in Freundschaft einander zugetan. Es ist mir nicht wichtig, schnell anzukommen. Ich genieße den Weg«, antwortete der Mönch und sah meine Tochter lächelnd an. Die Art und Weise, wie er sprach und wie er sich ausdrückte, war seltsam befremdlich, aber schön anzuhören mit einem besonderen Klang.

»Heißt dein Freund dort zufällig Dalai-Lama?«, fragte Julia neugierig.

»Nein, nein«, wehrte Tashi lächelnd ab, »mein dortiger Freund nennt sich Yeshi. Man kann übrigens auch nicht *Dalai-Lama heißen*, als Dalai-Lama wird man geboren.«

Julia schaute ihn fragend und mit großen Augen an, als Tashi sich an sie wandte: »Möchtest du mehr über Seine Heiligkeit, den Dalai-Lama, erfahren? Euer Weg hat sicherlich in der heiligen Stadt Lhasa begonnen und ich vermute, du hast dort den Potala-Palast besucht. Dort befindet sich der Thron des Erhabenen. Wenn es deinem Wunsch entspricht, so sei es mir eine Ehre, dir die Geschichte von dem Jungen zu erzählen, der diesen Löwenthron zuletzt besteigen durfte.«

Julia war stehen geblieben und überlegte kurz. Ich glaubte, die Begeisterung in ihren Augen sehen zu können, denn sie liebt Geschichten. Viele Besichtigungstouren waren für sie ab einem gewissen Punkt auch langweilig geworden, außerdem strengte die Lauferei durch die eintönige Landschaft an. In diesem Angebot lag neben dem Ausblick auf eine interessante

Geschichte auch eine willkommene Abwechslung. Sie nickte Tashi zu und schaute ihn erwartungsvoll an. Auch ich ging zu den beiden, von der Monotonie der Landschaft ermüdet und auf die Erzählungen des Mönchs gespannt.

Der Junge auf dem Löwenthron

Wir teilten einen Schokoriegel und gaben Tashi ein großes Stück davon ab. Er sollte für seine Erzählung über den Dalai-Lama genügend Kraft haben. Voller Genuss ließ er sich die süße Köstlichkeit auf der Zunge zergehen und lächelte zufrieden. »Die meisten Tibeter glauben als Buddhisten an die Wiedergeburt. Alle Lebewesen werden so oft wiedergeboren, bis sie das sogenannte Nirwana erlangen. Wer diesen Zustand der Erlösung und der Erleuchtung erreicht hat, muss nicht mehr wiedergeboren werden und nicht mehr leiden. Es gibt einen Schutzheiligen, der das Nirwana schon erreicht hatte und damit schon erlöst war, sich aber freiwillig dafür entschieden hatte, immer wiedergeboren zu werden. Damit wollte er das Leid der Menschen auf der Erde lindern. Er nennt sich übrigens Bodhisattva Chenrezig, was so viel bedeutet wie *Der mit klaren Augen Schauende*, und zeigt sich uns Menschen in der Person des erhabenen Dalai-Lama. Wenn dieser stirbt, wird seine Seele in einem anderen menschlichen Körper wiedergeboren. Wir nennen dies Reinkarnation, und das setzt sich wie ein roter Faden fort. Der wiedergeborene Nachfolger übernimmt die Aufgaben, die sein Vorgänger nicht vollenden konnte.«

»Dann ist das also wie eine Art Staffellauf über die Zeit?«, fragte Julia dazwischen.

»Das könnte man so beschreiben. Übrigens vermeide ich aus Respekt die Bezeichnung Dalai-Lama. Ich benutze Bezeichnungen wie Der Erhabene, Seine Heiligkeit oder Der Wunscherfüllende Edelstein. Der aktuelle Dalai-Lama ist der vierzehnte. Er wurde am 6. Juli 1935 in einer östlichen Provinz Chinas als jüngstes Kind einer einfachen Bauernfamilie geboren. Seine Eltern gaben ihm den Namen Lhamo, was so viel bedeutet wie Gott oder Göttin.«

»Aha, dann wussten die Eltern schon, dass es sich um ein außerwähltes Kind handelt«, bemerkte Julia, doch Tashi entgegnete:»Besondere Namen sind hierzulande nichts Ungewöhnliches. Wir bevorzugen bildhafte Ausdrucksweisen, die unsere Wünsche für das Kind ausdrücken. Es war auch nicht so, dass die Familie sofort wusste, dass es sich bei ihrem neugeborenen Jungen um Seine Heiligkeit handelte. Zu den vielen Wundergeschichten gehört auch, dass er schon als kleiner Junge seine Habseligkeiten in einem Sack zusammenpackte und verkündete, dass er nach Lhasa gehen werde. Darüber staunten die Eltern, denn diese Stadt lag mehr als tausend Kilometer entfernt, der kleine Lhamo konnte sie gar nicht kennen. Die Familie war arm, sie musste den rauen klimatischen Bedingungen trotzen und es gab auch keine Elektrizität. Du solltest wissen, dass die Kinder damals mit anpacken mussten, damit die Arbeit auf dem Feld verrichtet und die Tiere versorgt werden konnten. Alle Familien hatten Abgaben von ihrer Ernte zu leisten, und wenn sie dies nicht konnten, bekamen sie die herrschaftliche Strenge mit schlimmen Strafen zu spüren.«

Julia entrüstete sich und meinte:»Aber Kinderarbeit ist doch verboten. Ich bin elf Jahre alt und darf mir noch nicht einmal Geld mit dem Austragen von Prospekten verdienen. Dabei würde ich so gern mein Taschengeld aufbessern.«

»Julia, die Gesetzgeber in eurem Land haben sich viel bei dieser Entscheidung gedacht. Das schützt euch Kinder. Ich erinnere mich an meine Jugendzeit, als ich mit meinem Zwillingsbruder Norbu im Kloster aufwuchs. Wir mussten die Hausarbeit für unseren Lama erledigen und ihm alles hinterhertragen. Da blieb zum Studieren nicht viel Zeit. Meistens mussten wir religiöse Texte auswendig lernen. Ich bin dankbar, dass uns ein engagierter junger Mönch heimlich Lesen und Schreiben gelehrt hat, denn sonst wäre dieser Wissensschatz sicher an uns vorbeigegangen.«

»Du hast einen Bruder?«, interessierte sich Julia neugierig. »Wo ist der denn?«

»Norbu hat es geschafft, aus Tibet herauszukommen. Mir war das nicht möglich. Er lebt in Bhutan und ich vermisse ihn sehr.« Tashi hielt einen Moment inne und mit einem nachdenklichen Gesichtsausdruck ging sein Blick in die Weite.

Julia riss ihn aus seinen Gedanken, als sie ihn drängte: »Erzähl weiter. Wie kam denn heraus, dass Lhamo der Dalai-Lama ist?«

»Als Seine Heiligkeit, der dreizehnte Dalai-Lama starb, neigte sich nach dessen Tod auf mysteriöse Weise der Kopf des Erhabenen Richtung Osten. Dies wurde als Zeichen gesehen, dass möglicherweise seine Inkarnation in dieser Himmelsrichtung gefunden werden könnte. Es galt, das Kind zu suchen. Das stellt in dem weiten und dünn besiedelten Land eine große Herausforderung dar. In eurer Sprache habt ihr den passenden bildhaften Vergleich von der *Nadel im Heuhaufen*. Man beschloss, das Orakel zu befragen. Das Staatsorakel des Nechung-Klosters war ein Mönch, der als Medium für sogenannte Schutzgottheiten fungierte, die durch ihn kommunizierten. Bei diesem jahrhundertelang praktizierten Ritual versetzte sich das in eine flammende Brokatrobe gekleidete Medium, von Trommeln und Blasinstrumenten begleitet, in eine Trance. Die Tibeter glaubten, dass ab einem bestimmten Zeitpunkt die Gottheit vom Körper des Orakels Besitz nahm. Dann tanzte das Medium unkontrolliert und rollte mit den Augen.«

»Das hört sich ziemlich gespenstisch an«, stellte Julia fest und schaute Tashi mit großen Augen an.

"Zusammen mit anderen Hinweisen, die sich aus einer Vision des Regenten und den Aussagen des Orakels ergaben, suchte man im Osten nach einem blauen, eingeschossigen Haus, das an einem Hügel lag und in dessen näherer Umgebung sich ein Tempel mit einem goldenen Dach und türkisblauen Zie-

geln befinden sollte. In der damaligen Zeit gab es natürlich
weder Internet, Fernsehen noch Telefon, und so schickte man
Suchtrupps aus, die nach dem beschriebenen Haus und einem
Jungen mit bestimmten körperlichen Merkmalen suchten. Sie
waren viele Monate unterwegs, aber dann war es so weit und
ein als Reisender verkleideter Mönch klopfte eines Tages bei
Lhamos Familie an.

»Und wie hat man herausgefunden, dass der kleine Lhamo
der Richtige war?«, platzte es aus Julia heraus. »Sicherlich gab es
doch auch andere Kinder, die in die engere Auswahl kamen.«

»Geduld, Geduld …«, forderte Tashi sie auf. »Ja, es gab andere Jungen, die in die engere Wahl kamen, aber sie scheiterten
an den Tests. Auch der kleine Lhamo musste Prüfungen bestehen. So wurden ihm angeblich zwei gleichartige Gebetsketten gezeigt, von der eine dem früheren Dalai-Lama gehört
hatte. Lhamo entschied sich für die richtige, nahm sie und
rief: *Die gehört mir, die gehört mir!* Nach einigen weiteren
Prüfungen wurde Lhamo als Inkarnation des Dalai-Lama bestätigt und reiste im Jahr 1939, begleitet von seiner Familie,
mit einer großen Karawane durch das kaum besiedelte Tibet.
Erst nach über drei Monaten kam Lhamo in Tibets Haupt-
stadt Lhasa an. Sie wird von den Tibetern auch als heilige
Stadt bezeichnet, schließlich steht dort der Jokhang, Tibets
heiligster Tempel.«

»Da waren wir, den habe ich besichtigt!«, berichtete Julia
stolz. »Da habe ich viele Menschen gesehen, die von ganz weit
hergekommen waren, um betend den Tempel auf der Kora zu
umrunden. Und im Potala-Palast war ich auch. Die Zimmer
vom Dalai-Lama habe ich mir genau angeschaut, es sah aus
wie in einem Museum und nicht wie in einer Wohnung, in der
ein Mensch gelebt hat.«

Tashi zog die Augenbraue hoch und antwortete betont sach-
lich: »Im Winter wohnte Seine Heiligkeit im Potala und den

Sommer verbrachte er mit seinem Gefolge im Norbulingka-Palast, dem Juwelengarten.«

Ich hatte Interesse an den Erzählungen des Mönchs gefunden, und mit Spannung folgte ich seinen Ausführungen. Auch Pubu hatte sich zu uns gesellt und hörte Tashi aufmerksam zu.

»Nachdem Lhamo in Lhasa angekommen war, wurde ihm wie allen anderen buddhistischen Mönchen der Kopf geschoren. Außerdem musste er seinen bisherigen Namen Lhamo Thondup ablegen und bekam dafür eine ganze Reihe anderer Namen: Jetsun Jamphel Ngawang Lobsang Yeshe Tenzin Gyatso, was so viel heißt wie *die sanfte Pracht, die Weisheit, der Herr der Sprache, das edle Herz, der Ozean der Weisheit.*«

Ich dachte nach, um den zeitlichen Zusammenhang herzustellen: Während die Aufmerksamkeit der Weltöffentlichkeit Adolf Hitler und dem Zweiten Weltkrieg galt, bereiteten sich die Menschen in Lhasa in großer Freude und tief religiöser Hingabe darauf vor, den neuen Dalai-Lama zu inthronisieren. Gegensätzlicher konnten parallel verlaufende historische Entwicklungen nicht sein. Nachdenklich schaute ich zu Tashi hinüber, der dies als Aufforderung verstand:

»Als Seine Heiligkeit mit einer Prozession zum Potala-Palast begleitet wurde, war das ein Festtag in Lhasa: Die Luft entlang des Weges war mit dem Duft des Räucherwerks geschwängert. Tausende Männer, Frauen und Kinder hatten ihre besten Seidengewänder, Hüte und Edelsteine angelegt und säumten die Straßen. Es war, als würden sie alle eine Familienhochzeit feiern.«

Tashi ließ seine Worte eine Weile wirken, bevor er ergänzte:
»Ganz Lhasa schwebte auf einer Wolke der Glückseligkeit. Im Rahmen einer großen rituellen Zeremonie bestieg der fünfjährige Tenzing am 22. Februar 1940 im großen Audienzsaal des Potala-Palastes den Thron seines Vorgängers, den sogenannten Löwenthron, der seinen Namen hat, weil er von acht Löwen

umgeben wird. Unter den Geschenken, die neben dem Thron abgestellt waren, befanden sich auch zwei Pferde, gesandt vom Maharaja von Sikkim, und eine große Anzahl von Geschenken der britischen Regierung, die Sir Charles Bell mitgebracht hatte. Auch ein Goldbarren gehörte dazu, der von der britischen Münzanstalt von Kalkutta frisch geprägt worden war; zehn Taschen voller Silber, drei Gewehre, sechs Rollen Wollstoff in verschiedenen Farben, eine goldene Uhr mit Kette, eine Spieluhr, zwei Pärchen Wellensittiche und zwei Hängematten für den Garten. Der britische Offizier überreichte als persönliches Geschenk eine goldene Uhr mit einer singenden Nachtigall, ein Auto und ein Dreirad.«

»Boah«, meinte Julia, »das waren tolle Geschenke! Durfte der Dalai-Lama die alle behalten?«

»Nein, nein«, entgegnete Tashi abwehrend, »es handelte sich ja um Staatsgeschenke, die für Seine Heiligkeit verwahrt wurden; aber einige der Geschenke, wie zum Beispiel die Spieluhr und die Wellensittiche, forderte Seine Heiligkeit mit Vehemenz ein und durfte sie behalten.«

Pubu unterbrach die bildreich vorgetragene Darstellung Tashis: »Nun ja, damit begann für den kleinen Jungen und seine Familie ein völlig neues Leben. Die Familie wurde sofort in den Adelsstand erhoben und bekam nicht nur Ländereien, sondern auch Leibeigene zugeteilt, die ihnen Abgaben leisten mussten. Der Vater fiel mehrfach in negativer Weise auf, weil er seine Untergebenen besonders schlecht behandelte, dabei hätte er es aus eigener Erfahrung besser machen können.«

Überrascht fragte ich nach: »Lebte die Familie denn nicht bei ihrem Sohn?«

Tashi schüttelte den Kopf. »Nein, die Familie wohnte räumlich getrennt von Seiner Heiligkeit. Nach der Inthronisierung waren ausschließlich hochrangige Mönche und Gelehrte für seine Erziehung zuständig.«

»Was?«, fragte Julia entsetzt, »Der kleine Bub wurde von seiner Mama getrennt? Dann hat er nicht nur seinen Namen, sondern auch seine ganze Familie abgelegt. Das ist ja fürchterlich!«

Im Stillen konnte ich Julia nur recht geben. Für mich als Mutter ist es unvorstellbar, meine Kinder wegzugeben. Für kein Gold und kein Land der Welt wäre ich an dieser Stelle bestechlich und ich musste nachfragen, ob ich wirklich richtig verstand: »Es ist also so, dass das ausgewählte Kind plötzlich aus seiner gewohnten Umgebung gerissen wird und im Rahmen eines glorifizierten, religiösen Rituals etwas zutiefst Unmenschliches geschieht: Das Kind verliert all seine bisherigen Bezugspersonen und wird stattdessen von irgendwelchen Fremden erzogen? Die Eltern wurden faktisch gekauft und mit Protz, Prunk und Reichtum überschüttet, damit sie die Trennung verschmerzen?«

Pubu nickte mir zu und bemerkte trocken: »Das kann man so sehen. Es entspricht deiner Sichtweise als moderne europäische Frau. Gläubige Tibeter haben eine andere Perspektive: Auch zwei Brüder des Dalai-Lama waren als Inkarnationen bedeutender Lamas identifiziert worden. Für die Eltern bedeutete es ein großes Glück, dass ihre Familie in diesem Maße außerwählt wurde. Es gab außer der Mutter des Dalai-Lama keine Frau in Tibet, die so von mütterlichem Stolz erfüllt und damit geehrt war, dass sie gleich drei so wertvolle Inkarnationen zur Welt gebracht hatte.«

Es fiel mir schwer, das Gehörte zu verstehen. Fassungslos starrte ich Tashi an, der mit einer beschwichtigenden Geste zu vermitteln versuchte.

»Lass es mich so sagen: Der neue Dalai-Lama legt seinen alten Namen ab, da die Seele und der Geist des verstorbenen Vorgängers auf ihn übergegangen sind. Er löst sich damit von seinem früheren weltlichen Leben, in dem er noch nicht als Inkarnation erkannt war.«

»Und lebt fortan in einer Art goldenem Käfig, wo er stundenlange Zeremonien aushalten muss, von denen er als kleiner Junge wahrscheinlich nichts versteht. Ansonsten erfährt er die strenge Mönchsdisziplin in einem durch Vorschriften reglementierten Hofstaat, in dem Frauen übrigens ausgeschlossen waren. Aber immerhin durfte sein Bruder Lobsang bei ihm im Potala bleiben«, ergänzte Pubu spöttisch, was mit einem tadelnden Blick Tashis quittiert wurde.

»Seine Heiligkeit musste auf seine zukünftige Rolle vorbereitet werden. Nur die besten Gelehrten waren für ihn da und er beschäftigte sich nicht nur mit dem Erlernen von Lesen und Schreiben. Er musste sich auch mit buddhistischer Philosophie, Astrologie und Medizin vertraut machen, schließlich trägt er den Namen *Ozeangleicher Lehrer*. Stell dir vor, mit knapp sechzehn Jahren war er mit seinen Studien schon so weit fortgeschritten, dass man vergleichsweise von einem Hochschulabschluss sprechen kann.«

»Ach, und ich dachte schon, als Dalai-Lama hat man immer schulfrei und darf der Bestimmer sein«, gab Julia sich enttäuscht.

Julias Bemerkung trug zur Lockerung der vorher angespannten Gesprächsatmosphäre bei und Tashi lächelte. Anscheinend hatte ihn ihre Äußerung überrascht.

»Nein, nein, das Amt eines heranwachsenden Dalai-Lama beinhaltet nicht, dass man von Pflichten entbunden ist und den ganzen Tag machen darf, was man will. Das Leben Seiner Heiligkeit und seines Bruders Lobsang war ziemlich strukturiert und reglementiert. Beide mussten schon recht lange vor Tagesanbruch aufstehen und baden. Das einzige Zugeständnis, das dem Auserwählten gewährt wurde, war, dass er warmes Wasser erhielt, während sein Bruder sich mit kaltem Wasser begnügen musste. Dem Bad folgte eine Stunde Meditation. Um sieben Uhr gab es Frühstück: Buttertee und Tsampa. Um neun

Uhr kamen die Beamten und Mönche des Klosters zusammen, um Suppe, Reis und Joghurt zu sich zu nehmen. Diese Stunde fiel mit der täglichen Audienz zusammen. Darauf folgten zwei Stunden Unterricht, dem Seine Heiligkeit und Lobsang nicht gerade mit großer Freude entgegensahen.«

Pubu grinste und bemerkte im beißend ironischen Ton: »Was sie bei der Stange hielt, waren zwei Peitschen an der Wand. Eine nie benutzte aus Seide für Seine Heiligkeit und eine aus Leder. Letztere, die richtige Peitsche also, bekam aber ausschließlich der ältere Bruder zu spüren, mitunter sogar, um stellvertretend die Vergehen seines Bruders zu büßen. Denn man konnte den Erhabenen ja nicht wirklich bestrafen. Aber das ist nur eine weitere Facette wundersamer Berichte, die sich um die Person des vierzehnten Dalai-Lama ranken.«

Ich stutzte und wurde hellhörig. Auffordernd sah ich zu unserem Führer hinüber.

»Was meinst du damit?«

»Du erinnerst dich bestimmt an mein Bild vom großen Suppenkessel, der für den tibetischen Buddhismus steht. Ich habe euch erzählt, dass darin auch allerlei Wundergeschichten enthalten sind. Einige dieser mythenhaften Erzählungen ranken sich um die Suche und das Auffinden der Inkarnation Seiner Heiligkeit. Das sind natürlich spannende Geschichten für Julia als elfjähriges Mädchen, aber es steht zu vermuten, dass viele der bedeutungsvollen Ausschmückungen erst im Nachhinein entstanden sind. Nichtsdestotrotz sind viele westliche Menschen von der Romantik dieser Geschichten berührt und geradezu verzaubert. Sie mögen die Vorstellung, dass sich ein Suchtrupp im weit entfernten Lhasa aufmacht, das vom Regenten Reting Rinpoche in einer Vision gesehene Haus findet, den leitenden Lama als Diener verkleidet ins Haus schickt und das auserwählte Kind als Reinkarnation des dreizehnten Dalai-Lama identifiziert. Natürlich darf man von diesem Bericht fasziniert sein, und es ist verlockend, sich über dieser fast kitschigen Auffindungskulisse entsprechend der Prophezeiung noch einen bunten Regenbogen über dem Haus vorzustellen. Und für Julia passt auch die fantasievolle Ausgestaltung, aber dir möchte ich ein paar wichtige Informationen nicht vorenthalten. Oder wusstest du, dass das Dorf Taktser, in dem Seine Heiligkeit das Licht der Welt erblickte, in der Nähe des Klosters Kumbum in China und damit außerhalb des politischen Gebietes von Tibet lag?«

»Wie bitte?«, fragte ich und starrte Pubu an. »Dann ist ja der Dalai-Lama gebürtiger Nationalchinese!«

»Im Laufe der Jahrhunderte variierte Tibet in seiner geografischen Ausdehnung. Der Geburtsort Seiner Heiligkeit gehört zu einem Gebiet, das von den Tibetern Amdo genannt wird. Wie auch Seine Heiligkeit bestätigte, wurde dieser Distrikt nicht von der Lhasa-Regierung verwaltet, sondern stand unter der weltlichen Herrschaft Chinas. Es gibt sogar Zeitzeugen, die davon berichten, dass der kleine Lhamo früher ausschließlich der chinesischen Sprache mächtig war. Viel interessanter ist jedoch die Fragestellung, wem die Auffindung dieser Inkarnation nützlich war.«

Ich war verblüfft, denn diese Frage wäre mir nach all den wunderbaren Berichten mit blumig ausschweifenden Umschreibungen nicht in den Sinn gekommen. Ich war verwirrt, ob ich dem soeben Gehörten Glauben schenken konnte, und konzentrierte mich auf Pubus weitere Ausführungen.

Der fuhr mit fast verschwörerisch leiser Stimme fort: »Es gab familiäre Verflechtungen zum nahe gelegenen Kumbum-Kloster. Bei der Auffindung der neuen Inkarnation spielte Ma Bufang, ein lokaler Machthaber, eine zwielichtige Rolle. Er war, sagen wir, behilflich. Für seine Bemühungen verlangte er 100.000 Silberstücke. Erst als dieses Geld in seinem Beutel klingelte, stimmte er der Weiterreise des Erwählten nach

Lhasa zu. Es war die klassische Win-win-Situation, von der alle Beteiligten profitierten: Für die Regierung in Lhasa war ein Dalai-Lama aus Amdo politisch von Vorteil, da er spätere Ansprüche auf chinesisches Gebiet legitimieren konnte. Der Regent Reting, der mit seiner Vision zur Auffindung beitrug, gewann nicht nur an Ansehen, sondern in seiner Funktion als erzieherischer Beistand Seiner Heiligkeit auch an Einfluss. Die Familie des Dalai-Lama hatte durch die Erhebung in den Adelsstand nicht nur finanziell ausgesorgt, als Eltern von drei Inkarnationen zählten sie zu den angesehensten Persönlichkeiten des buddhistischen Lebens.«

Mir schwirrten die Sinne, denn diese Ausführungen stellten all das auf den Kopf, was ich bislang über die Person des lebenden Dalai-Lama gehört oder gelesen hatte. Wir gingen einige Minuten schweigend nebeneinanderher. Ich traute mich nicht, etwas zu sagen, und hatte den Eindruck, dass Pubus alternative Perspektive für unseren mönchischen Begleiter unangenehm war. Tashi hatte seine eigene Sichtweise, für die er sicherlich seine Gründe hatte, weil er in Tibet in einer klerikal geprägten Umgebung aufgewachsen war. Vor meiner Reise hatte ich von Seiner Heiligkeit sogar als Gottkönig gelesen. Nach dem, was ich mittlerweile gelernt und erfahren hatte, empfand ich diese Bezeichnung in besonderer Weise absurd: Der Buddhismus kennt weder eine Gottvorstellung im westlichen Sinn und auch der Begriff des Königs, der in einer dynastischen Reihe steht, passt zur Inkarnationslinie der Dalai-Lamas auf keinen Fall. Ich war ganz in meine Gedanken vertieft, als Tashi schließlich doch wieder den Gesprächsfaden aufnahm.

»Übrigens hatte Seine Heiligkeit auch einen Freund aus eurer westlichen Welt mit genauso blonden Haaren wie Julia. Er hieß Heinrich Harrer, war Bergsteiger und konnte zusammen mit seinem Kameraden Peter Aufschnaiter aus einem Kriegsgefangenenlager im Norden Indiens über den Himalaya bis nach Lhasa flüchten.«

»Echt jetzt?« Julia schaute Tashi mit großen Augen an. »Erzähl bitte weiter. Was passierte mit dem Bergsteiger und dem Dalai-Lama? Wie haben die beiden sich kennengelernt?« Tashi schmunzelte. »Du stellst mir viele Fragen. Ich war nicht dabei, aber man sagt, der junge Österreicher hatte so blonde Haare wie du. Das fiel damals noch mehr auf als heute. Du weißt ja selbst, wie neugierig die Leute auf deine Haare sind. Da Seine Heiligkeit den Potala-Palast nur selten verlassen durfte, beobachtete er mit einem Fernrohr die Umgebung. Dabei entdeckte er mitten in einer Menschenmenge den Mann mit den goldenen Haaren. Er schickte einen Boten und lud den Mann zu sich ein. Die beiden wurden Freunde und unser Ozeangleicher Lehrer lernte von diesem jungen Mann nicht nur die englische Sprache, er machte sich auch mit westlichen Sitten und Gebräuchen vertraut. Der Österreicher Harrer schrieb ein Buch über diese Zeit, das später verfilmt wurde. Leider habe ich diesen Film noch nie gesehen, da er hierzulande verboten ist.«

»Das ist ja gemein und unfair!« Julia war sichtlich erzürnt und stapfte voraus, die Fäuste in den Taschen zusammengeballt. Aus Trotz kickte sie größere und kleinere Steine aus dem Weg.

»Julia, lass das! Im Gebirge kickt man keine Steine!«, forderte ich sie auf, doch mein mütterliches Eingreifen interessierte sie nicht. Sie zuckte mit den Schultern und stürmte in Richtung einer Herde grasender Wildpferde.

»Mach langsam!«, forderte ich sie nochmals auf – vergeblich. Julias Unmut verwandelte sich in Übermut, eine ganze Weile rannte sie den Pferden hinterher. Immer dann, wenn sie den Tieren zu nahe gekommen war, galoppierten sie wild buckelnd vor Julia davon. Nach Luft japsend gab meine Tochter schließlich auf und kehrte zu unserer Gruppe zurück. Als sie auf einer Abbruchkante balancierte, knickte sie plötzlich um und stürzte laut aufschreiend in einen Geröllhaufen. Mit einem schnellen Sprung war Pubu bei ihr und half ihr auf.

»Mein Fuß, mein Fuß! Mama, das tut so weh, ich kann gar nicht auftreten«, jammerte Julia und Tränen schossen ihr in die Augen. Sie legte ihre Arme um mich und wischte Tränen und ihre laufende Nase an meiner Jacke ab. Ich beugte mich hinunter, nahm ihr Gesicht in meine Hände und küsste sie.

»Komm, ich schau mir das mal an. Wir setzen uns erstmal dort neben den kleinen Steinwall, da ist es windgeschützt. Es ist bestimmt nicht so schlimm.«

Fürsorglich trug ich sie zu der bezeichneten Stelle. Meiner inneren Stimme, die sich mit dem bissigen Kommentar meldete: »Das hat uns gerade noch gefehlt, ein verknackster Fuß im Hochgebirge!«, verbot ich das Wort. Liebevoll nahm ich Julia in den Arm und trocknete ihre Tränen. Alsdann zog ich ihr vorsichtig Schuh und Strumpf aus und betastete den Fuß. Im Bereich des äußeren Sprunggelenks hatte sie eine druckschmerzhafte Stelle und eine kleine Schwellung. Ich vermutete eine Bänderdehnung. Der hohe Schaft des Wanderschuhs hatte einen Bänderriss verhindert.

»Es ist nichts Schlimmes. Du kannst bald wieder laufen. Komm, ich mach dir einen Salbenverband.« Ich nestelte an meinem Erste-Hilfe-Paket und holte eine elastische Binde und eine Tube mit einem abschwellenden, schmerzstillenden Gel heraus. Erstaunt musste ich feststellen, dass der Inhalt gefroren war und sich nicht ausdrücken ließ. Na super, daran hatte ich natürlich nicht gedacht.

»Ich glaube, ich kann helfen«, erklärte Tashi hilfsbereit. »In meinem Gepäck führe ich immer Heilkräuter mit.«

Ohne eine Antwort abzuwarten, kniete er sich neben Julia,

holte einen Lederbeutel hervor, dem er einige blütenähnliche Trockenpflanzen in graugrüner Färbung entnahm. Diese zerrieb er zwischen seinen Händen. Als er in die Trockenmasse spuckte, bildete sich eine pastenartige, klebrige Masse, die er behutsam auf den verletzten Knöchel auftrug. Während er die Binde um den Fuß wickelte, murmelte Tashi etwas in einem melodischen Tonfall. Es kam mir so vor, als singe er eine Zauberformel.

Als Julia versorgt war und noch etwas gehemmt auf Pubu gestützt weiterhumpelte, schaute ich Tashi an. »Ich danke dir. Bei uns zu Hause arbeite ich als Hausärztin, da gibt es Tabletten und fertige Cremes. In unserer Ausbildung lernen wir wenig über die Zubereitung von Arzneimitteln aus Pflanzen. Was hast du vorhin bei der Versorgung von Julias Verletzung gesungen?«

»Das Rezitieren von Mantras ist ein wichtiger Bestandteil jeder Heilungsmethode. Viele medizinische Tinkturen oder Kräuterelixiere wirken in der Vorstellung unserer Mediziner nur, wenn dazu ein bestimmtes Mantra gesprochen wird.«

Ich war beeindruckt. Diese Form der Medizin faszinierte mich. Allerdings meldete sich der schulmedizinische Zweifler mit einem »Ob das hilft?« zu Wort.

Der Wind hatte aufgefrischt und wirbelte Sand auf, der uns ins Gesicht peitschte und sich wie tausend Nadelstiche anfühlte. Mich fröstelte. Meine Beine fühlten sich schwer an und ich hatte kein Gefühl für die zurückgelegte Wegstrecke. Auf meine Nachfrage zog Pubu ein GPS-Gerät aus der Jackentasche. Auf der Anzeige konnten wir sehen, dass wir auf unserer heutigen Tagesetappe zweiundzwanzig Kilometer über staubverwehte Schotterpisten zurückgelegt hatten. Das war weit!

Not macht erfinderisch

Unser Fahrer hatte mit dem Geländewagen an einem geschützten Platz neben einem Bachlauf irgendwo im Niemandsland auf uns gewartet. Hier wollten wir unser Nachtlager aufschlagen.

Julia klagte über Kopfschmerzen. Offensichtlich hatte sie sich bei der Rennerei den Wildpferden hinterher verausgabt. Pubu und der Fahrer schienen von der Dämmerung überrascht und diskutierten lautstark, an welcher Stelle die Zelte stehen sollten. Hektisch begannen sie mit dem Aufbau. Immer wieder fuhren die Windböen unter die Zeltplanen und rissen die Halteseile aus der Verankerung.

»Julia, ich muss den beiden helfen.« Zögerlich ließ ich meine Tochter zurück und packte mit an. Ich schleppte Steine zur zusätzlichen Befestigung der Zeltplane herbei. Auch Tashi half, und so arbeiteten wir Hand in Hand miteinander, um das schützende Lager zu errichten. Als das größere Küchenzelt endlich stand und Pubu am nahe gelegenen Bach Wasser für das Essen und einen wärmenden Tee holte, bemerkte ich, dass Julia neben einem Stein kauerte. Sie weinte, weil die Kopfschmerzen stärker in ihrem Schädel pochten und ihr übel und schwindelig war.

»Vielleicht ist sie etwas höhenkrank«, mutmaßte Tashi. »Als sie mit den Pferden umherrannte, ist sie gesprungen wie ein junges Fohlen. Später war sie aufgeregt wegen des verletzten Fußes. Das hat sie zu viel Atem gekostet.«

Ich schüttelte den Kopf, denn eine Höhenkrankheit erschien mir unwahrscheinlich. Wir hatten uns Zeit für die Akklimatisation genommen und waren nach einem zweitägigen Aufenthalt auf 1.400 Metern in Kathmandu nach Lhasa geflogen und seitdem schon mehr als acht Tage auf einer Höhe zwischen

3.600 und 4.800 Meter unterwegs. Die Höhenkrankheit tritt meist zwei Tage nach dem zu schnellen Erreichen von größeren Höhen auf. Zu keinem Zeitpunkt hatte ich bei Julia Anzeichen bemerkt. Ich drückte sie an mich und küsste sie zärtlich auf die Stirn.

»Ich bin sicher, sie hat sich nur verausgabt und wahrscheinlich auch etwas überanstrengt. Gönnen wir ihr ein wenig Ruhe, dann sollte es besser werden.«

Und so packten wir Julia in meine dicke Expeditionsjacke, zogen uns ins Küchenzelt an den wärmenden Gaskocher zurück, und ich hielt meine Tochter beschützend im Arm, bis sie eingeschlafen war. Draußen rüttelte der Wind an den Zeltplanen, die Sonne stand niedrig und es wurde schlagartig bitterkalt. Die Kälte schien durch alle Ritzen zu kriechen; unser Thermometer zeigte schon acht Grad unter null an. Julia schlief tief und atmete ruhig. Ich legte sie neben die wärmende Kochstelle, denn ich wollte unsere Schlafstätte in dem Zelt herrichten, das Pubu für uns aufgebaut hatte. Als ich unsere Ausrüstung dort verstauen wollte, bemerkte ich entsetzt, dass es sich um ein normales Campingzelt für klimatisch gemäßigte Zonen und keineswegs um ein expeditionstaugliches Zelt handelte, wie es uns vom Veranstalter zugesichert worden war. Doch damit nicht genug: Die Luftmatratzen waren durchlöchert und die Isolationsmatten fehlten. Es gab zwei Polyesterdecken, die ich auf den Boden legte. Ich spürte Wut in mir aufsteigen. Wir waren beängstigend schlecht ausgerüstet. Was sollten wir tun?

Ich ärgerte mich über mich selbst, weil ich der bei Reisebuchung übermittelten Ausrüstungsliste des Veranstalters nicht nur geglaubt, sondern mich auch darauf verlassen hatte. Gott sei Dank hatten wir expeditionstaugliche Daunenschlafsäcke und eine Isolationsplane dabei. Aber würde das reichen? Ich merkte, wie der Zorn in immer stärker werdenden Wellen in mir aufstieg und sich langsam zur tsunamiartigen Riesenwelle auftürmte. In mir wuchs ein kindlich anmutendes Bedürfnis, mit beiden Füßen auf den Boden aufzustampfen und laut herumzuschreien. Es war mir klar, dass ein emotionaler Wutausbruch an den äußeren Gegebenheiten nichts ändern würde. Und doch ging in diesem Moment mein Temperament mit mir durch, ich konnte gar nicht anders: Ich wollte wütend sein und meiner Enttäuschung über alle bisherigen Hindernisse und nicht eingehaltenen Abmachungen erstmal freien Lauf lassen. Tränen der Wut schossen mir in die Augen und gefroren auf meinen Wangen. Vor lauter Zorn stieß ich einen brüllenden Urschrei aus, der sofort einen Hustenanfall nach sich zog. Die vor unserem Zelt grasenden Schafe blickten erschreckt auf und galoppierten davon. Pubu schaute verdutzt aus dem Küchenzelt, um dann schnell den Kopf ins Zeltinnere zurückzuziehen. Nach einem aufgeregten Wortwechsel mit dem Fahrer wurde der Reißverschluss des Zelteingangs hastig heruntergezogen. Das belustigte mich und ich lachte. Endlich hatte ich ein Ventil für meinen Frust gefunden! Ich lachte laut und ausgiebig, stellte mir vor, wie diese Szene in einem Film rüberkäme. In meiner Visualisierung dampfte meine Wut wie bei einem Comic in dicken Wolken aus Nasenlöchern und Ohren. Das Bild gestaltete ich weiter, indem ich mir die Haare raufte, mit beiden Beinen in die Luft sprang und meine rot geäderten Augen zu zornigen Schlitzen verengte. Je detaillierter sich die filmische Szene in meinen inneren Bildern gestaltete, desto mehr erheiterte mich die Vorstellung, und ich lachte so laut und lange, bis mich ein Hustenanfall derart schüttelte, dass sich mein Körper krümmte. Plötzlich gab es keinen Platz mehr für meine Wut. Die Zorneswellen ebbten ab.

Ich ging einige Schritte von unserem Lager weg, schaute über die endlose Weite und atmete ein paarmal tief ein und aus. Mit jedem Atemzug wurde ich ruhiger, mein Herzschlag verlangsamte sich. Welch beschauliche Abendstimmung! Die niedrig stehende Sonne hatte die Hügelketten in goldenes Licht getaucht und die Bergspitzen glänzten mit ihren weißen Schneehauben wie Zuckerhüte. Weidelandschaft und Steppenboden wechselten sich wie auf einem farbigen Flickenteppich ab, der Wind wehte meterhohe Staubwirbel auf. Außer dem Geräusch des Windes und dem des gluckernden Baches drang kein Laut an mein Ohr. In der Ferne konnte ich beobachten, wie Nomaden mit Hilfe von Steinschleudern die letzten Schafe der Herde in einen Steinwall trieben. Auch sie trafen Vorbereitungen für die bevorstehende Nacht. Ich war geneigt, mich hinzusetzen, die Augen zu schließen und alles um mich herum zu vergessen. Meine Beine fühlten sich schwer an und die Füße taten mir weh. Ich war müde und erschöpft.

In dem Maße, wie die Sonne verschwand, wurde der Wind stärker und trieb mir die Kälte in Böen ins Gesicht, was sich wie aufrüttelnde Ohrfeigen anfühlte und mir in Erinnerung rief, dass ich mich auf knapp 5.000 Metern Höhe befand. Kein guter Platz, um sich bei einbrechender Nacht in die Kälte zu setzen. Ich raffte mich auf und ging zum Lager zurück. Es würde mir schon etwas einfallen.

Im Küchenzelt war es angenehm warm. Ich setzte mich neben die schlafende Julia und schaute Pubu und unserem Fahrer beim Zubereiten der Speisen zu. Sie schnippelten Gemüse und zerkleinerten ein Stück fettiges Yakfleisch. Auf dem Boden ausgebreitet fanden sich neben dem großen Sack Reis und einer riesigen Flasche Öl jede Menge Küchenutensilien. Überall verteilt lagen Lebensmittel, Geschirr, Gewürze und dazwischen Pubus ausgedrückte Zigarettenstummel.

Niemand sprach. Von draußen rüttelte der Wind an den Zeltplanen. Pubu und der Fahrer tranken aus einem Flachmann hochprozentigen Alkohol und rauchten genussvoll eine Zigarette. Tashi hatte sich in seinen Wollmantel gewickelt und schlief. Auf dem Kopf trug er eine Wollmütze. Im Topf blubberte der Eintopf aus Gemüse, Reis und Yakfleisch. Ein angenehmer Essensduft zog durch unser Zelt und ich entspannte mich. Ein bisschen wehmütig sehnte ich mich in Gedanken nach Hause in unsere Wohnküche und stellte mir vor, Gunther beim Kochen zuzuschauen. Er ist ein begnadeter Hobbykoch und ich liebe es, wenn er mich nach einem anstrengenden Arbeitstag kulinarisch verwöhnt und wir uns dabei unterhalten. Ihn entspannt das Kochen, ich schaue lieber zu. Dabei trinken wir gerne ein Glas Wein, die Kinder setzen sich zu uns und als Familie erzählen wir von unserem Tag, bevor wir alle gemeinsam zu Abend essen. In diesem Moment vermisste ich unsere Familiengemeinschaft. Wie es den Zuhausegebliebenen wohl ging? Ob sie uns auch vermissten? Ich sog den Essensduft ein und streichelte Julia.

»Mama! Ich habe schrecklichen Hunger! Und Durst hab ich auch.« Julia rieb sich die Augen und streckte sich. Mir fiel ein Stein vom Herzen. Es ging ihr deutlich besser. Erstaunlicherweise klagte sie auch nicht mehr über den verletzten Fuß und konnte schmerzfrei laufen.

»Hier. Die sind für euch.« Pubu streckte uns zwei Löffel entgegen. Wir aßen den dampfenden Eintopf aus kleinen Schüsseln. Er schmeckte köstlich. Seine Schärfe war wohltuend und ich merkte, wie mich neue Kraft und Energie durchströmten. Unsere Mitreisenden aßen selbst die Suppe mit Stäbchen in einer etwas eigenwilligen Schlürf- und Schmatztechnik, an die wir uns mittlerweile gewöhnt hatten. Ich stellte fest, dass wir uns den lokalen Tischsitten anpassten und es uns nicht mal mehr peinlich war, wenn wir nach dem gehaltvollen Mahl rülpsten. Das sollten wir uns bei unserer Heimkehr schleunigst abgewöhnen. Ich stellte mir vor, wie ich, nach einem fulminanten Mahl im Kollegenkreis, aus meinem tiefsten Inneren einen Rülpser von mir geben und zufrieden lächelnd in den gepolsterten Stuhl zurücksinken würde. Was für ein Quatsch! Die Höhenluft brachte mich auf absurde Gedanken ...

Julia sortierte die gesammelten Steine und überlegte, welche am besten zu Omas Stein passen könnten. Ich schaute ihr dabei zu. Mich beschäftigte die Frage, wie wir unsere Schlafsituation verbessern könnten. Alles lief auf eine Frage hinaus: Wie schützen wir uns vor der Kälte?

»Mama, du machst so ein sorgenvolles Gesicht. Was ist los?« Julia verstaute ihre Steinsammlung in meinem Rucksack und schaute mich an.

Ich wollte diese Situation vor Julia nicht verheimlichen. Deshalb sprach ich mit ihr über das winddurchlässige Zelt und die fehlerhafte und ungeeignete Ausrüstung vom Reiseveranstalter. Gott sei Dank hatten wir bei der Auswahl unserer Bekleidung keine Kompromisse gemacht und expeditionstaugliche Jacken und Hosen mitgebracht. Gemeinsam überlegten wir, wie wir die Herausforderung meistern und die Wärme um unsere Körper halten konnten. Es war Julia, die uns mit der Idee überraschte, man könnte sicher leer getrunkene Plastikflaschen mit heißem Wasser füllen, um diese dann als Wärmflaschen zu nutzen. Eine sensationelle Lösung.

Es war kalt und der Wind pfiff um und durch unser Zelt. Wir lagen fest eingemummelt in unseren Schlafsäcken und fühlten an Bauch und Füßen die abstrahlende Wärme unserer improvisierten Wärmflaschen.

Not macht anscheinend doch erfinderisch, dachte ich bei mir und blickte voller Stolz auf meine Tochter. Meine Reisepartnerin. Wahrscheinlich war sie gar nicht mehr so klein, wie ich manchmal dachte.

Der Weg geht weiter

Eine Nacht kann lang werden, wenn man friert. Nur eine dünne Zeltplane entschied zwischen Überleben und einem sicheren Erfrierungstod. Ich litt unter einem leichten und unruhigen Schlaf, was nicht nur der sauerstoffarmen Luft, sondern auch der wenig komfortablen Schlafstätte und den ungewohnten Umgebungsgeräuschen geschuldet war. Tashi hatte mit Pubu und dem Fahrer im Küchenzelt geschlafen. In der Nacht hatten sie mit Hilfe des Gasbrenners Steine erhitzt, um sich an ihnen zu wärmen.

Ich war froh, als ich am Himmel einen silbernen Streifen als Vorboten des kommenden Tages erblickte. Mich umgab vollkommene Stille. Wo war das Plätschern des Baches geblieben? Ich schälte mich aus dem Zelt und staunte nicht schlecht: Der Bach war an der Oberfläche komplett zugefroren. Auch Pubu und der Fahrer zeigten sich überrascht. Damit hatten sie nicht gerechnet, denn es gab keinen Wasservorrat. Alles war dick zugefroren.

Julia hielt sich eine Eisplatte vor das Gesicht und lachte. »Schau mal, Mama, eine Fensterscheibe!«

Ich fand das nicht sonderlich witzig.

Sie versuchte, aus dem gefrorenen Bachlauf Eisbrocken zu hauen, damit wir sie über dem Brenner auftauen konnten. Dieser Versuch dauerte ewig, war nicht sehr effizient und verbrauchte sehr viel Gas. Das Wasser unserer Wärmeflaschen sollte einer Katzenwäsche dienen. Allerdings war dieses Wasser inzwischen so kalt geworden, dass sich in ihm kleine Eiskristalle gebildet hatten. Es war selbst für das Zähneputzen unbrauchbar, die Zähne schmerzten durch den Kältereiz. Julia nannte dieses Gefühl scherzhaft *Gehirnfrost*, und so verzichteten wir auf weitere Versuche der Morgentoilette. In unserer Not nutzten wir dieses Wasser, um es zu erhitzen, und brühten damit einen süßen Instantkaffee auf. Selten hat mir ein Morgenkaffee so gut geschmeckt. Ich war erstaunt, dass Wasser, aus dem beim Erhitzen Blasen aufstiegen und das ich damit als kochend einstufte, in kürzester Zeit trinkbar war. Dann fiel mir ein: In dieser Höhe lag der Siedepunkt des Wassers viel niedriger als zu Hause. Das wärmende Getränk bewirkte sofort ein wohliges Gefühl im Bauch, und als dann noch die aufsteigende Sonne ihre ersten Strahlen über die tibetische Hochebene schickte, empfanden wir es als richtig angenehm. Wir frühstückten die Reste des Gemüse-Reis-Eintopfs vom Vorabend zusammen mit scharf gewürztem Rührei. Auch das erfreute unsere Lebensgeister, und so packten wir gut gestärkt das Lager zusammen und nahmen unseren Marsch wieder auf. Wir wurden überholt von Nomaden auf Pferden und laut dröhnenden Motorrädern; die meisten von ihnen hatten Musik dabei, die sie lautstark ankündigte, noch bevor wir sie sehen konnten. Die wenigsten Fahrer trugen Helme, meistens hatten sie einen Cowboyhut auf dem Kopf, was ihnen zusammen mit den verspiegelten Sonnenbrillen ein verwegenes Aussehen verlieh. Sie preschten hupend und winkend an uns vorbei und ließen uns in einer aufgewirbelten Staubwolke zurück.

Nachdem wir eine Weile allein gegangen waren, schloss sich Tashi uns wieder an. Da ich mich schon die ganze Zeit darüber wunderte, wie er die Nacht ohne erkennbaren Schaden überstanden hatte, wandte ich mich direkt an ihn: »Es war grimmig kalt heute Nacht, noch nie habe ich so gefroren. Wie hast du diese Kälte unbeschadet ausgehalten?«

Lange Zeit antwortete er nicht. Ich vermutete schon, er sei etwas schwerhörig, und wollte mit lauterer Stimme zur erneuten Frage ansetzen, als er mir ruhig erklärte: »Ich habe einen wärmenden Mantel aus Yakwolle – er sieht zwar schäbig aus, aber er leistet mir wunderbare Dienste. Diese Wolle wärmt durch ihre besondere Struktur nicht nur die Tiere, sie dient auch meinem Körper als Isolation. Außerdem habe ich in meiner Klostergemeinschaft eine Atemtechnik gelernt, bei der die Bauch- und Beckenmuskulatur angespannt und der Energiefluss durch den Körper gelenkt wird. Dabei hilft es mir, wenn ich mich auf das Bild einer lodernden Flamme konzentriere. Natürlich bedarf es langer Übung, bis man diese Technik beherrscht. Wenn man es richtig macht, erwärmt sich die Muskulatur und die Körpertemperatur steigt an.«

»Und das soll funktionieren?« Staunend schaute ich ihn an.

»Wir nennen diese Technik Feueratem. Vor einiger Zeit besuchte uns sogar ein Wissenschaftler, der diese Methode untersuchte und Messungen durchführte. Dabei stellte er fest, dass mit der Tiefe der Atmung und der begleitenden Meditation die Körpertemperatur anstieg. Einige meiner Mönchsbrüder entwickelten sogar leichtes Fieber, und das, obwohl die Umgebungstemperatur weit unter dem Gefrierpunkt lag.«

»Das ist erstaunlich«, entgegnete ich leise. Ich war nachdenklich geworden. Es war mir einmal mehr ein Rätsel, welche Wirkung mentale Kräfte auf den menschlichen Körper hatten.

»Tashi, schau mal, wie gut ich laufen kann! Mein Fuß tut gar nicht mehr weh. Du hast mich mit deiner Zauberspucke und den Kräutern geheilt. Danke, danke, danke!«, rief Julia und hüpfte wie zur Bekräftigung mal auf dem einen, mal auf dem anderen Bein umher. Pubu lachte, machte eine schnelle Bewegung und hielt sie fest.

»Lass mich los!« Julia zappelte wild, und zu Tashi gewandt sagte sie: »Bitte erzähle weiter vom Dalai-Lama, ich möchte so gerne hören, wie die Geschichte weiterging. Und sag mir: Warum ist er überhaupt soooo wichtig?« Julia unterstrich ihre Frage, indem sie ihre Arme weit ausbreitete.

Julias Charme und Drängen verfehlten ihre Wirkung nicht.

Tashi ließ sich nicht lange bitten. »Die Tibeter sehen in Seiner Heiligkeit, dem Dalai-Lama, das geistige und politische Oberhaupt Tibets.«

»Ja«, sagte ich, »diese Aussage finden wir bei uns in jedem Lexikon. Aber heißt das auch, dass der Dalai-Lama alles durchsetzen kann, was er sich vornimmt?«

Tashi kratzte sich nachdenklich am kahl rasierten Schädel, dann antwortete er: »Ein erster Blick auf die hierarchischen Strukturen hält den Betrachter zunächst im Glauben, dass der an der Spitze der politischen Hierarchie stehende Dalai-Lama alle Entscheidungsgewalt innehatte. Erst in der nachgeordneten Ebene gab es den Kashag, eine Art Ministerrat, der sich aus Vertretern von Adel und hochrangigen Mönchen zusammensetzte. In der Realität durchlief der Prozess der politischen Willensbildung und Entscheidungsfindung festgelegte Wege, sodass der Dalai-Lama nicht selten de facto ausgeschaltet werden konnte.«

»Wie ging das denn?«, fragte ich dazwischen.

»Seine Heiligkeit konnte nicht direkt kontaktiert werden. Alle Anfragen, Gesuche oder Impulse zu politischen Entscheidungen mussten den Kashag als administratives Organ passieren. Dieser traf dann eine Auswahl, was dem Erhabenen unbedingt vorgelegt werden musste und was direkt durch den Kashag abgewickelt werden konnte.«

Pubu hatte unser Gespräch verfolgt und unterbrach Tashi: »Praktischerweise verfügte der Kashag über das offizielle Siegel der Regierung, mit dem Resolutionen in der Außendarstellung auch offiziell legitimiert werden konnten. So wurden weitreichende Entscheidungen häufig auf dem kleinen Dienstweg durchgesetzt, ohne dass der Dalai-Lama davon wusste. Man rechtfertigte diese Vorgehensweise mit der Argumentation, dass Seine Heiligkeit in seiner meditativen Kontemplation mit derlei weltlichen Belanglosigkeiten nicht belästigt werden sollte.«

»Aha«, stellte ich fest, »dann kann ich mir vorstellen, dass Vetternwirtschaft und Korruption Tür und Tor offenstand. Man musste nur die richtigen Personen kennen.« Daraus schloss ich, dass der Anteil direkter Entscheidungen durch den Kashag variierte: In Zeiten schwacher oder unerfahrener Führungspersonen bestimmte faktisch nur diese zweite Hierarchieebene, in Zeiten starker Führung verschob sich die politische Entscheidungsgewalt und der Dalai-Lama konnte die Zügel der Macht selbst halten. Ich begriff, welche Auswirkungen diese Ränkespiele hatten: Indem die verschiedenen Institutionen im nationalen und internationalen Gefüge jeweils unterschiedliche Allianzen eingingen, konnten sie nicht nur politisch Einfluss nehmen, sondern auch das Machtgefüge immer wieder beeinflussen.

Wir gingen schweigend nebeneinanderher. Der Wind spielte mit dem Staub, blies kleine Sandwirbel in die Luft, die Julia zu fangen versuchte. Vergeblich. Sie stolperte vor uns her und wirbelte nur noch mehr Staub auf, der mir in der Nase kitzelte. Ich nieste. »Lass das!« Um sie auf andere Gedanken zu bringen, reichte ich ihr die Sonnencreme. »Vergiss die Ohrläppchen nicht!« Zur Belohnung spendierte ich ein paar Kekse. Pubu grinste. Anscheinend hatte er mein Ablenkungsmanöver durchschaut. Er zupfte Julia am Ärmel und ahmte die neutrale Audioguide-Stimme nach: »Wir gehen zurück in die Geschichte Tibets und schauen uns den Weg politischer Entscheidungen noch mal genauer an. In Tibet regierten nicht nur der Dalai-Lama und die Personen, die wichtige Ämter ausübten. Sämtliche Entscheidungen wurden auch in tiefem Aberglauben getroffen, abhängig von Geisterwesen und Dämonen. Bei wichtigen Entscheidungen wurden immer Orakel befragt. Das entsprach der Tradition.«

»Orakel? Hellseherei? Mit einer Kristallkugel?« Julia war neugierig geworden. Mir kam das Orakel von Delphi als Kultstätte der griechischen Antike in den Sinn. Dort verkündete die Priesterin Pythia ihre Prophezeiungen. Angeblich führten austretende Erdgase bei ihr eine Bewusstseinsveränderung herbei, sodass der griechische Gott Apollon Pythia als Sprachrohr nutzen konnte. »Ich erinnere mich daran, dass du gestern vom Staatsorakel des Nechung-Klosters erzählt hast. Gab es noch andere Orakel?«, fragte ich und sah zu Tashi. »In rituellen Handlungen wurden Gegenstände, Steine oder Knochen befragt. Aber für wichtige Fragestellungen wurden immer menschliche Orakel konsultiert. So wie bei der Suche nach dem kleinen Lhamo, der Reinkarnation des 13. Dalai-Lama. Davon habe ich euch gestern erzählt. Noch mal zur Erinnerung: Das tibetische Staatsorakel war ein Mönch mit besonderen Fähigkeiten. Er wurde vor allen wichtigen politischen und religiösen Entscheidungen befragt. Bei dem Ritual wurde er in Trance versetzt und seine Antworten waren richtungsweisend für alle Handlungen.«

Ich konnte es kaum glauben: Das Orakel der griechischen Antike erlebte im 8. Jahrhundert vor Christus seine Hochkonjunktur und wurde im 4. Jahrhundert nach Christus durch das Edikt eines christlichen Kaisers beendet. Das tibetische Staatsorakel übte seinen Einfluss noch im vergangenen Jahrhundert aus. Während in Europa der Zweite Weltkrieg begonnen hatte, wurde in Tibet der junge Dalai-Lama inthronisiert und das Land vollführte einen politisch-kulturellen Spagat: Tibet stand im Spannungsfeld zwischen seiner traditionellen feudalherrschaftlichen Kultur, dem kolonialistischen Hegemonialstreben sowie dem kommunistischen Leitbild, welches vom chinesischen Mutterland propagiert wurde. Was für eine unglaubliche Zerreißprobe!

Julia hatte den Stein aus Omas Garten hervorgeholt und hielt ihn ins Sonnenlicht. Er glitzerte und reflektierte helle Lichtpunkte auf ihr Gesicht. »Vielleicht ist das ein Orakelstein.« Zufrieden lächelnd steckte sie ihn zurück in die Hosentasche.

Tashi gesellte sich an meine Seite. Im Gleichschritt gingen wir nebeneinanderher. »Im Oktober 1950 waren die Chinesen mit einer der größten Armeen der Welt in Tibet einmarschiert und standen einer Minderheit von Tibetern und ihrer jämmerlich veralteten, auf Maultieren transportierten Kriegstechnik gegenüber. Die Regierung in Lhasa wandte sich damals an die Vereinten Nationen mit der Bitte, das Tibet-Problem auf die Tagesordnung der Vollversammlung zu setzen – und wurde von der Weltgemeinschaft alleingelassen. Tibet drohte, seine Eigenstaatlichkeit zu verlieren.«

Nachdem ich mehrere Schlucke Wasser aus meiner Trinkflasche genommen hatte, fasste ich meine Verwunderung und meine Zweifel in Worte: »Ich kann mir schwer vorstellen, dass einem Sechzehnjährigen in den Zeiten politischer Instabilität die Position des Dalai-Lama mit weitreichender politischer und religiöser Funktion übertragen wird. Er war in klösterlichen Traditionen erzogen worden und lebte in einer Art goldenem Käfig, weit entfernt von jeder Realität.« Und für mich selbst gelangte ich zu der Schlussfolgerung, dass der Dalai-Lama im Grunde genommen sein tibetisches Volk gar nicht kannte. Wie sollte er auch? Er wuchs in einer isolierten Oberschicht heran und lebte in einer reinen Männerwelt. Ein Teenageralter, in dem junge Menschen sich orientieren, um ihren Platz in der Gesellschaft zu finden, hat es für den Dalai-Lama wohl nie gegeben. Ich selbst wüsste vieles über diese Entwicklungsperiode zu berichten, in der ich fehlerhafte Entscheidungen mit allen damit verbundenen Konsequenzen getroffen hatte. Gott sei Dank durfte sich mein pubertätsgesteuertes Gehirn damals mit altersgerechten Dingen und nicht mit weltpolitischen Entscheidungen befassen. Ich beendete meinen gedanklichen Exkurs und bemerkte: »Auf jeden Fall war der jugendliche Dalai-Lama nicht zu beneiden. Wenn ihr mich fragt, saß er nicht auf einem Thron, sondern vielmehr auf einem Schleudersitz.«

Pubus Hinweis, dass mehrere Amtsvorgänger des Dalai-Lama auf mysteriöse Weise ums Leben gekommen waren, blieb von Tashi unkommentiert. Unser mönchischer Begleiter konzentrierte sich auf die historischen Eckdaten, als er weiterdozierte: »1951 trafen sich Vertreter von China und Tibet zu Beratungen, die in einen Vertrag über die *Rückkehr des tibetischen Volkes in die große Völkerfamilie des Mutterlandes* mündeten. Der Vertrag wurde am 24. Oktober 1951 auch vom Dalai-Lama bestätigt. Bis er acht Jahre später im Jahr 1959 ins Exil ging, wurde diese vertragliche Vereinbarung nie angezweifelt. Aus chinesischer Sicht sollte mit diesem 17-Punkte-Plan ein friedliches Hineinwachsen der Tibeter in das chinesische Staatswesen garantiert werden, verbunden mit vielen Zugeständnissen an die Oberschicht in Lhasa. Neben der Rückkehr des tibetischen Volkes in die große Völkerfamilie des Mutterlandes versprach das Abkommen auch den Schutz der tibetischen Menschen sowie ihres Besitzes. Außerdem wollte man den tibetischen Buddhismus respektieren, Sitten und Gebräuche achten und die Lama-Klöster einem besonderen Schutz unterstellen.«

Auf meine Bemerkung, dass sich diese Regelung gar nicht so schlecht anhöre, wurde ich sofort von Pubu unterbrochen, der zu bedenken gab: »Experten bezeichnen die ersten Jahre der Okkupation noch als glimpflich. Die chinesische Regierung stellte die Weichen, um Tibet beherrschen zu können. Das Land wurde zur Großbaustelle, um Verbindungswege und Transitrouten nach Zentralchina zu schaffen. Aber wenn du denkst, dass auf diesen Straßen nur Versorgungsfahrzeuge unterwegs waren, dann irrst du dich gewaltig. Es dauerte nicht lange, da rollten in Lhasa auch Panzer und Militärfahrzeuge ein. Ein unmenschliches Terrorsystem wuchs heran. Im ganzen Land herrschte Krieg. Die früheren Zusicherungen waren nichts mehr wert. Es begann ein systematischer Vernichtungsfeldzug. Die Mehrzahl der Klöster mit ihren Schätzen wurde geplündert und zerstört. Die tibetische Hochkultur war am Ende. Der Hass auf die chinesischen Besatzer entlud sich im März 1959 in Lhasa. Es gab einen Volksaufstand.« Pubu fuchtelte hektisch mit den Händen. Dann entzündete er eine Zigarette und inhalierte den Rauch, bis sich seine Gesichtszüge etwas entspannten.

Ungeduldig trat ich von einem Fuß auf den anderen.»Ein Volksaufstand? Wieso das denn?«

Pubu blies eine Rauchwolke in die Luft.»Chinesische Machthaber hatten den jungen Dalai-Lama ohne Zusicherung von Geleitschutz zu einer Militärveranstaltung eingeladen. Und stell dir vor, der Erhabene hatte gutgläubig zugesagt.«

Verständnislos schüttelte Pubu den Kopf. Tashi klopfte ihm besänftigend auf die Schulter und ergänzte:»Die große Sorge um Seine Heiligkeit trieb Tausende Tibeter nach Lhasa. Es war nicht auszuschließen, dass die Chinesen Seine Heiligkeit gefügig machen und für ihre politischen Ziele instrumentalisieren wollten. Wer weiß, vielleicht hätten sie ihn sogar umgebracht? Dann wäre das tibetische Volk plötzlich ohne politische und religiöse Führung gewesen. Fieberhaft wurde nach Lösungen gesucht. Eine Option war die Flucht Seiner Heiligkeit in ein anderes Land. Auch in diesem Fall war die politische und religiöse Entwicklung für das tibetische Volk ungewiss, aber man spekulierte darauf, dass Seine Heiligkeit aus dem Exil den Freiheitskampf Tibets unterstützen könnte. Damals riet auch das Staatsorakel Seiner Heiligkeit zur Flucht und malte ihm in Trance den Weg auf. So kam es, dass sich der Erhabene als Soldat verkleidete und aus Tibet flüchtete. In dieser Zeit verließen die Mehrzahl der Adligen und viele tibetische Lehrmeister ihre Heimat – ein gewaltiger Aderlass für Tibet und seine Kultur.«

»Tja, so war das«, sagte Pubu. Ich glaubte, eine Spur Sarkasmus aus seinen Worten zu hören. »Die Bildungselite floh und mit ihr Kenntnisse über Tibets Geschichte, seine Mythen und Traditionen. Natürlich hatten diese Menschen auch kostbare Gegenstände wie Teppiche, Schmuck und Bücher in ihrem Gepäck. Wenn du zu den Kriegsschäden diese Verluste hinzurechnest, dann erhältst du eine Vorstellung von dem, was unwiederbringlich für Tibet verloren gegangen ist.« Pubu war während seiner Worte immer lauter und aufgeregter geworden.

Ich schluckte und fasste zusammen: »Wer irgendwie konnte, ist also gegangen und hat mitgenommen, was wertvoll war. Sowohl materielle Dinge als auch Gedanken- und Kulturgut. Es wirkt so, als wäre ein Volk mit seinen Wurzeln herausgerissen worden und hätte sich anschließend auf den Weg gemacht.« Nachdenklich verlangsamte ich meine Schritte.

Tashi nickte. »Letztendlich gewährte die indische Regierung Seiner Heiligkeit Schutz. Er war in Sicherheit. Am 18. April 1959 wurde er offiziell im indischen Exil, einem kleinen Ort im Vorgebirge des Himalaya, willkommen geheißen.«

Ich schnippte mit den Fingern: »Dieser Ort heißt Dharamsala, davon habe ich schon gehört. In einem Artikel über den Dalai-Lama habe ich gelesen, dass er sich von dort aus für das tibetische Volk einsetzt und sogar die Weltöffentlichkeit um Hilfe bittet. Dafür hat er den Friedensnobelpreis bekommen. Das war 1989. Wenn ich mich richtig erinnere, hat ihn das Nobelpreiskomitee gelobt, dass er noch immer eine friedliche Lösung anstrebt. Er lehnt jede Form von Gewalt ab und baut auf gegenseitigen Respekt und Toleranz.«

»Wenn das nur alle so sehen würden«, sagte Tashi und ließ den Kopf hängen. »Die systematische Zerstörung der tibetischen Kultur und Lebensweise hat ihre Spuren in den Köpfen und den Herzen der Tibeter hinterlassen. Insbesondere die Jahre der sogenannten chinesischen Kulturrevolution bis zum

Tod Maos im Jahr 1976 brachten unermessliches Leid über die tibetische Bevölkerung.« Er schluckte, hörte auf zu sprechen und rieb sich eine Träne aus dem Augenwinkel.

»Wir haben doch zusammen den Jokhang-Tempel besucht.« Pubu schaute zu Julia und mir. Wir nickten zustimmend. Die Bilder der Tempelanlage in der Altstadt von Lhasa waren in meiner Erinnerung sofort präsent. Vor meinem geistigen Auge sah ich die Niederwerfungen der Pilger im Schein der Butterkerzen, roch das verbrannte Räucherwerk. Pubu nahm einen Zug von der Zigarette, blies geräuschvoll den Rauch heraus und riss mich aus meiner Vorstellung. »Dieses Heiligtum war während der Kulturrevolution vom Militär der Kommunistischen Partei besetzt und geschändet worden. Die Besatzer nutzten den Tempel als Gästehaus und Filmtheater.« Er zerquetschte den Zigarettenstummel in seiner Hand. »Vielleicht hast du schon mal von den Roten Garden gehört. So nannte man die paramilitärischen Kampftruppen. Ihr könnt euch nicht vorstellen, wie die sich dort aufgeführt haben. Völlig respektlos. Denk dir nur, mit heiligen Schriften haben sie sich den Allerwertesten abgewischt. Pah!« Er spuckte aus. »Sie haben unser Heiligtum entweiht!«

Tashi hob beschwichtigend die Hand. »Wir schätzen uns überglücklich, dass diese Zeiten vorbei sind. Wir haben den Jokhang als Tempel und Pilgerziel zurückbekommen. Seit den 1980er Jahren zeigten sich in Tibet positive Veränderungen durch eine liberalere Politik Chinas.«

Pubu fuchtelte mit den Händen und fummelte eine neue Zigarette aus der Packung. »Das stimmt zwar, aber diese Entwicklung wurde immer wieder unterbrochen von Zeiten brutaler Gewalt und durchgreifender Härte gegen das tibetische Volk. Aber dann setzte ein Umdenken ein. Die gewaltsamen Auseinandersetzungen erregten zu viel Aufmerksamkeit in der Weltöffentlichkeit. Das gefiel den Machthabern nicht, denn sie wollten sich nach außen hin gut präsentieren. Wollten mit anderen Ländern Geschäfte machen. Deshalb entschieden sie sich für einen anderen Weg. Die chinesische Zentralregierung siedelte massenhaft Chinesen in Tibet an. So kam auch der Fahrer hierher. Er bekam sogar Geld von der Partei. Er tauschte eine marode Hütte mit Trockenklo in eine moderne Wohnung im Chinesen-Neubauviertel in Lhasa. Jetzt genießt er die Vorzüge dieser komfortablen Wohnung inklusive Gesundheitsversorgung und einem höheren Gehalt.«

Der Wind hatte aufgefrischt und trieb weiße Schäfchenwolken über den Himmel. Um unsere Füße herum wirbelten kleine Staubkreisel, die nach und nach die zwiebelartigen Lagen unserer Funktionskleidung passierten und auf unserer Haut einen unangenehmen Juckreiz auslösten. Ich merkte, wie die Sandkörner zwischen meinen Zähnen knirschten, und spülte sie mit viel Wasser hinunter.

Nachdem wir einige Minuten schweigend nebeneinandergegangen waren, sprach Tashi weiter: »Seine Heiligkeit ist in seinem Exil in Sicherheit. Und doch vermisst er die tibetische Heimat und beschreibt sich selbst als Flüchtender. Wir vermissen ihn als geistiges Oberhaupt in unserem Land. Viele Tibeter sorgen sich um den Erhalt unserer Kultur. Es gibt Eltern, die aus diesem Grund eine harte Entscheidung treffen: Sie schicken ihre Kinder mit Schleppern und Fluchthelfern über den Himalaya. Die Tibeter haben die Hoffnung, dass ihre Kinder sicher im Exil aufwachsen und die tibetische Kultur pflegen können. Diese Vorgehensweise ist natürlich verboten und wird von der Regierung streng bestraft. Viele sterben bei der Flucht.«

»Das ist schlimm.« Julia schlug die Hand vor den Mund. Dann legte sie den Kopf schräg, überlegte. »Mama, in unserer Gemeinde haben wir doch auch Flüchtlinge aufgenommen. Sind das Kinder aus Tibet?«

»Nein, diese Familien kommen aus Syrien oder Afghanistan.«
Ich wandte mich an unsere Begleiter und erklärte:»Auch in
Europa sind viele Menschen auf der Flucht. In überquellenden Schlauchbooten und zusammengepfercht auf Lastwagen
versuchen sie, in sichere Länder zu gelangen. Dort wollen sie
Asyl beantragen. Doch viele erreichen noch nicht einmal die
Aufnahmelager. Sie bezahlen dieses Wagnis mit dem Leben.«
Tashi machte eine Handbewegung, als wollte er den Horizont streicheln und sagte:»In vielen Ländern der Welt herr-
schen kriegerische Auseinandersetzungen. Menschen werden
verfolgt und sehen keine Perspektive, in ihren Heimatländern
zu bleiben. Sie machen sich in der Hoffnung auf eine bessere
Zukunft auf den Weg. Dort, wo sie ankommen, bringt dies
neue und zusätzliche Schwierigkeiten. Es ist nicht leicht, diese
Menschen aus anderen Kulturen in ein bestehendes Regelwerk
zu integrieren. Es ist die Aufgabe aller Menschen, ungeachtet
ihrer Religion, einen Weg zu finden, der friedliches Leben in
der Gemeinschaft ermöglicht.«

Julia blieb stehen und zupfte ihn am Ärmel.»Aber ich bin
doch als Kind viel zu klein und zu unbedeutend«, gab sie zu
bedenken und fügte hinzu:»Was kann ich schon tun?«

Tashi ließ sich wieder einen Moment Zeit, bevor er im ruhigen Tonfall antwortete:»Meine liebe Julia, auf diese Fragen
antworte ich dir mit einem Satz, den ich einst von Seiner Heiligkeit hörte: *Wenn du glaubst, dass du zu klein bist, um etwas zu
bewirken, hattest du noch nie eine Stechmücke im Schlafzimmer.*«

Quellenqualen

Während unserer Reise verfolgte mich ein Problem, das mich mehr und mehr beschäftigte. Was hatte es mit der sogenannten friedlichen Befreiung Tibets durch die Chinesen auf sich? Von was wurden die Tibeter denn befreit? Von der Freiheit? Wie in einem intellektuellen Spiegelsaal glaubte ich, mich in schwindelerregender Weise an den gleichen Fragestellungen zu verlieren, und kehrte doch immer wieder zum Ausgangsproblem zurück.

Wie wäre es mit einem kleinen Exkurs?

Wir unterbrechen die Tibetreise für einen Moment und begeben uns auf eine virtuelle Reise ins Land der Quellenqualen:

Nach meiner Rückkehr lief mir das Problem der chinesischen Besetzung wie ein Schatten hinterher. Es ließ mich nicht mehr los. Ich stürzte mich in die Recherchearbeit. Ich wollte es wissen. Selbst in Wäschekörben voller Bücher fand ich keine Antwort auf das Wieso, schlimmer noch: Je mehr ich nach gesicherten Informationen und Quellen suchte, umso mehr tauchten gravierende Widersprüche auf. Die Angaben waren teilweise fehlerhaft, voneinander abgeschrieben, spekulativ oder faktenbereinigt.

Tatsache ist: Vor 1950 haben in Tibet die Tibeter regiert – unabhängig von laxen, nicht einmal schriftlich formulierten Beistandsvereinbarungen oder anderen Beziehungen zwischen Tibets und Chinas Herrschern. Manche Autoren haben sich klugerweise einer kriminalistischen Frageweise bedient, um Antworten auf dieses Problem zu erhalten:

Wem nutzte die Okkupation, durch die Tibet seine Eigenständigkeit verlor und Teil von China wurde? Allein der flächenmäßige Zugewinn war beachtlich, denn die Ausdehnung Tibets entsprach einem Fünftel der Fläche Chinas als viertgrößtes Land der Welt.

Eine Argumentation verweist auf ideologische Gründe der chinesischen Führung, die aus ihrer Weltanschauung heraus die Pflicht ableitete, die tibetischen Menschen aus den rückständigen feudalen Verhältnissen zu befreien.

Andere Autoren erklären, dass sich China bedroht fühlen musste, weil sich in den 1940er Jahren ein Prozess der Annäherung Tibets an Russland vollzogen hatte. Martin Thöny analysierte in seinem Buch »Heimat des Schnees – Land der Götter« den gravierenden militärpolitischen Aspekt der chinesischen Okkupation folgendermaßen:

Jeder, der einen flüchtigen Blick auf die Landkarte von Asien wirft, erkennt sofort die enorme strategische Bedeutung Tibets. Die einzige rationale Erklärung für die gewaltsame Besetzung dieses Landes ist dessen militärstrategische Position. Zu Recht kann behauptet werden, dass wer das Dach der Welt beherrscht, einen großen Teil von Asien beherrscht.

Aber nicht nur der militärpolitische Aspekt dürfte für Chinas Okkupation von Tibet entscheidend gewesen sein. Sicher weckten die bisher nicht genutzten Reichtümer an Bodenschätzen und Ressourcen des großen Landes die Begierde der chinesischen Machthaber. Unter den hundert nutzbaren Bodenschätzen, die von chinesischen Geologen beschrieben wurden, befinden sich reiche Erzlagerstätten, Edelsteinadern, Edelmetalle wie Gold sowie Hinweise auf das seltene Urangestein, das in der Atomindustrie und der Militärtechnik besonders begehrt ist.

Welcher Besitzer eines Smartphones denkt beim Telefonieren an den weltweiten Ressourcenkampf um die sogenannte seltenen Erden? Diese Gruppe von siebzehn Metallen ist nicht nur für alle Arten von Hightechprodukten wichtig, sondern als unverzichtbarer Bestandteil auch wesentliche Voraussetzung für die Entwicklung politisch gewollter Zukunftstechnologien wie die der E-Mobilität. China dominiert den Welthandel, denn ein Großteil der auf dem Markt erhältlichen Metalle stammen aus chinesischen Minen, von denen der überwiegende Anteil auf tibetischem Gebiet angesiedelt ist. Als China im Jahr 2011 den Export drosselte, brach in den betroffenen Industriezweigen Panik aus und die Börsen reagierten mit Kursschwankungen.

Damit ist jedoch der riesige Reichtum des Landes noch nicht erschöpft, denn als Energiereserven stehen große Kapazitäten an Erdwärme oder Wasserkraft zur Verfügung. Der geografische Nachbar Bhutan, flächenmäßig etwa so groß wie die Schweiz, setzt beispielsweise mehr und mehr auf die Kraft des Wassers: Der Strom, der auf diese Weise erzeugt wird, bringt die benötigten Devisen ins Land. Auch China verfolgt mit großer Zielstrebigkeit seine Interessen für die Nutzung kostbarer Wasserressourcen. Allein sieben gewaltige Flüsse entspringen im tibetischen Hochland, einige davon in unmittelbarer Umgebung des heiligen Berges Kailash. Er symbolisiert den mythischen Weltenberg Meru, der in der hinduistischen und buddhistischen Kosmogonie als Zentrum des Universums gesehen wird. Die Tatsache, dass er in den Überlieferungen als Quelle des Lebens und der Fruchtbarkeit gilt, dürfte dem Umstand geschuldet sein, dass um ihn herum die vier großen Flüsse des südasiatischen Raumes entspringen. Allein der Tsangpo, im späteren geografischen Verlauf Brahmaputra genannt, fließt etwa dreitausend Kilometer durch China, Indien und Bangladesch und ist an manchen Stellen dreißig Kilometer breit. Er ist nicht nur wasserspendende Lebensader, er führt auch fruchtbaren Schlamm mit sich, der in den Ebenen die landwirtschaftliche Bebauung überhaupt erst ermöglicht. Die chinesische Regierung hat dieses einmalige Potenzial erkannt und weiß es zu nutzen: Auf chinesischem Staatsgebiet in Tibet werden derzeit weltweit die meisten Staudämme gebaut. Ganze Flüsse werden kanalisiert, aus ihrem natürlichen Bett umgeleitet und verlagert. Dabei wird großflächig ein riesiges Netzwerk an Rohrleitungen gebaut, nicht nur um den Durst der expandierenden Megacitys zu stillen und Wasser unter anderem bis nach Peking umzuleiten, sondern auch, um deren Strombedarf zu decken. Die Volksrepublik galt lange Zeit als Klimasünder Nummer eins und war bis zur Jahrtausendwende für nahezu ein Drittel der globalen CO_2-Emissionen verantwortlich. Als sich die chinesische Regierung auf der Weltklimakonferenz von Paris erstmals auf ein verbindliches Ziel einließ und versprach, den CO_2-Ausstoß spätestens ab 2030 zu senken, wurde dies als richtungsweisend interpretiert und entsprechend gelobt. Es ist erfreulich, dass China sich Klimaziele steckt und die Emissionen aus der Kohleverbrennung gesenkt werden sollen. Dass für die Nutzung erneuerbarer Energien der Bau des weltweit größten Wasserkraftwerks in einer Flussschleife auf tibetischem Gebiet projektiert ist, scheint jedoch nur auf den ersten Blick bestechend: Nach Aussagen eines Dortmunder Ingenieurs und Wasserexperten sollen durch die konsequente Umsetzung dieser Pläne 40.000 Megawatt nutzbar werden, was dem Potenzial von dreißig Atomkraftwerken entspricht. Dieser Plan erfordert nicht nur die Umsiedelung tausender Tibeter, er gefährdet die Existenz der Menschen, die in den angrenzenden Ländern entlang der Flussunterläufe leben. Denn auch sie sind auf Trinkwasser und die Energieerzeugung durch Wasserkraft angewiesen. Wenn China bildlich gesprochen die Rolle des Lichtschalters und des Wasserhahns in Südasien anstreben sollte, so würde dies ein erhebliches Konfliktpotenzial für Auseinandersetzungen im Kampf um lebensnotwendige Ressourcen nach sich ziehen.

Quellenqualen hin oder her, man mag über Details streiten, aber eins wird klar: China hat das Know-how und entwickelt sein Potenzial unter anderem aus Tibets Schätzen. Es bleibt zu hoffen, dass sich die politischen Akteure ihrer Verantwortung bewusst sind und ihr Handeln im ökologischen und ökonomischen Spannungsfeld klug ausrichten.

Kehren wir nach diesem Exkurs zur Reise nach Tibet zurück. Julia und ich befinden uns zusammen mit unseren Begleitern auf einer staubigen Straße. Irgendwo im Nirgendwo, unterwegs zum Basislager am Mount Everest.

Über den Wolken

Wir gingen schweigend weiter. Unser Weg führte uns nach der letzten Passhöhe kontinuierlich auf einer Höhe von knapp 5.000 Metern in Richtung der Achttausender. Es war kalt, der Wind wurde immer stärker, ich lehnte mein gesamtes Körpergewicht dem Luftstrom entgegen, ohne nach vorn zu stürzen. Trotz all der spannenden und erbaulichen Gespräche ging mir dieser Wind auf die Nerven. Das Fortkommen gegen diese unsichtbare Wand war unglaublich anstrengend. Meine Beine wurden schwer, die Füße taten mir weh und zwischendurch behinderte mich ein trockener Husten beim Atmen. Julia trottete mit gesenktem Haupt im Windschatten hinter mir her. Ich fühlte meine Erschöpfung, schließlich waren wir an diesem Tag schon zwölf Kilometer auf einer Höhe zwischen 5.000 und 5.300 Metern unterwegs. Innerlich gleichgültig setzte ich langsam und schwerfällig einen Fuß vor den anderen. Es kam mir vor, als bewegte ich mich in Zeitlupe, die pfeifenden Windgeräusche dröhnten in meinen Ohren und machten eine Unterhaltung unmöglich. Wahrscheinlich hätte ich einem Gespräch mit Tashi nicht folgen können. Mein Kopf war wie leergefegt. Und trotzdem gab es in meinem Inneren einen Rhythmus, eine Art melodischen Takt, der mich vorantrieb.

Mein Blick suchte sich seinen Weg durch Schäfchenwolken, die sich wie weiße Tupfen am tiefblauen Himmel verteilten. Vor mir dehnte sich die tibetische Hochebene aus und über mir lag weiter Raum bis in die höchsten Himmelsschichten über den Wolken. Was für eine grenzenlose Weite und Freiheit! Ich frage mich noch heute, warum mir gerade in diesem Moment Reinhard Meys Lied »Über den Wolken« in den Sinn kam. Ich erinnerte mich, wie ich zusammen mit meiner Schwester ein

Open-Air-Konzert besucht hatte, bei dem ein Schlagerstar mit blonder Föhnwelle und Brusthaartoupet diesen Song auf einen Discobeat brachte und damit die Masse der Konzertbesucher begeisterte. Ich hatte kaum Atem, insofern konnte ich die Melodie auch nur ganz leise vor mich hin summen.

Julia erkannte das Lied sofort: »Da waren wir doch mit der Susanne auf dem Konzert im Schlosspark! Wir hatten uns lustig verkleidet, mit Schlaghosen und so großen Sonnenbrillen und haben alle Lieder laut mitgesungen, das war total lustig!« Mit den Händen zeigte sie die riesige Größe unserer Brillen an. »Du hast sogar mit ihr geraucht, obwohl du das sonst nie machst«, ergänzte sie ein wenig vorwurfsvoll.

»Hm, das stimmt«, brachte ich kurzatmig hervor.

Es war ein ausgelassener lauer Sommerabend, den auch ich in bester Erinnerung hatte. Leise stimmte ich das Lied wieder an. Julia hörte zu und untermalte die gesummte Melodie irgendwann mit dem Rhythmus, der die Beats und unsere Schritte in Takt brachte. Es entstand ein Ohrwurm, dem wir uns nicht mehr entziehen konnten. Meine Gedanken wanderten zu meiner Schwester und ich erinnerte mich lächelnd, wie wir uns glücklich in den Armen lagen und den Schlager bis zur Heiserkeit grölten. Das war Lebenslust pur, uns verband das Gefühl unendlicher Freiheit.

Plötzlich fühlte ich neue Energie in meine müden Glieder strömen. Das Singen motivierte uns, und so intonierten Julia und ich erst leise und dann immer lauter werdend den Liedtext.

»Über den Wolken muss die Freiheit wohl grenzenlos sein …«

Dabei beschleunigten wir unsere Schritte und irgendwann liefen wir wie von selbst zu dieser Melodie. Julia bewegte ihre Hände, als würde sie nicht mehr die Trekking-Gehstöcke tragen, sondern unsichtbare Sambarasseln schwingen. Es war unglaublich, wie eine Melodie den eigenen Schritten einen

Takt gab. Unsere Begleiter musterten uns mit merkwürdigen Blicken. Vielleicht dachten sie, wir wären in der Höhenluft wahnsinnig geworden. Wir schenkten ihnen keine Beachtung. Ich beschäftigte mich mit mir, meinem Atem und dem Singen. Julia und ich befanden uns in einer Art Euphorieblase, die uns lockerer weitergehen ließ. Auf einmal empfand ich alles leicht, die schweren Beine waren wie weggeblasen. Wir lachten, wechselten die Singstimme und die Begleitstimme ab und stellten fest, dass der Text zu unserer Situation ganz gut passte.

Wir waren von dem Lied so motiviert und mit neuer Energie aufgeladen, dass wir beim Aufschlagen des Lagers kräftig mit anpackten und bei den Essensvorbereitungen halfen. Julia holte vom nahe gelegenen Bachlauf frisches Wasser herbei und unterstützte Pubu beim Schnippeln des Gemüses.

Später am Abend saßen wir, von einem köstlichen Eintopf gestärkt, im Küchenzelt beisammen. Tashi wärmte sich die Hände über dem Gasbrenner und sagte: »Es war erstaunlich, wie eure Schritte heute plötzlich bestimmter und kraftvoller geworden sind. Was war das für ein Lied? So wie mir mein Atmen Kraft verleiht, so dient dieses Lied euch wohl als Kraftspender. Wäre es möglich, dass ihr mich die Melodie und den Text lehrt?«

Ich zögerte. Sollte ich einem spirituellen Meister einen Schlager beibringen? Aber – warum nicht? Keine Methode ist besser, nur weil sie fremder oder exotischer anmutet. Und so erläuterten wir den Text, sangen ihn wieder und wieder vor. Julia untermalte die Phrasierung mit den notwendigen Rhythmen und dem Hintergrundgesang, in den Pubu und der Fahrer mit einem klangvollen »Ei-jei-jei-ja« einfielen. Das war sehr lustig und wir lachten viel. Irgendwann erfüllte ein angenehmes Schweigen unsere Runde. Nichts Fremdes oder Befremdliches trennte uns, zu verbindend war das gemeinsame Singen einer deutschen Schlagermelodie.

Tashi griff als Erster den Gesprächsfaden auf: »Ein schönes Lied. Und es stimmt, je weiter Ängste und Sorgen entfernt sind, desto freier fühle ich mich als Mensch.«

Mir fiel auf, dass unser Fahrer an diesem Abend viel aufgeschlossener wirkte. Das Lied gefiel ihm, denn er hatte sogar in die Hände geklatscht und die Melodie gesummt. Vielleicht würde er irgendwann deutsche Schlager über seinen Bildschirm im Auto laufen lassen und dabei mitsingen – ein lustiger Gedanke.

Ich fühlte neue Energie in mir aufsteigen und empfand mich geistig erfrischt; anscheinend hatten Körper und Gehirn neuen Sauerstoff aus Leistungsreserven geschöpft.

»Was bedeutet Freiheit für euch?«, fragte ich später am Abend in die Runde. Erstaunlicherweise gab mir unser Fahrer als Erster eine Antwort. Freiheit bedeute für ihn, sich innerhalb der Volksrepublik China frei bewegen zu dürfen. Er empfinde es als Privileg, dass er einen Beruf ausüben könne, der ihm Freude bereitet, und dass seine Kinder eine Schule besuchen, die ihnen eine Ausbildung und ein Leben in Wohlstand ermöglichen könne. Darauf sei er stolz. Seine Freiheit würde er der chinesischen Politik verdanken, mit deren Zielen er sich identifiziere. Schließlich könne ein Staat als Ganzes nur dann erfolgreich existieren, wenn die Bevölkerung sich in den Dienst eines übergeordneten Zieles einordne.

Pubu kommentierte diese Ausführungen nicht. Er beschrieb seine persönliche Freiheit damit, dass er gemeinsam mit Touristen durch das Land reisen könne. Das sei ihm möglich, weil sein Bruder für die Regierung arbeite und dafür gesorgt habe, dass Pubu in der Reiseagentur die Stelle als Fremdenführer bekam. In den Wintermonaten würde er Sprachen lernen, um den Reisenden aus fremden Ländern näher zu sein. Er wünsche sich, irgendwann auch ins Ausland reisen zu dürfen.

Tashi wartete lange mit seiner Antwort. Fast schon vermutete ich, er sei über dem Nachdenken eingeschlafen. Er räusperte sich, fand zu seinem wohlklingenden Bariton zurück und sagte: »Ich fühle mich frei in mir selbst. In meinen täglichen Übungen werde ich mir der Anhaftungen bewusst und löse sie.«

»Was meinst du damit? Was sind Anhaftungen?«, fuhr Julia wissbegierig dazwischen.

»Liebe Julia, was du mich fragst, ist gar nicht so leicht zu beantworten. Ich versuche es mit einem einfachen Beispiel, denn dieses Thema ist in der buddhistischen Lehre bedeutsam: Alle Kinder haben Wünsche und Sehnsüchte, so beispielsweise auch den Wunsch, ab einem bestimmten Alter ein Smartphone zu besitzen. Das ist ein nützlicher materieller Gegenstand, mit dem man sich unabhängig vom Telefonnetz schneller und zuverlässiger verständigen kann und zusätzlich noch Zugang zum Internet genießt. Diese technische Errungenschaft hat noch weitere Vorzüge, die das Leben der Menschen erleichtern: Es kann zugleich Rechner, Fotoapparat, Navigationsinstrument, Wettervorhersage und vieles mehr sein. Wenn jedoch der Mensch glaubt, ohne Smartphone nicht mehr existieren zu können und Stunden um Stunden mit diesem Gerät verbringt, dann ist das eine schlechte Anhaftung. Sie kann sogar das Verhältnis dieses Menschen zu anderen und zu seiner Umwelt negativ beeinflussen und zur Entwicklung einer krankmachenden Sucht beitragen.«

»Ja, da kenne ich auch einige Jugendliche, die keine Freunde mehr haben, weil ihnen ihr Smartphone wichtiger ist«, gab Julia zu bedenken. »Ich habe sogar mal beobachtet, wie ein Junge in ein Auto gelaufen ist, weil er nur auf sein Handy und nicht auf den Verkehr geschaut hat.«

»Das ist natürlich besonders schlimm. An deinem Beispiel

kann man sehr gut nachvollziehen, wie gefährlich Anhaftungen sein können. Auch Gier nach immer mehr und Neid auf den Besitz der anderen erzeugen negative Anhaftungen, die uns ebenso schaden können wie falsche Freunde oder Partner. Wenn wir uns in die Abhängigkeit von Dingen, Personen oder Angewohnheiten begeben, die uns nicht guttun und uns schlimmstenfalls sogar schaden, hindert uns dies an der Entwicklung unserer Persönlichkeit.«

»Ist damit das Erwachen des Buddha gemeint?«, fragte ich. »Indem er sich von seinen Wünschen löste, hat er diese Anhaftungen hinter sich gelassen.«

Tashi klatschte bekräftigend in die Hände. »Genau. Das ist natürlich nicht so einfach. Loslassen, Trennung oder ein Verzicht sind häufig schmerzhaft. Befreit leben lernen heißt loslassen lernen. Wir nehmen Abschied von Menschen, von Verhaltensweisen und Gewohnheiten oder von materiellen Dingen. Wir überprüfen unsere Wünsche und Bedürfnisse. Das, was uns nicht guttut, lassen wir los.«

»Also so eine Art Lebensentrümpelung.« Vor meinem geistigen Auge entstand das Bild eines mentalen Sperrmüllfahrzeuges und ich musste lachen. »Ich glaube, da ist was dran: Immer dann, wenn ich Dinge aussortiere, die ich nicht mehr brauche, oder wenn ich mich von Ideen und Plänen verabschiede, die mir nicht guttun, entsteht automatisch mehr Struktur. Dann sehe ich wieder klarer und komme zum wesentlichen Kern zurück.«

Tashi nickte zustimmend. »Ihr wisst selbst, wie wenig man braucht, um hier unter extremen Bedingungen zu leben, und wie wenig nötig ist, damit am Abend ein leckerer Eintopf in der Schüssel dampft. Je mehr wir besitzen, desto mehr nimmt uns der Besitz in die Pflicht. Was wir als Problem der Anhaftung bezeichnen, hat in der westlichen Gesellschaft ganz andere Dimensionen als im Buddhismus. Bei uns ist Anhaftung, wie ihr sagt, nicht nur Ansichtssache oder eine Kopfidee. Wir leben in der festen Überzeugung von unserer Wiedergeburt und bereiten uns in diesem Leben darauf vor. Warum sollten wir also mehr Güter als nötig anhäufen? Wir wissen, dass wir im übertragenen Sinn als Reisende unterwegs sind und Abschied nehmen müssen, um dann ein anderes Leben zu beginnen. Statt leidvoller, sehr schmerzhafter Trennungen von vielen Anhaftungen ist es leichter, gut vorbereitet und mit wenig Gepäck unserer Wiedergeburt entgegenzugehen.«

Wie klug, dachte ich und mir fiel in diesem Moment eine Lebensweisheit aus unserem Kulturkreis ein: Das letzte Hemd hat keine Taschen!

Nacht unter freiem Himmel

Nach diesem anstrengenden Tag und dem gedanklichen Exkurs fand ich keine Ruhe und beneidete Julia um ihren tiefen Schlaf. Sie schlief neben mir, ruhig atmend, die Mütze so weit ins Gesicht gezogen, dass nur noch die rote Nasenspitze zwischen Schlafsack und Kopfbedeckung herausschaute. Es war noch kälter als in den vorherigen Nächten, der Wind pfiff durch unser Zelt und verursachte an der Außenplane ratternde Geräusche, die wie beim Crescendo in der Musik an- und abschwollen. Die Feuchtigkeit der Atemluft setzte sich in Form von kleinen Kristallen im Gitter des innenliegenden Moskitonetzes ab. Ich fand keinen Schlaf und warf mich unruhig in meinem Schlafsack hin und her. Dabei stieß ich versehentlich an die Zeltwand. Eiskalte Schneekristalle rieselten mir aufs Gesicht. Der Kälteschauer schreckte mich auf und sofort lag ich wieder hellwach da. Ich lauschte den Windgeräuschen, die unsere Schlafstätte in ohrenbetäubender Lautstärke umtosten. Julia musste sehr müde und erschöpft gewesen sein. Vielleicht lag es auch daran, dass sie diese kindliche Gabe noch hatte, an allen Plätzen und bei jedem Lärm schlafen zu können. Ich versuchte, meinen Gedanken eine andere Richtung zu geben, doch die flatternde Zeltplane nahm meine Aufmerksamkeit in Anspruch. Plötzlich hörte ich melodische Geräusche. Bildete ich mir das ein? Der Sturm und das Pfeifen des Windes verbanden sich zu einer Tonfolge, die mich an eine Passage aus der Oper »Walküre« von Richard Wagner erinnerte. Das erschien mir absurd. Je mehr ich mich davon zu überzeugen versuchte, dass diese Wahrnehmung völlig abwegig war, desto deutlicher hörte ich die Musik heraus. Gab es so etwas wie eine akustische Fata Morgana? Oder würde ich jetzt in der Eiseskälte und der dünnen Höhenluft meinen Verstand verlieren? Ablenkung musste her, denn die Nacht war noch lang, und ich konnte für die nächsten acht Stunden nicht auf den Sonnenaufgang hoffen.

Nach einigem Grübeln fiel mir ein, dass Gunther mir einen laminierten Umschlag mitgegeben hatte, den ich öffnen sollte, wenn mir ein Problem auf der Seele liegen würde oder ich einfach einen neuen Impuls brauchte, sozusagen für den »Notfall«. Dieser Augenblick war gekommen und so setzte ich die Stirnlampe auf, kramte aus meinem Rucksack den Umschlag hervor und riss ungeduldig die Laminierung auf. Ich faltete das Blatt auseinander. Mir stockte der Atem, als ich die ersten Zeilen las. Ich glaube nicht an hellseherische Fähigkeiten, aber offensichtlich hatte ich den richtigen Zeitpunkt gewählt, um den Brief zu öffnen:

Liebe Katja,
meine innigsten und liebevollsten Wünsche begleiten euch auf eurer Reise und drängen meine unterschwellig vorhandenen sorgenvollen Gedanken zurück. Ich kann dir gar nicht sagen, wie sehr ich mich auf eure Rückkehr freue, dabei seid ihr zu dem Zeitpunkt, an dem ich diese Zeilen schreibe, noch nicht einmal weg.

Ich habe mir überlegt, was ich dir »für alle Fälle« mitgeben kann, denn es gibt Situationen, da brauchst du etwas zum Festhalten, das weiß ich, dafür kenne ich dich zu gut. Uns verbindet unsere Liebe zur Musik und dein Herz schlägt rhythmisch für die Berge im Himalaya. Ich habe gelesen, dass Bergsteiger, die im Himalaya kletterten, von einer Art Musik berichteten, die sie immer wieder hörten und die sie bei Auf- und Abstieg begleitete. Es gibt keine Erklärung dafür. Vielleicht sind es besondere Schwingungen, die, von den Bergen ausgesandt, Menschen in ihrem Innersten berühren und weiterklingen. Vielleicht handelt es sich um etwas Übernatürliches oder gar etwas Spirituelles. Wer weiß das schon? Ich glaube, dass du dort an deinem Sehnsuchtsort eine besondere

Energie spürst, und wünsche mir, dass dich die Urkraft der höchsten Berge der Welt beschützt und stärkt.
Wenn du zurück bist, wirst du mir vielleicht davon berichten können, ob die Berge wirklich singen.
Ich liebe dich und schicke dir eine liebevolle Umarmung,
dein Gunther

Mit einem Mal wurde es mir zu eng. Ich hatte das dringende Bedürfnis, an der frischen Luft durchzuatmen, schälte mich aus dem Schlafsack und öffnete den Reißverschluss des Zelteingangs. Eine grimmige Kälte schlug mir entgegen und der Wind blies mir eisigen Graupel wie Nadelstiche ins Gesicht. Vorsichtig kroch ich hinaus, darauf bedacht, nicht über die Leinen zu stolpern, die unser Zelt hielten. Als ich mich langsam aufrichtete und ein paar Schritte ging, knirschte der gefrorene Kies unter meinen Schuhen. Mein Körper fühlte sich steif und verspannt an. Ich streckte mich und bemerkte gar nicht, wie ich meine Arme immer weiter emporreckte, ganz so, als wollte ich das Himmelsgewölbe ausmessen und umarmen. Beim Blick nach oben hielt ich inne – so einen funkelnden Glanz hatte ich noch nie gesehen. Unzählige Sterne, Planeten, ja ganze Galaxien malten ein leuchtendes Muster ans Firmament. Alle Himmelskörper schienen festgeheftet in dem dunklen Raum und doch war alles in Bewegung. Es glitzerte und pulsierte in wechselnder Intensität um mich herum. Sterne, die vor Jahrmillionen geboren wurden, leuchteten jetzt und hier allein für mich. So wünschte ich es mir jedenfalls. Andere Sterne starben in rötlichem Glanz und schickten ihr verglimmendes Licht durch Raum und Zeit zu mir. Entfernte Galaxien hatten ihren Platz im Universum durch dünne Nebelschleier markiert.

Ergriffen von der Größe und Herrlichkeit dieses Himmelsschauspiels merkte ich nicht, wie ich am ganzen Leib zitterte. Als Mensch, der um die Endlichkeit seiner Existenz weiß, begegnete ich hier der Unendlichkeit, dem Ewigen. Und doch war ich weit weniger als ein Staubkorn im Universum. Ich fühlte mein Herz heftig schlagen, das Blut rauschte und pulsierte in meinen Ohren. Ich war so ergriffen, dass mir die Tränen aufstiegen.

Wenn ich diesen Augenblick doch festhalten könnte!

Plötzlich kam mir Goethes »Faust« in den Sinn. Wäre das jetzt und hier der Ort, wo Gott seine Wette mit dem Teufel verloren hätte? Welche Wetten schlossen eigentlich die Gipfelstürmer ab – und mit wem? Gingen auch sie einen Pakt mit Gott, dem Teufel oder dem Schicksal ein, wenn sie – wohlwissend um den Tod ihrer Kameraden am Berg – den Aufstieg wagten und ihr Leben als Wetteinsatz boten?

Ich spürte den Kloß in meiner Kehle und konnte die Tränen nicht mehr zurückhalten. Was erlebte ich in dieser klaren Nacht, allein und im Sturm meiner Gefühle? War das meine Begegnung mit Gott?

Fragen über Fragen.

Ich stand still da. Ließ meinen Gefühlen freien Lauf. Weinte und weinte und konnte mich nicht sattsehen an der Schönheit des Himmelszeltes über der Silhouette der Berge. Das Dach der Welt. Ein berührendes Bild friedlicher Stille inmitten einer lebensfeindlichen Umgebung.

Tief bewegt und glücklich kehrte ich in unser Zelt zurück. Julia schlief tief und fest. Sie hatte von meinem nächtlichen Ausflug nichts bemerkt. Zufrieden legte ich mich neben sie und fasste den festen Vorsatz, diesen Sternenhimmel in einer der kommenden Nächte mit einer Fotografie über den Augenblick hinaus festzuhalten.

Begegnung mit den Nomaden

Mit dem nächsten Morgen brach der dritte Tag unseres Treckings an. Wir erwachten durch die Geräusche vorbeiratternder Motorräder mit laut tönender Musik und Pferdegetrappel, welches von den antreibenden »Chu-Chu«-Rufen der Reiter begleitet wurde. Die Nomaden hatten an einem angrenzenden Steinwall ihre Herden versammelt und starteten von dort aus in die verschiedenen Richtungen. Direkt neben unserem Zelt grasten die mit bunten Bändern geschmückten Yaks. Die Größe der Tiere beeindruckte mich. Angeblich erreichen ausgewachsene Yaks eine Körperlänge von bis zu drei Metern und bis zu einer Tonne Gewicht. Vor mir stand ein lebender Kleinwagen mit Hörnern. Yaks zählen zu den wertvollsten Besitztümern der Bergvölker, denn sie liefern Milch, Fleisch, Wolle und Dung zum Heizen. Ich staunte über die gewaltigen Ausmaße einzelner Tiere.

Eine Herde Wollschafe wurde meckernd vorbeigetrieben. Durch das Hufgetrappel schreckten meerschweinartige Erdmännchen auf und rannten aus ihren Bauten über das Gras der Ebene. Julias Augen strahlten, als sie das muntere Treiben bemerkte. Mit ihrer Kamera ging sie auf Motivjagd. An ein gemütliches Frühstück war nicht zu denken, zum Hinsetzen hatte sie keine Zeit. Nicht nur wir Erwachsenen beobachteten den umherspringenden Blondschopf, auch einige der Nomaden kamen mit kleinen Kindern dicht an unser Camp heran. »Gelbe Haare, gelbe Haare!«, riefen sie und zeigten lachend auf meine Tochter. Kinder sind in der Lage, alle sprachlichen und kulturellen Grenzen zu überwinden, der kulturelle Brückenschlag glückte. Und das ging so: Die Nomadenkinder versammelten sich um Julia und bestaunten sie. Ein kleiner, in Tierfelle eingehüllter Junge mit wild vom Kopf abstehenden Haaren und von der Sonne verbrannten Wangen traute sich als Erster, die Hand nach Julia auszustrecken. Sie kniete sich zu ihm hinunter und ließ ihn ihre Haare berühren. Ein jubelartiges Kreischen brach los. Die Nomaden eilten herbei, die Neugierde besiegte auch die Scheu der Erwachsenen. Unser Fahrer verfolgte die Begegnung aus der Distanz. Ich war mir nicht sicher, was ich aus seinen Augen lesen konnte. Argwohn war es nicht. Sollte das Interesse sein?

In kürzester Zeit waren wir von lachenden Menschen umringt. Einige Nomaden führten vor Julia Niederwerfungen aus, berührten sie ehrfurchtsvoll, um danach die Hand zu ihrem eigenen Mund und an die Stirn zu führen. Einige der Älteren streckten uns die Zunge heraus.

»Hey, der ist ganz schön frech, der zeigt mir die Zunge. Das gehört sich aber nicht für einen erwachsenen Mann«, wunderte sich Julia und drehte sich mit erstauntem Blick zu mir herum.

In einem unserer Reiseführer hatte ich gelesen, dass das Herausstrecken der Zunge eine selten gewordene Geste darstellt, die Respekt ausdrücken soll. Außerdem wollte man damit zeigen, dass man guter Gesinnung war, denn Dämonen hätten schwarze Zungen und wären dadurch leicht zu enttarnen. Dies steht natürlich im Gegensatz zu dem, was wir darunter verstehen, wenn uns in Deutschland jemand die Zunge herausstreckt. Aber die Menschen zeigten uns deutlich durch ihr Verhalten, dass sie sich nicht über uns lustig machten, sondern uns voller Respekt und Ehrerbietung begegnen wollten. Die Kinder lachten und kreischten vor Freude. Sie tanzten um uns herum und jedes von ihnen versuchte, Julia an der Hand zu führen. Das sah lustig aus, denn meine Tochter wirkte riesig inmitten der Gruppe Kleinkinder. Fast von selbst wurden wir zum Nomadenlager geleitet. Vom Steinwall umringt waren mehrere Zelte aufgestellt, in deren Mitte ein Feuer brannte.

Daneben lag ein Haufen brauner Fladen, die sich bei näherem Hinsehen als getrockneter Yakmist entpuppten. Eine alte Frau mit wettergegerbter Haut und tiefen Falten im Gesicht nahm einige dieser trockenen Fladen und warf sie ins Feuer, das sofort aufloderte. Glutfunken stiegen in den Morgenhimmel auf. Schnell wurde mir klar, warum Yakmist für die Nomadenbevölkerung so kostbar war – hier auf der tibetischen Hochebene fand sich weit und breit weder Baum noch Strauch. Was sollten sie sonst als Brennmaterial nutzen?

»In Bhutan, das geografisch nah ist, ist mehr als die Hälfte des Landes bewaldet. Wieso gibt es keine Bäume hier in Tibet?«, fragte ich Pubu und zeigte auf die kahlen Flächen um uns herum.

»Das ist ein trauriges Thema«, sagte er. »Früher gab es hier viele Wälder. Aber das rasche Anwachsen der Bevölkerung und die Siedlungspolitik führten dazu, dass die Waldflächen abgeholzt wurden. Als die Chinesen 1950 einmarschierten, begann sofort auch der Kahlschlag im Osten Tibets. Wenn du mich fragst, war das eine ökologische Katastrophe. Die geraubten Bäume wurden nach Zentralchina transportiert. Holz diente nicht nur als Wärmelieferant, sondern auch als wertvoller Baustoff. Tja«, sagte er und zeigte auf den Haufen mit Yakfladen, »wie du siehst, mussten die Menschen andere Brennmaterialien finden, um zu überleben. Mittlerweile gibt es immerhin ein Aufforstungsprogramm der Regierung. Übrigens werden die Nomadenzelte von zum Teil sehr alten Holzstämmen gestützt. Schau selbst!« Pubu hielt die Zeltplane zur Seite und wir betraten das größte der Nomadenzelte. Meine Augen mussten sich erst an die Dunkelheit gewöhnen. Es roch nach feuchter Erde, Tier und Holzfeuer. Ein würziger Duft nach frischem Eintopf mischte sich unter dieses olfaktorische Potpourri. Einer der Männer forderte uns mit einladenden Gesten auf, am Feuer Platz zu nehmen. Die Frauen kicherten und drehten verlegen an ihren mit Perlen geschmückten Zöpfen. Es dauerte eine Weile, bis sie ihre Scheu ablegten und sich zu uns auf den mit Decken und Teppichen ausgelegten Boden setzten. So bequem und warm war es in unseren Zelten bei Weitem nicht. Eines der Kinder schlug Purzelbäume und kugelte lachend zwischen uns herum. Ich fühlte mich wohl und willkommen.

Julia steuerte auf eine von der Decke herabhängende Wiege zu. Ein pummeliges Baby lag schlafend darin, fest in rote Wolltücher eingewickelt. Auf dem Kopf trug es eine verzierte gelbe Strickmütze. Neben dem Mädchen lag eine selbst gebaute Rassel aus Yakknochen.

»Hier sind gar keine großen Kinder.« Fragend blickte sich meine Tochter um.

Pubu übersetzte die Worte eines älteren Mannes:»Ja, uns fehlen unsere Tochter Nyema und unser Sohn Liam auch. Wir brauchten sie dringend im Haushalt und bei der Versorgung der Tiere. Beide sind zum Schulunterricht unten im Tal.«

»Das ist doch weit weg! Da können sie abends gar nicht nach Hause kommen.« Julia machte ein ungläubiges Gesicht.

»Sie sind für die nächsten fünf Monate dort. Der kürzeste Schulweg führt direkt durch das Gebirge. Er ist sehr gefährlich, deshalb begleitet stets ein Erwachsener die Gruppe der Kinder und beschützt sie. Vier Tage lang sind sie zum Internat unterwegs, dabei überqueren sie Gebirgspässe auf engen Ziegenpfaden und suchen ihren Weg durch Schluchten.«

»Aber ein paar Kinder sind doch da, müssen die nicht zur Schule?«, fragte Julia und zeigte auf ein stämmiges Mädchen in ihrem Alter.

»Das ist unsere Tochter Pelmo. Wir haben sie nicht zur Schule geschickt, weil wir sie dringend brauchen. Sie hütet die Ziegen und melkt sie am Abend. Wir haben eine Ausnahmegenehmigung von der chinesischen Schulbehörde. Sie darf bei uns bleiben.«

»Und was ist mit den Kindern im Internat? Woher wisst ihr denn, dass es ihnen gut geht, wenn ihr euch nur so selten seht?« Julia schaute die Erwachsenen fragend an. Als Mutter sah ich sofort, dass sie sich dieses Leben nicht vorstellen konnte. Der ältere Nomade stand auf, schlug die Zeltplane zurück und zeigte auf eine mehrere Kilometer entfernte Anhöhe. »Von dieser Passhöhe aus haben wir mit dem Mobiltelefon eine Netzverbindung. Ab und zu sprechen wir von dort aus miteinander, meistens klappt das auch, aber manchmal gibt es Störungen im Mobilfunknetz und dann müssen wir es ein anderes Mal versuchen. Gerade letzte Woche haben wir miteinander geredet. Es geht ihnen gut; Nyema hat in Mathematik eine Auszeichnung erhalten.« Stolz blickte er Julia an und setzte sich neben sie ans Feuer.

Julia vermerkte an diesem Tag in ihren Aufzeichnungen:

Heute Morgen waren wir bei den Nomaden zu Besuch. Das war schön, aber ich habe mich auch fremd gefühlt. Ich wusste gar nicht, wie gut Katharina und ich es zu Hause haben. Wir dürfen in die Schule gehen und kommen abends wieder nach Hause. Hier ist das ganz anders. Die Schulkinder sind von ihren Eltern getrennt, weil sie Internate besuchen. Die kleinen Kinder müssen mithelfen und auf die Tiere aufpassen. Da stehen sie den ganzen Tag allein auf der Weide. Ein ganz schön hartes Leben! Dagegen sind wir echt verwöhnt. Ich habe auch ein Baby gesehen, das war goldig. Es hatte eine gelbe Mütze auf, dadurch wissen alle, dass es ein Mädchen ist. Die Oma hatte kleine Muscheln auf die Mütze genäht. Darin soll sich die Seele des Kindes verstecken können, wenn Dämonen es bedrängen. Außerdem habe ich mich gewundert, warum Nähnadeln auf die Kappe gesteckt waren, schließlich könnte sich das Baby daran stechen. Pubu hat mir erklärt, dass die Nadeln böse Geister abwehren sollen. Coole Idee! Übrigens gibt es hier natürlich keine richtigen Windeln, sondern Stoffbahnen, die sie immer wieder auswaschen. Eine Waschmaschine gibt es

genauso wenig wie einen Trockner. Alles muss von Hand gemacht
werden, aber die Menschen scheinen mit ihrem Leben zufrieden
zu sein. Sie lachen viel und waren sehr lieb zu mir.

Die Gesichter der Menschen zeigten die Spuren der extremen
Wetterbedingungen. Ihre kupferfarbene Haut war von Wind,
Wetter und Sonne gezeichnet und selbst die kleinsten Kinder
im Krabbelalter hatten vom UV-Licht verbrannte Wangen.
Kein Wunder, denn selbst unser Teint an Gesicht und Händen
war deutlich dunkler geworden, obwohl wir uns regelmäßig
mit einem Sonnenblocker eincremten. Derlei Hautschutz stand
den Menschen hier nicht zur Verfügung.

Es roch nach Rauch und einer eigenartigen Mischung aus
Mensch, Tier, Dung und Erde. Vor uns baumelte in der Zelt-
mitte ein an einem Dreibein befestigter Topf. Darunter pras-
selte das Feuer. Der aufsteigende Rauch zog über ein Loch an
der Zeltspitze in den Himmel ab, die eindringende Helligkeit
tauchte den Raum in ein fast surreales Licht.

Die Wärme des Feuers und die menschliche Wärme der Nomaden taten gleichermaßen gut. Die Sprache des Herzens überwand sämtliche Barrieren, Pubu musste nicht mehr übersetzen.
Wir tauschten uns durch Mimik und Gestik aus, bestaunten
einander und tranken Buttertee aus verbeulten Blechnäpfen.
Wenngleich dieses Getränk es niemals auf die Liste unserer
Lieblingsgetränke schaffen wird, so war dieser Buttertee ein besonderer – wir haben ihn genossen und die Becher bis zum letzten Tropfen ausgetrunken. Zum Essen reichte man uns einen
zur Grundnahrung gehörenden Getreidebrei in einer Schüssel,
der Tsampa genannt wurde. Es gab kein Besteck. Hilfesuchend
schauten wir uns um. Ein kleines, allenfalls dreijähriges Mädchen
lächelte und entblößte ihr lückenhaftes Gebiss. Dann berührte sie
Julias Hand und zeigte uns, wie gegessen wird: Sie griff mit der
rechten Hand in die Schüssel, formte zwischen den Fingern ge-

schickt ein Teigbällchen, das sie sich dann lachend in den Mund steckte. »Aha, so geht das!« Julia machte es dem Mädchen nach und griff beherzt zu. Ich überwand mein anfängliches Zögern. »Das schmeckt besser, als es aussieht«, stellte Julia fest und rieb sich den Bauch. Auch diese Geste brauchte keine Übersetzung.

An diesem Morgen wurden wir Teil der Nomadengemeinschaft. Sogar unser Fahrer war gekommen. Er schaute interessiert in die Runde und ich hatte zum ersten Mal nicht den Eindruck, dass er uns kontrollieren wollte. Ich erlebte in diesem Moment ein unglaubliches Gefühl der Freiheit und einen Moment des Glücks, der über kulturelle, religiöse und politische Grenzen erhaben war.

Wir wurden mit zahlreichen Segenswünschen und liebevollen Gesten verabschiedet. Der Älteste der Nomadenfamilie kramte aus seinem Lederbeutel ein längliches getrocknetes Teil hervor, das nicht viel größer als ein Streichholz war. So wie er es überreichte, musste es sich um etwas sehr Kostbares handeln. Ehrfürchtig und mit Verbeugungen, die unseren Dank ausdrücken sollten, nahm ich das Objekt entgegen und betrachtete es genauer: Es handelte sich um eine getrocknete Raupe, durch deren Körper ein Pilz gewachsen war. Ein merkwürdiges Geschenk. Andere Länder, andere Sitten, dachte ich bei mir und packte es ein. Zu Hause würde es einen Platz in meiner Kuriositätensammlung bekommen.

Die Nomaden mussten ihre Herden weitertreiben, Pubu drängte uns zum Aufbruch, denn auch am heutigen Tag lag eine Wegstrecke von knapp zwanzig Kilometern vor uns.

Tashi hatte die ganze Zeit abseits des Lagers gesessen. In sich gekehrt, ruhig verharrend und den Blick auf die schneebedeckten Bergspitzen gerichtet, war er für das muntere Treiben um ihn herum nicht erreichbar.

Welche Farbe hat der Himmel?

Julia war fasziniert von der Lebensweise der Nomaden. Es war ihr unbegreiflich, dass die Schulkinder monatelang von ihren Familien getrennt waren. Am meisten jedoch irritierte sie, dass Tashi nicht mitgekommen war.

»Warum warst du vorhin nicht dabei? Magst du die Nomaden nicht?«

Tashi schüttelte den Kopf. »Nein, nein, ich bin allen Menschen gegenüber aufgeschlossen, und die Nomaden mag ich ganz besonders. Als ihr bei ihnen wart, habe ich mein Morgenritual abgehalten.«

»Morgenritual? Meinst du Gesichtwaschen und Zähneputzen?«

Tashi lächelte. »Mein Morgenritual ist eine geistige Übung. Dabei lenke ich meine Wahrnehmung von der äußeren Welt weg nach innen. Ich ziehe mich gedanklich zurück und versuche, meinen Geist auszurichten.«

Das interessierte mich. Vielleicht könnte ich das auch erlernen. »Wie machst du das?«

»Nun«, entgegnete er, »das fängt mit ganz einfachen Fragen an.«

»Fragen?«

»Fragen sind für uns Mönche eine Art Übung. Wir prüfen unsere Wahrnehmung. Möchtest du ein Beispiel?«

Ich nickte, denn ich interessiere mich für Fragen aller Art. Noch mehr mag ich Ratespiele und fand den Gedanken reizvoll, mein Wissen unter Beweis zu stellen. »Also gut«, sagte er, »hier die Frage: Welche Farbe hat der Himmel?«

»BLAU!«, antwortete ich wie aus der Pistole geschossen.

Das war ja einfach, dachte ich, so eine einfache Frage. Ich

hätte Julia die Antwort überlassen sollen. Triumphierend blickte ich ihn an. Keine Reaktion. Das verunsicherte mich.

»Das stimmt doch gar nicht, Mama«, bemerkte Julia.

»Ach Quatsch!« Ich winkte ab und zeigte auf den azurblauen Himmel. »Das weiß doch jedes Kind, dass der Himmel blau ist, schließlich gibt es die Farbe Himmelblau, und im Flugzeug über den Wolken ist der Himmel blau.«

Ich setzte meine Besserwissermiene auf.

Julia sah mich an. »Und nachts?«

»Da ist es dunkel«, antwortete ich.

Aus dem Augenwinkel bemerkte ich, wie Tashi lächelte. Er nickte Julia unmerklich zu und sie fuhr fort: »Wenn ich morgens aufwache und aus dem Fenster sehe, ist der Himmel hellrosa mit gelben Streifen. Ein bisschen Blau ist auch dabei. Und abends färbt die Sonne den Himmel glutrot. Im Winter ist er grau oder weiß und bei Gewitter lila bis schwarz. Und nachts, ja nachts ist er auch dunkel, mit den Sternen als Lichtpunkte.«

Tashi war stehen geblieben und applaudierte. »Du bist eine gute Beobachterin, meine kleine Julia, erhalte dir diese Gabe.« Und zu mir gewandt sagte er: »Es ist eine Gnade, mit den Augen eines Kindes sehen zu können. Erwachsene verfügen über Filter, die uns sagen, dass der Himmel blau ist, obwohl wir jeden Tag eine andere Erfahrung machen können. Die Augen der Erwachsenen sehen das, was sie sehen wollen, oder auch, was sie sehen sollen. Der Geist der Kinder ist neugierig und offen. Kinder sehen die Farben des Himmels, wie sie wirklich sind.«

Ich war stehen geblieben und starrte ihn mit offenem Mund an. Wie kann man nur so blöd sein? Ich kam mir total dusslig vor, weil ich die erstbeste Antwort hinaustrompetet hatte. Dachte ich allen Ernstes, es ginge darum, etwas besser oder schneller zu wissen? »Tja«, sagte ich und zuckte die Schultern. Im Stillen fügte ich hinzu: So viel zur Lektion: Unterschätze nicht dein Kind.

Tashi lächelte milde. »In meinen inneren Betrachtungen geht es darum, die Welt zu sehen, wie sie wirklich ist, und nicht, wie mir die äußere Welt vorgibt, dass ich sie sehen soll. Nur wenn ich meine Wahrnehmungen besser verstehe, kann ich einen Bezug zur Realität aufbauen.«

Aus seinem Mund hörte sich das so überzeugend, ja so einfach an, und ich fasste für mich zusammen: »Also sind die scheinbar einfachen Fragen eine Art Übung, im Alltag einen unverbrauchten Blick zu bewahren, um möglichst offen und ohne Vorurteile zu sein?«

»Du hast es erkannt«, bestätigte Tashi und tröstete mich: »Die meisten Erwachsenen geben mir auf die Frage nach der Farbe des Himmels die gleiche Antwort wie du: Blau. Glaubt mir, ihr macht die Reise nicht umsonst. Ihr werdet nach dieser eurer Reise anders sein. Abenteuerlust und Neugier lassen uns – Moment für Moment – mehr erfahren und erleben. Ihr seid beide auf eure jeweils eigene Art neugierig und befindet euch auf einem Weg, der eure Augen anders wahrnehmen lässt. Vielleicht gelingt es euch damit, den einen oder anderen Filter zukünftig zu erkennen und auch einmal beiseitezuschieben. Und wenn es nicht klappt, dann seid nicht traurig oder wütend, seid mitfühlend mit euch selbst und lacht.«

Und mit einem Augenzwinkern sagte er zu mir: »Mach das Leben nicht zum Wettbewerb gegen dich selbst. Nimm dich so, wie du bist, und sei nett zu dir!«

Die Rolle der Frau

Die Gespräche mit Tashi beschäftigten mich. Immer wieder zogen einzelne Sätze seiner Ausführungen durch mein Bewusstsein und blinkten wie eine Leuchtreklame auf: »Mach das Leben nicht zum Wettbewerb gegen dich selbst ... Sei nett zu dir ...«

Ich wunderte mich, wie gut Tashi mich einschätzen konnte, und beschloss, mir seine Impulse zu Herzen zu nehmen. Julia trottete an meiner Seite, hob hier und da einen Stein auf, prüfte ihn, ob er nach ihrem Empfinden besser schien als eines der bislang mitgeführten Exemplare und zusammen mit dem Zauberstein aus Omas Garten den Platz im Basislager verdient hätte. Ich beobachtete, wie sie mit ihren kleinen Fingern die Kiesel geschickt drehte, in der Hand prüfend wog und mit kritischem Blick musterte, bevor sie das Objekt entweder einsteckte oder vorsichtig an den Rand des Weges zurücklegte.

Sie schien ganz in ihre Aufgabe vertieft. Ich staunte nicht schlecht, als Julia plötzlich innehielt, den Stein in ihrer Hand auf den Boden fallen ließ und bestimmten Schrittes zu Tashi aufschloss: »Hör mal, Tashi, da gibt es eine Sache, die ich nicht verstehe. Jetzt habe ich schon viel über Buddha, den Buddhismus und die Dalai-Lamas gehört. Alle waren sie Männer. Was ist mit den Frauen? Haben die nichts zu sagen?«

Sie stemmte die Hände in die Hüften und schaute ihn an. »Du hast mir erklärt, dass ihr an die Wiedergeburt glaubt und in eurem jetzigen Leben Karma sammelt, damit euch das nächste Leben der Erleuchtung näherbringt. Dabei kann es sogar sein, dass man mal als Tier auf die Welt kommt. Was ist, wenn der jetzige Dalai-Lama stirbt? Kann er nicht als Frau wiedergeboren werden?«

Tashi zog die Augenbrauen hoch. »In der Inkarnationsreihe

ist die Seele Seiner Heiligkeit immer als Mann wiedergeboren worden.«

Julia schien mit dieser Aussage gänzlich unzufrieden. Sie zog ein mürrisches Gesicht. »Das kann doch kein Zufall sein! Ich finde es total doof, dass sich die Seele des Dalai-Lama jetzt schon vierzehnmal einen männlichen Körper ausgesucht hat. Denkt ihr denn, dass Frauen ungeeignet und weniger wert sind?«

Ich schnappte nach Luft. Darüber hatte ich noch nie nachgedacht. Mir kam die Szene im Krankenhaus von Lhasa in den Sinn, als der Ehemann die Antworten für seine Frau gegeben hatte und sie nur sprach, wenn ihr Mann sie dazu aufforderte. Die Frau war in der traditionellen tibetischen Lebensweise dem Mann untergeordnet. Und auch wir hatten das unterschiedliche Rollenverständnis zu spüren bekommen: Bei unserer Einreise wurde ich scharf gemaßregelt, weil ich dem uniformierten Beamten direkt in die Augen gesehen hatte. Um weiteren Repressalien zu entgehen, musste ich den Blick nach unten senken. Das war für mich ungewohnt. Julia und ich kommen aus einem Land, in dem Frauen und Männer per Grundgesetz gleichberechtigt sind.

In unserer Familie mussten immer alle mit anpacken – das war weder eine Frage des Alters noch eine Frage des Geschlechts. In meiner eigenen elterlichen Familie wurden meine Schwester und ich selbstbewusst und eigenständig in unserer Rolle als Frau erzogen. Wir erhielten ein optimales Bildungsangebot und durften unsere Berufe frei aussuchen. Es gab keinen Privilegienunterschied zwischen den Geschlechtern. Streng genommen hätte mein Papa einen Männerbeauftragten gebraucht, denn er wohnte mit vier Frauen unter einem Dach: meiner Oma, meiner Mutter, meiner Schwester und mir. Entscheidungen wurden generationsübergreifend demokratisch im Zusammenleben gefällt und miteinander getragen.

Meine Überlegungen beendete ich mit der Feststellung, dass sowohl in meiner elterlichen als auch in meiner eigenen Familie ein liberales Rollenverständnis vorherrscht, das Männer und Frauen partnerschaftlich gleichstellt. Insgeheim freute ich mich über Julias provokante, aber durchaus nachvollziehbare Frage. Gespannt wartete ich auf Tashis Reaktion. »Die Gleichberechtigung von Mann und Frau wird im Buddhismus kontrovers diskutiert. Der Buddhismus entspringt einer patriarchalisch geprägten Traditionslinie und hat seine Wurzeln in einer Zeit, in der Männer das Sagen hatten. Soweit ich gehört habe, ist das in der christlichen Traditionslinie, vor allem in der Sichtweise der katholischen Kirche, ähnlich.«

Da hatte er natürlich recht. Die katholische Kirche als Institution ist kein Vorbild für Geschlechterneutralität. Diese Argumentation war absehbar. Deshalb fragte ich: »Was sagt denn der Dalai-Lama über die Rolle der Frau?«

»Es gibt Nonnenorden«, meinte Tashi, »der älteste geht sogar auf Mahaprajapati, die Ziehmutter Buddhas, zurück. Seine Heiligkeit unterstützt die sogenannten *Töchter Buddhas* in ihrem Bestreben nach Gleichberechtigung. Das ist eine hohe Anerkennung für die Bemühung dieser Frauen. Ich habe große Achtung vor seiner Weisheit und seinem wertschätzenden Weitblick. Er beschreibt sich selbst als feministischen Buddhisten und hält es sogar für möglich, dass er auch als Frau wiedergeboren werden könnte. Die Tradition buddhistischer Praxis ist bislang stark auf Männer ausgerichtet. Es wurde bislang noch nie nach einer weiblichen Inkarnation gesucht. Aber wer weiß? Alles hat seine Zeit. Vielleicht wird Seine Heiligkeit tatsächlich in seinem nächsten Leben als Mädchen mit goldenen Haaren geboren. Was meinst du dazu, Julia?«

»Ich fände es klasse, wenn ein Mädchen die nächste Inkarnation würde, dann gäbe es eine Dalai-Lama. Da Seine Heiligkeit nicht mehr in Tibet lebt, kann es ja auch sein, dass er irgendwo anders auf der Welt wiedergeboren wird.«

»Das wird dann in der Tat eine der großen Herausforderungen sein. Man darf gespannt sein, ob und wie sich die unterschiedlichen buddhistischen Traditionslinien auf den irdischen Nachfolger seiner Heiligkeit einigen und welchen Einfluss die Regierung Chinas an dieser Stelle nehmen wird.« Tashi seufzte. »Ich habe vernommen, dass Seine Heiligkeit erfreulicherweise bei guter Gesundheit ist und noch immer voller Tatendrang steckt. Angeblich hat er einmal geträumt, er würde hundertdreizehn Jahre alt werden. Wünschen wir ihm ein langes Leben, damit er noch viel bewirken kann. Übrigens hat er als religiöser Führer eine sehr interessante Haltung zur Fragestellung, wie wichtig Religion ist.«

Ich runzelte die Stirn, zuckte mit den Schultern und sagte: »Welche Haltung soll er schon einnehmen? Jeder religiöse Führer wird seine Religion als einzig wahre und echte preisen.«

»Du wirst verblüfft sein, wenn ich dir sage, dass Seine Heiligkeit der Ansicht ist, dass eine verbindende Ethik wichtiger ist als jede Religion. Religiös motivierte Rechthaberei spaltet, sie verbindet nicht. Auch ich sehe in der buddhistischen Glaubenspraxis vieles kritisch. Wenn Seine Heiligkeit auf das Konfliktpotenzial von Religionen hinweist, so hat das nicht nur mit Auseinandersetzungen irgendwo in der Welt, sondern auch mit der realen Situation im Buddhismus zu tun. Könnt ihr euch vorstellen, dass verschiedene traditionelle Schulen um Inhalte und Deutungshoheit konkurrieren? Früher haben sie sich sogar bekämpft.« Er schüttelte den Kopf.

Wir waren stehen geblieben. Was sollte ich dazu sagen? Mein Blick folgte der Schotterpiste, die sich in der Weite der Landschaft verlor, bis sie am Ende mit dem Horizont verschmolz. Die Straße scheint direkt in den Himmel zu führen, dachte ich so bei mir, biss in einen Energieriegel und spülte die kraftspendenden Kalorien mit einem Schluck Wasser hinunter.

»Tashi, hier oben ist es so friedlich. Ich bin den natürlichen Kräften von Wind, Kälte und Sonne ausgesetzt und weiß, dass die Naturgewalten für uns Menschen gefährlich werden können, und doch fühle ich mich irgendwie beschützt und getragen. Viele Menschen finden Halt in ihrem Glauben, ihrer Religion. Ist das auf einmal nicht mehr wichtig?«

Tashi legte mir mit sanftem Druck seine Hand auf die Schulter. »Auch hier antworte ich dir mit den Gedanken Seiner Heiligkeit. Er versteht es meisterlich, Zusammenhänge einfach und leicht verständlich zu erklären, wenn er sagt: *Wesentlicher als Religion ist unsere elementare menschliche Spiritualität.* Das ist eine in uns Menschen angelegte Neigung zu Liebe, Güte und Zuneigung – unabhängig davon, welcher Religion wir angehören. Nach der Überzeugung Seiner Heiligkeit können Menschen zwar ohne Religion auskommen, aber nicht ohne innere Werte, ohne Ethik.«

Dem gab es nichts hinzuzufügen. Schweigend ging ich weiter. Julia summte ein Lied und spielte mit Omas Stein.

Meine Gedanken weilten bei den Frauen und Männern in meiner Familie. Dankbarkeit erfüllte mich. Ich genoss die Freiheit, auf dieser Reise mit meiner Tochter unterwegs zu sein.

Himmelsleitern

Es war Julia, die als Erste von uns Leitern entdeckte, die mit heller Farbe auf die graubraunen Felsen gemalt waren und damit für uns zu einem rätselhaften Zeichen wurden. »Wofür sind die denn da?« Julia zupfte Tashi am Ärmel. »Da führt doch gar kein Weg hinauf, zumindest sehe ich keinen, oder meinst du, es geht da hoch?« Eilig und ohne eine Antwort abzuwarten, stellte sie den Rucksack ab. Mit großen Schritten kletterte sie auf den Felsen. Dabei überhörte sie mein scharfes »Bleib unten!«.

Wie eine Katze schmiegte sie sich an den Stein, doch es nützte nichts: Die Felswand war zu steil, sie verlor den Halt und rutschte ab. Plumpsend fiel sie auf den Hosenboden.

»Nix passiert! Ich versuch's gleich noch mal.« Sie klopfte sich den Staub aus der Hose.

Tashi hielt sie zurück. »Julia, hör auf deine Mama. Bleib bei uns. Diese Leitern sind nicht zum Klettern da. Willst du etwas über ihre Bedeutung wissen?«

Julia nickte. Tashi zog sie von der Felswand weg und zeigte hinauf.

»Die Leiter ist ein Symbol für die Stufen, die unser Geist auf dem Weg zur Erleuchtung nimmt. Es gibt dazu verschiedene Betrachtungsweisen: Zum einen kommen wir mit jeder Stufe der Erleuchtung ein Stück näher, indem wir gutes Karma sammeln, zum anderen lassen wir mit jeder Stufe auch Anhaftungen wie schlechte Dinge, Gefühle oder Beziehungen hinter uns.«

»Aha«, meinte Julia und zeigte auf farbige Schriftzeichen, die auf einem der Felsen gemalt waren. »Und was ist das? Ist das eine geheime Botschaft?«

»Das sind Gebete und Segenswünsche, die den Menschen in

seinem Bemühen unterstützen und den Geist positiv begleiten sollen. Da, schau mal, das ist das Zeichen für *Om*, das kennst du schon.« Tashi fuhr das Symbol mit dem Finger nach.

Ich reichte ihr den Rucksack und sagte:»Julia, erinnerst du dich noch an den letzten Kindergottesdienst? Da habt ihr die Geschichte von Jakob aus der Bibel gehört.«

»Ja, das stimmt. Der Jakob war eingeschlafen.«

»Genau. Und in seinem Traum hat er eine Treppe gesehen, die von der Erde bis in den Himmel reichte.«

Julia kratzte sich am Kopf und schnippte mit den Fingern. »Davon hab ich doch ein Bild gemalt. Über diese Treppe sind die Engel hoch- und runtergegangen. Und ganz oben stand der liebe Gott. Der hat mit Jakob gesprochen und ihm sogar Land geschenkt.«

Tashi zeigte auf den höchsten Felsen, auf dem die aufgemalte Leiter gerade noch so zu erkennen war.»In vielen Kulturen der Welt kennt man das Symbol der Leiter. Es geht stets darum, nach etwas Höherem zu streben, ein übergeordnetes Ziel zu erreichen oder in Kontakt mit einem höheren Wesen zu treten. Bei den Buddhisten ist das Ziel die Erleuchtung, in anderen Kulturen der Weg zu Gott oder zu Göttern. Turmbauten oder Tempelanlagen erfüllen übrigens einen ähnlichen Zweck.«

Ich dachte an prachtvolle Kathedralen und konnte Tashi nur recht geben.»Stimmt. Denk doch mal an die hohen Turmbauten der Kirchen in Europa oder die gigantischen Pyramiden im Wüstensand von Ägypten. Die kitzeln mit ihren Spitzen den Himmel.«

Tashi neigte den Kopf zur Seite, ließ den Blick über die Leitern hinauf bis zu einem imaginären Punkt am Himmel schweifen und sagte:»Was du erzählst, bedeutet, dass wir hier mit den Leitern ein gemeinsames Symbol gefunden haben. In dieser bildhaften Sprache können sich Menschen vieler Kulturen aus der Vergangenheit und der Gegenwart auch ohne Worte verständigen.«

In unser gedankenvolles Schweigen platzte Julias helle Kinderstimme hinein: »Ja, und ihr in Tibet habt Glück. Ihr braucht nur gemalte Leitern, denn eure Bergtürme, die höchsten der Welt, sind ja schon Wohnungen der Götter. Und der Herr Everest ist in Wahrheit eine Frau, die Göttin des Universums.«

Wir brachen in schallendes Gelächter aus. Damit war alles gesagt.

Von Achtsamkeit und Meditation

Nachdem wir gedanklich die Himmelsleitern hoch- und wieder runtergestiegen waren, wählten wir zur Mittagsrast einen geschützten Platz mit einem Felsen, den jemand mit einer besonders langen Leiter versehen hatte. Es war fast windstill, kein Halm bewegte sich auf der kargen Steppe, die Sonnenstrahlen wärmten unsere Körper in behaglicher Weise. Julia und ich hatten einige Schlucke aus unseren Trinkflaschen genommen und einen energiespendenden Nussriegel verzehrt. Wir saßen an die aufgemalten Leitersprossen gelehnt, beobachteten die grasenden Yaks und lauschten dem rhythmischen Plätschern eines Bachlaufs.

Tashi hatte sich einige Meter von uns entfernt hingesetzt und sprach nicht. Als Julia und ich geräuschvoll an einer Tüte nestelten und ein paar Kekse knabberten, stand er sogar auf, ging ein paar Schritte von unserem Rastplatz weg, setzte sich wieder hin und blickte in die Ferne. Völlig reglos saß er da. Nur mit Mühe konnte ich Julia davon abhalten, zu ihm zu gehen.

Als er sich beim Weitergehen wieder zu uns gesellte, zögerte Julia nicht lange und fragte: »Warum hast du dich vorhin von uns weggesetzt?«

»Weißt du«, begann er, »es gibt Momente, in welchen ich bewusst Pause mache und mich in mein Innerstes zurückziehe. Ich nehme Kontakt zu mir auf und spüre mich. Damit richte ich meinen Geist aus, damit mein Ziel nicht verloren geht. Man nennt dies auch Meditation.«

»Aha«, gab Julia zurück, »davon habe ich schon gehört, Meditieren ist *in*. Eine Freundin von meiner Mama macht eine Verbiegungsgymnastik, die sich Yoga nennt, und die meditiert auch. Muss man sich beim Meditieren auch so verbiegen?«, fragte Julia, machte dabei eine schlangenartige Körperbewegung und verdrehte die Augen wie die Schlange Ka im »Dschungelbuch«, dem gleichnamigen Disneyfilm. Wir lachten und ermutigten Julia, sich neue Verrenkungen einfallen zu lassen. »Pass auf, dass du dich nicht verknotest«, warnte Pubu.

Tashis Lachen mündete in einen Hustenanfall, und es dauerte eine Weile, bevor er antworten konnte. »Meditieren bedeutet in erster Linie, den Geist auszurichten. Dafür braucht es keine festgelegten Bewegungsabläufe und Positionen wie bei den körperlichen Übungen des Yoga, den sogenannten Asanas. Für mich ist dieses geistige Innehalten ohne die – wie du sagst – Verbiegungen eine Übung, von der ich mich nicht abhalten lasse, auch wenn um mich herum Dinge stattfinden, die ich sonst sehr gern mache. Meditation ist eine bewusste Aktivität, durch die wir unser Gehirn steuern lernen, indem wir eine gewollte Konzentration aufbauen. Es braucht Übung und Willenskraft, um diese Fokussierung zu erreichen. In diesem Zustand empfinde ich tiefe innere Ruhe und spüre, dass Körper und Geist miteinander verbunden sind. Wenn ich andere Menschen treffe, so mache ich häufig die Beobachtung, dass viele von ihnen sehr hektisch leben und sich gar nicht mehr auf sich selbst konzentrieren können. Das ist bedauerlich.«

»Oh ja, das kenne ich«, sagte ich kleinlaut. Und etwas nachdenklicher fügte ich hinzu: »Manchmal habe ich das Gefühl, dass um mich herum alles schneller wird und ich, wie ein Hamster in seinem Rad, von Entscheidung zu Entscheidung hetze. Das nimmt mir den Atem.«

Tashi legte in einer väterlichen Geste seine Hand auf meine Schulter und seine Worte trösteten mich. »Ja, diese Erfahrung kenne ich. Ich habe sie auch gemacht. Es gibt aber eine einfache Technik, den Ausgang aus deinem Hamsterrad zu finden. Die Lösung ist: Hör auf, immer schneller zu rennen. Das macht dich nur müde, zehrt dich aus und macht dich schließlich leer. Du verlierst den Überblick und brichst irgendwann vor Erschöpfung zusammen. Wenn du genau hinsiehst, passiert das andauernd mit Menschen, die du kennst, ungeachtet dessen, was und wer sie sind.«

»Und was sollen diese Menschen tun? Was empfiehlst du mir?«, fragte ich ihn.

»Ein Sprichwort sagt: *Wenn du es eilig hast, gehe langsam!*, das trifft den Kern der Sache. Wenn du mal wieder das Gefühl hast, dass um dich herum alles schneller wird, werde bewusst langsamer, auch wenn es dir schwerfällt. Kümmere dich mal nicht um die anderen, sondern nur um dich. Nimm Kontakt mit dir selbst auf und versuche dich zu spüren.«

»Meinst du damit Achtsamkeit?« Jetzt war ich ziemlich verwirrt. Wie konnte ein Mönch im abgelegenen Tibet über einen Trend informiert sein, der in vielen Ländern der westlichen Welt die Kurslisten von Weiterbildungsinstituten zum Überquellen brachte. »Da greifst du die Themen eines gesellschaftlichen Trends auf. Böse Zungen nennen ihn den Achtsamkeitsboom.«

Julia schaltete sich spontan wieder in unsere Konversation ein: »Ich habe in der Straßenbahn ein Kursprogramm gefunden, bei dem man *achtsam kochen* und *achtsam putzen* lernen kann. Ich suche noch immer nach dem Programm, bei dem sich Hausaufgaben von selbst erledigen.«

»Das glaube ich dir, Julia. Vielleicht entdeckst du es eines Tages oder erfindest es sogar selbst.« Tashi lachte, wurde dann aber sofort wieder ernst und wandte sich mir zu: »Das Wort Achtsamkeit ist keine Erfindung westlicher Industrienationen, es geht auch nicht um irgendwelche Trends. Es handelt sich um eine Übersetzung aus der buddhistischen Literatur, Satipatthana oder Smrti-Upasthana. Achtsamkeit ist ein Zustand des Seins. Wenn wir aufmerksam leben, bemühen wir uns, jeden Augenblick bewusst zu erleben. Wir bemerken genau, was in uns vorgeht, wie es uns geht. Achtsamkeit fordert keine Einsamkeit, Musik oder geistige Führung, es geht darum, ein sehr bewusstes Leben im Einklang mit sich selbst zu führen. Als gläubiger Buddhist suche ich den Weg zur Erleuchtung durch eine positive Lebensweise, mit deren Hilfe ich gutes Karma sammle. Die westliche Variante der Achtsamkeit ist eine radikal verweltlichte. Dabei werden Techniken und Rituale entnommen, die im Buddhismus in einen ganz anderen Kontext eingebettet sind. Transzendenz spielt in der westlichen Übersetzung keine Rolle, es geht eher darum, Stress besser zu bewältigen oder mit Schmerzen und Krankheiten besser umzugehen.«

Ich erinnerte mich, dass ich im Rahmen meiner medizinischen Ausbildung einen Vortrag des US-Mediziners Jon Kabat-Zinn gehört hatte, in dem dieser seine eigene Methode der Achtsamkeitsübungen erfolgreich für Schmerzpatienten eingesetzt hatte.»Ach so, dann soll die verbesserte Selbstwahrnehmung den Ausstieg aus festgefahrenen Gefühlen, Denkmustern und emotionalen Verhaltensrastern erleichtern.«

Tashi nickte zustimmend.»Die Idee ist folgende: Der Praktizierende soll lernen, seine Umgebung wertfrei wahrzunehmen. Dabei versteht er, wie er auf bestimmte Situationen reagiert und warum. Das kann ihm helfen, den emotionalen Autopiloten auszuschalten, der ihn sonst in die immer gleichen Stressschleifen führt.«

»Und wie geht das? Was empfiehlst du mir? Wie kann ich üben?« Ich feuerte meine Fragensalve ab und sah ihn an.

Tashi atmete ruhig ein und aus und begleitete seine Atemzüge mit einer Handbewegung, wie sie sonst nur Dirigenten ausführen.»Bleibe bei deinem Atem, lass auftauchende Gedanken vorbeiziehen. Du wirst merken, wie du ruhiger und entspannter wirst und dich selbst besser spürst.« Er war stehen geblieben und nahm mit geschlossenen Augen als Zeichen seiner Konzentration noch ein paar tiefer werdende Atemzüge, bevor er abrupt innehielt und mich ansah.

Es mag meinem ungeduldigen Wesen geschuldet sein, dass ich schulterzuckend eingestand: »Das hört sich einfacher an, als es ist. Ich habe das ausprobiert. Es war total nervig. Mir sind Tausende Gedanken auf einmal durch den Kopf geschossen, dauernd fühlte ich mich abgelenkt. Ich habe es dann aufgegeben.«

Tashi schaute zu mir herüber und schenkte mir ein warmes Lächeln. »Ihr praktiziert Sport, da trainiert ihr auch regelmäßig, sonst könnt ihr von eurem Körper nichts erwarten. So ist es mit der Atemübung. Du kannst sie zur täglichen Routine werden lassen, sie immer und immer wieder üben. Es wird Tage geben, an denen es gut gelingt, und es wird solche geben, an denen du denkst, du hättest gerade erst mit dem Üben begonnen. Auch ich kenne Momente, in denen mein Geist so unruhig ist wie aufgeschütteltes Wasser in einem Glas. Aber wenn du warten kannst, beruhigt sich die Wasseroberfläche.«

»Na ja, dann muss ich offensichtlich länger und öfter üben«, folgerte ich und dachte bei mir: Wie langweilig, diese stundenlange Rumsitzerei und Atmerei, da gehe ich doch lieber joggen, da spüre ich mich auch.

Tashi schien Gedanken lesen zu können. Vielleicht ahnte er auch nur, dass mir Bewegung näher war als stille Versenkung, und so gab er mir zu bedenken: »Es ist eine Frage der Balance. Wenn du nur in Bewegung bist, erschöpfst du; wenn du nur ruhig verharrst, fehlen dir körperliche Impulse. Du kennst dich mit Sport gut aus, deshalb bleibe ich beim Bild des sportlichen Wettkampfes: Dein Körper muss gut trainiert sein, sonst bist du den physischen Anforderungen nicht gewachsen. Aber wenn du deinen Geist nicht dahingehend übst, dass er den Überblick behält und die Belastung des Wettkampfes aushält, dann kannst du nicht gewinnen. Ach ja, da gibt es übrigens noch etwas Wichtiges: Im Sport setzt ihr im Training Reize, die ihre Wirkung aber erst in den Pausen, der sogenannten

Regeneration, entfalten können. Wer pausenlos trainiert und Reize setzt, wird schlechter, nicht besser.« Julia war die ganze Zeit etwas abseits des Weges unterwegs und mit den weidenden Wildpferden beschäftigt. Sie hatte unsere Unterhaltung jedoch verfolgt und schaltete sich plötzlich und zu meiner Verblüffung wieder in unser Gespräch ein. »Genau deshalb gibt es an unserer Schule die Pausen. Da spielen wir und lachen, manchmal machen sogar die Lehrer mit. In jedem Fall beschäftigen wir uns nicht mit Lernerei.« Als Julia dies sagte, kamen mir Bilder aus meiner eigenen Schulzeit vor Augen. Ich erinnerte mich an die Zeit, als ich auf Schulhöfen umhertobte, verbotenerweise auf die höchsten Wipfel des Schulhofbaumes kletterte und im pubertären Alter mit meinen Freundinnen darüber diskutierte, wer in wen verliebt sei. Die Pausen halfen damals, die Antworten auf die wirklich wichtigen Fragen des Lebens zu geben. Damals war das sonnenklar. Deshalb antwortete ich auch auf die Frage nach dem wichtigsten Schulfach schlagfertig: »Ist doch klar, die Pause!«, und übertönte alle Mitlacher meistens mit meinem eigenen Lachen.

Im Zuge des Erwachsenwerdens war mir diese Erkenntnis anscheinend verloren gegangen. Aus diesem Grund bewunderte ich Julia in diesem Moment für ihre Spontaneität und ihren unverstellten Blick. Ich stellte fest, dass ihr Pausemachen spielerisch gelingt, während mich beim Pausieren häufig das Gefühl der faulen Unproduktivität überkommt, zu dem sich fatalerweise noch ein schlechtes Gewissen über mein Nichtstun gesellt. Wie blöd ist das denn?, fragte ich mich und beschloss, mich ab sofort um eine andere Perspektive zu bemühen. Als Liebhaberin der italienischen Küche sollte ich vielleicht auch dem Dolce far niente, der italienischen Philosophie des süßen Nichtstuns, zumindest ab und zu mehr Raum geben.

An diesem Tag waren wir fast acht Stunden gelaufen, ich war müde und erschöpft. Nur mit Mühe hatten wir einen windgeschützten Rastplatz gefunden und unser Lager aufgeschlagen. Julia fror und schmiegte sich an mich. Im Arm hielt sie ihren Teddy, Herrn Rauzga, dem sie einen liebevollen Kuss auf die Fellnase drückte. Ich gähnte. Meine Beine fühlten sich bleischwer an und ich nahm meinen eigenen Körpergeruch wahr: Ich stank. Außerdem hatte ich schwarze Fingernägel und meine Haare standen staubig in alle Richtungen. Meine Kopfhaut juckte. Ich sehnte mich nach Körperpflege. Am nächsten Tag wollten wir das Basislager des höchsten Berges der Welt erreichen. Es hieß, wir könnten unser dortiges Nachtquartier im Gästehaus des Rongbuk-Klosters aufschlagen. Vielleicht gab es dort die Möglichkeit, sich zu waschen. In jedem Fall hätten wir ein Dach über dem Kopf und ein Bett!

Zu der Vorfreude auf eine komfortablere Schlafstätte mischte sich gleichermaßen die Angst vor dem Abschied von Tashi. Mich beschäftigte der Gedanke, Fragen nicht gefragt zu haben. War ich ein kleiner Erkenntnisjunkie?

Am späten Abend, als Julia schon schlief und der Sternenhimmel seine unbeschreibliche Schönheit entfaltet hatte, ging ich zu ihm.

Wir saßen in der Ecke des Küchenzeltes. Auf der anderen Seite hockten Pubu und der chinesische Fahrer. Die beiden unterhielten sich, rauchten und teilten sich eine Flasche hochprozentigen Alkohol. Zwischendurch lachten sie laut und ausgelassen.

Der Steinhaufen auf dem Gasbrenner strahlte noch etwas Wärme ab und von der Feuchtigkeit unseres Atems kristallisierten kleine Schneeflocken. Ein schöner und erfüllender Tag lag hinter uns. Es war mir ein Bedürfnis, Tashis Ausführungen zur Meditations- und Achtsamkeitspraxis zu vertiefen, sie für mich besser begreifbar zu machen. Ich geriet ins wissenschaftliche Fachsimpeln. »Ich habe heute erstmals den Unterschied zwischen Achtsamkeit und Meditation verstanden. Achtsamkeit ist als Zustand des Seins eine Art Lebenshaltung, bei der es darum geht, ein bewusstes Leben im Einklang mit sich selbst zu führen. Meditation ist eine praktische Handlung, eine bewusste Aktivität, bei der wir auf unser Gehirn Einfluss nehmen. Als Medizinerin interessiere ich mich dafür, wie das möglich ist. Ich habe von wissenschaftlichen Untersuchungen gehört, die Mönche mit einer mehrstündigen täglichen Meditationspraxis und einer nicht meditierenden Kontrollgruppe verglichen. Bei der Gruppe der Mönche zeigte sich eine signifikant höhere Aktivität im limbischen System, in dem Teil unseres Gehirns, in dem Emotionen verarbeitet werden. Die Wissenschaftler bereiteten die gemessenen Gehirnströme grafisch auf. Sie beschrieben ihre Beobachtungen als feuerwerksähnliche Neuronenexplosionen oder blasenwerfende Neubildung von Synapsenspalten, gefolgt von einer harmonischen Neuausrichtung der Nervenbahnen. Das klingt für wissenschaftliche Untersuchungen geradezu euphorisch – und das ist es wohl auch. Was meinst du dazu?«

Nichts passierte. Ich trommelte mit den Fingern auf meinen Oberschenkel und sah Tashi an. Nichts. Keine Reaktion. Ich kam mir ein bisschen vor wie jemand, der sich für den noch nicht existierenden Wettbewerb *Deutschland sucht den Besserwisser* in Position bringt. Zu meiner Verteidigung möchte ich sagen: Mein Wissensdurst war beachtlich. Als Medizinerin wollte ich auch die anatomischen und physiologischen Zusammenhänge verstehen. Außerdem wusste ich nicht, ob sich nochmals die Chance des wissenschaftlichen Gedankenaustauschs böte. Also wartete ich. Ich unterließ es, nervös mit den Fingern zu trommeln und im Fünfsekundentakt meine Sitzposition zu verändern. Tashi saß ruhig. Ohne jede Regung sagte er: »Von deinen naturwissenschaftlichen Ausführungen verstehe ich wenig, viele der Begrifflichkeiten sind mir fremd. Aber ich glaube zu verstehen, was du meinst. Lass es mich so erklären: Der menschliche Geist ist wie ein Ozean. Er ist ruhig, flach und unermesslich groß und tief.« Er schloss die Augen und atmete, von einer fließenden Handbewegung begleitet, langsam ein und wieder aus. Ich saß kerzengerade und folgte seinem Atemfluss. »Doch durch Stürme verändert sich die Oberfläche des Wassers, sie wird unruhig und wirft Wellen.« Er öffnete die Augen und schaute mich an. »Auf das tägliche Leben übertragen heißt das, dass man in einer Stresssituation unwirsch, überschnell und impulsiv denkt und dadurch oft noch mehr Unruhe im Geist erzeugt – ein Teufelskreis. Ich glaube, dass du diese Zusammenhänge sehr genau kennst. Ein regelmäßig meditierender Mensch reagiert ganz anders auf Stress als ein nicht meditierender. Wir Mönche üben in unserer täglichen Meditationspraxis, dass sich unser Geist auch in aufregenden Situationen schnell wieder beruhigt. Das hilft uns dabei, negative Anhaftungen zurückzulassen und mit gutem Karma unsere Entwicklungsstufen durch die Wiedergeburtszyklen bis zur Erleuchtung zu meistern. Du kennst das Mantra *Om mani padme hum*, damit beginne ich meine Meditationspraxis. Es ist Gebet und Bitte gleichermaßen: *Om* steht für Körper, Rede und Geist, *mani* bedeutet Juwel und weist auf das Mitgefühl hin, *padme* bezeichnet den Lotus und meint die Weisheit und *hum* die Vereinigung.«

»Und was soll das heißen?« Mein Verstand schlug Purzelbäume. »Das kapier ich nicht. Ich verstehe gar nichts.« Seufzend sank ich zusammen. Ich fühlte mich wie ein Häufchen Elend. Mein Weisheitsfunken hatte nicht gezündet. Er war implodiert und hatte in meinem Kopf nur Leere hinterlassen.

Tashi legte seine Hand auf meinen Arm und versuchte mich zu beruhigen. »Immer mit der Ruhe. Ich spüre deine Ungeduld. Laaangsaaaam. Das Mantra bedeutet, dass es auf die

Verbindung von Weisheit und Mitgefühl ankommt. Dann können Körper, Rede und Geist gereinigt werden und sich zum höchsten und besten Wohl aller Lebewesen wandeln.«

Ach so. Da war er doch, der Funken. Ein Geistesblitz! Jetzt hatte ich es verstanden. Plötzlich übermannte mich das Bedürfnis, die verbleibende Zeit optimal zu nutzen. In Gedanken sagte ich spöttisch zu mir: Du bist wohl nicht nur ein Erkenntnis-, sondern auch ein kleiner Erleuchtungsjunkie. Mein Ego ignorierte dies. Ich hörte mich sagen:»Tashi, es war ein besonderer Tag. Ich habe heute viel zugehört und bin fasziniert von dem, was du erzählst. Lass uns einen Tee trinken. Ich möchte dir zuhören und noch mehr lernen.«

Tashi schaute mich an und lächelte freundlich. Dann sagte er:»Dein Kopf ist ziemlich voll. Wie soll man in eine volle Tasse noch Tee einschenken?«Alsdann legte er die Hände vor seiner Stirn zusammen und sprach:»Danke schön.«

Danach schwieg er, schloss die Augen und versank in sich selbst.

Drei Chinesen mit dem Kontrabass

In unserer letzten Nacht im Zelt vor der planmäßigen Ankunft im Basislager frischte der Wind auf. Pfeifend rüttelte er an der Zeltplane. Es war noch kälter als in den vorigen Nächten, die improvisierten Plastikwärmflaschen versagten ihren Dienst. Julia kuschelte sich an mich und wir versuchten bibbernd, uns gegenseitig zu wärmen. Irgendwann übermannte uns der Schlaf.

Als ich am nächsten Morgen den Reisverschluss unseres Zelteingangs öffnete, blies mir eine Windböe eine Staubwolke ins Gesicht. Ich blinzelte und hatte große Mühe, die Sandkörner aus den Augen zu bekommen. Zu allem Elend ging uns beim Wassererhitzen das Gas aus, sodass es kein heißes Wasser für einen Tee gab. Wie weggeblasen waren die erfüllenden Selbstfindungsgedanken des Vortags. Die Kälte und der Wind nervten mich, in meinem Mund knirschte der Sandstaub und mein Gesicht brannte höllisch unter den auf mich einprasselnden Sandkörnern.

Sehnsucht nach zu Hause machte sich in mir breit. Julia ging es ähnlich, sie brachte auch meine Gefühlslage auf den Punkt: »Ich wäre jetzt lieber zu Hause vor dem Kamin und würde gern mit Papa und Katharina frühstücken: frische Brötchen, Nutella und Bacon mit Rührei. Und dazu eine heiße Schokolade.«

Ja, dafür hätte ich auch etwas gegeben. Noch nie schien mir ein Glas frisch gepresster Orangensaft so begehrenswert und gleichzeitig so unerreichbar wie in diesem Moment. Wir sind in Tibet, auf unserer Reise. Es war mein Traum gewesen, hier zu sein. Raus aus der Wohlstandsverwahrlosung! Damit hatte ich vor unserer Abreise nicht nur einmal kokettiert. Und jetzt saßen wir da, in einer steppenartigen, menschenverlassenen Gegend, in der Kälte, ohne warmes Wasser, den Mund voller Sandkörner. Ich dachte an meinen Mottozettel an der Pinnwand: *Wo bitte geht's nach Shangri-La?* So ein Blödsinn! Shangri-La. Von wegen. Missmutig schüttelte ich den Kopf. Wir wollten zum Everest-Basiscamp. Das Ziel lag zum Greifen nah, aber dazwischen erstreckte sich eine Tagesetappe von mehr als zwanzig Kilometern auf einer durchschnittlichen Höhe von 5.000 Metern. Der Sandsturm war so stark, dass ich nicht sehen konnte, wo der Weg langging. Meine Augen brannten. Der Wind trug Wolken feinen stechenden Sandes mit sich, der selbst die letzte Lage unserer dicken Kleidung durchdrang. Es fühlte sich an, als hätte ich Schmirgelpapier auf der Haut. Ich hatte gar nicht gewusst, dass es in der tibetischen Hochebene solche Sandstürme geben konnte. Der Wind fegte pfeifend durch die Felsspalten. Meine Ohren dröhnten. Diese Umgebung war genauso lebensfeindlich wie eine Wüste. Mir war elend zumute. Ich suchte Julias Blickkontakt, um meine Gedanken im Hier und Jetzt zu halten. Meine Moral war auf einem neuen Tiefpunkt angelangt. Eine Auszeit im Himalaya … Was war das denn für eine Kackidee?, fragte ich mich bissig. Andere liegen am Strand bei einem Drink und lassen sich die Füße massieren … Was mach ich hier? Immer wieder schüttelte ich den Kopf und schimpfte vor mich hin, haderte mit mir selbst. Mürrisch stapfte ich weiter. Schritt für Schritt. Wo waren die Inspirationen, die Erkenntnisse und Flow-Erlebnisse? Vom Winde verweht?

Vielleicht suchte ich nach einer Rechtfertigung für unsere Reise und wünschte mir insgeheim eine Absolution für die Widrigkeiten, die ich Julia mit diesem Trip zugemutet hatte. Ich ging zu ihr und sagte auch zu mir selbst: »Weißt du, ich habe uns mit dieser Reise weder eine komfortable Art des Reisens ausgesucht noch wollte ich die einfachste Strecke wählen. Dafür durften wir Erlebnisse und Erfahrungen sammeln, die zu Hause nicht möglich gewesen wären. Wir begegneten besonderen Menschen und haben einen wunderbaren Weggefährten getroffen, der uns mit seiner Lebensweisheit nicht nur über schwierige und schmerzhafte Phasen hinweggeholfen, sondern auch den Blick auf uns selbst geöffnet hat.«

»Warum redest du so gestelzt? Und: Warum erzählst du mir das?« Julia schaute mich fragend an. »Mach dir doch keine Vorwürfe. Wir haben hier super Sachen erlebt. Echte Abenteuer. Du musst dich nicht dafür entschuldigen, dass es hier kalt und windig ist. Das hast du doch vorher gewusst. Für die schlechte Ausrüstung kannst du nichts. Lass gut sein. Bis jetzt haben wir doch alles geschafft.«

Julia hatte recht. Ich erinnerte mich an das Gespräch mit Tashi zur Achtsamkeit. Rief mir seine Worte in Erinnerung. Er hatte gesagt, dass Achtsamkeit einer inneren Haltung entspreche, die untrennbar mit ethischen Werten wie Mitgefühl, Wohlwollen, Großzügigkeit und Mut verbunden war. Julia verfügte über diese intuitive Achtsamkeit, wie sie vielleicht alle Kinder haben. In den Industrienationen scheint Achtsamkeit die zeitgemäße, universelle Antwort auf alle Lebensbereiche. Handelte es sich um die Gegenbewegung zur Vollgasmentalität und dem steigenden Druck für die erschöpfte Leistungselite? Oder ging es um die Perfektion der Perfektion, damit der Einzelne noch mehr Beschleunigung ertrug?

In diesem Moment verstand ich, dass Achtsamkeit etwas Einfaches, ein ursprüngliches Bedürfnis war und mit einer natürlichen Intuition gespürt werden kann. Ich durfte auf dieser Reise erfahren, dass man Zufriedenheit und eine erfüllende Lebensweise nicht aus Ratgebern lernen oder verstehen kann. Erkenntnis- oder Erleuchtungsbesserwisser braucht kein Mensch. Es gab keine vorgefertigten Musterlösungen für eine Reise zum Dach der Welt. Julia und ich waren durch die nicht perfekten Dinge und Erlebnisse in unserer Haltung und unseren Handlungen gefordert und daran gewachsen. Wir hatten uns den Herausforderungen dieses Abenteuers gestellt. Wir begegneten nicht nur anderen Menschen, sondern auch uns selbst. Und das in überraschend neuer Weise.

Ich schaute Julia an, und mit einem Mal hatte ich nicht mehr das Gefühl, in die Augen meines Kindes, meines Babys zu schauen. Ich blickte in die Augen meiner Teampartnerin. »Weißt du eigentlich, wie lieb ich dich habe?«, fuhr ich in Anspielung auf eines unserer Lieblingskinderbücher fort. »Und weißt du eigentlich, dass ich richtig viel von dir gelernt habe? Das hätte ich vor unserer Reise nicht gedacht, und ohne diese Reise hätte ich es nicht gewusst. Danke, dass du mit mir hier bist und all das hier mit mir erträgst. Heute finde ich es besonders schwer.«

Julia fasste meine Hand: »Ja, heute ist es irgendwie blöd. Der Wind nervt total. Und kalt ist es auch. Aber es ist, wie es ist. Komm, wir singen was. Das lenkt ab. Wie wäre es mit *Drei Chinesen mit dem Kontrabass*? Das ist lustig.«

Und so grölten wir gegen sturmartige Windböen an. Unsere Begleiter verfolgten kopfschüttelnd unsere eigenwilligen Marschgesänge. Plötzlich merkte ich, wie viel Kraft mich mein vorheriger Unmut gekostet hatte. Ich fühlte mich gelöster, freier und fühlte genug Energie, um den Weg weiterzugehen. Ich fasste Julia noch fester an der Hand. Gemeinsam schritten wir weiter, die Gesichter schützend vor dem Sandsturm nach unten gebeugt, und schmetterten:

»Dri Chinisi mit dim Kintribiss, sißen if di Strißi ind irziltin sich wis …«

Ankunft in der Klosterherberge

Auf den letzten Kilometern der Fahrtstraße zum Rongbuk-Kloster legte sich der Sturm. Endlich hatten die pfeifenden Windgeräusche nachgelassen. Ich genoss die Stille. Doch in meinem Geist toste der Sturm weiter: Gedanken rasten mit einer Geschwindigkeit durch meinen Kopf, dass ich mich sorgte, den wichtigsten davon zu verpassen. Ohne es zu bemerken, hatte ich meine Schritte verlangsamt. Nur Tashi war an meiner Seite geblieben. Er passte sich meiner Gangart an. In der Ferne sah ich die Gipfelsilhouette des höchsten Berges der Welt, den die Tibeter liebevoll *Qomolungma*, Mutter des Universums, nennen. Ich fühlte mich angespannt und irgendwie unter Druck. Spürte ich da Versagensängste? Was sollte das? Ich kam mir unbeholfen vor. Tashi hatte mir doch so viel erzählt, mich so viel gelehrt. Hatte ich nichts gelernt? Warum hatte ich meine Gedanken und Gefühle nicht besser unter Kontrolle?

Als könnte er meine Gedanken lesen, sagte Tashi: »Lass deine Ängste und Sorgen los, dann verschwindet auch der Druck, der dein Herz eng, das Atmen schwer macht und dich Härte zeigen lässt. Lebe dein bestes Leben, mit allen Höhen und Tiefen. Sei du selbst. Kein anderer kann das für dich tun. Verstehst du das? Niemand kann dein Leben für dich leben.«

Ich fühlte mich müde und wusste nicht so recht, was ich denken sollte. Wir gingen schweigend nebeneinanderher, die Schotterpiste veränderte sich zur befahrenen Straße, auf der Militärfahrzeuge patrouillierten. Jedes einzelne von ihnen wirbelte Staubfontänen auf und bald waren wir von mehreren Staubschichten überzogen. Erfreulicherweise hatte unser Fahrer mit dem Wagen an einer geschützten Stelle auf uns gewartet und wir zögerten nicht lange, als er die Türen öffnete und uns zum Einsteigen aufforderte. Das ersparte uns mindestens vier

Stunden Fußmarsch im Dunst der Abgase. Dankbar ließ ich mich in den Sitz sinken und schloss die Augen.

Wir erreichten das Rongbuk-Kloster und das zugehörige Gästehaus noch vor der Mittagszeit. Auf 5.100 Meter Höhe gebaut, wird es in zahlreichen Reiseführern als eines der höchstgelegenen Klöster der Welt ausgewiesen. Durch die Nähe zum Everest und dem Basislager erfreut sich diese Klosteranlage besonderer Berühmtheit.

Wir betraten den Innenhof und stellten fest, dass Tashi schon von seinem Freund erwartet wurde. Er saß auf einer Bank und wippte mit den Beinen, die Füße steckten in klobigen Lederschuhen. Er sah aus wie ein Doppelgänger von Tashi, denn auch er trug eine orangefarbene Mönchskutte. Als er winkte, pendelte die Gebetskette um sein Handgelenk. Bei näherer Betrachtung erkannte ich, dass er deutlich fülliger als unser Wegbegleiter war und eine Brille trug. Die beiden freuten sich über das Wiedersehen. Sie legten Stirn an Stirn und umarmten einander. Eine ganze Weile standen sie so und hielten sich fest. Tashi stellte uns als seine Weggefährten vor und erwähnte, dass ich in meiner Heimat als Ärztin arbeite.

»Oh, welcome!« Der Mönch begrüßte auch uns freundlich mit dem Stirngruß. »Mein Name ist Yeshi. Das bedeutet göttliches Wissen. Wir verfügen über eine große Sammlung tibetischer Heilkräuter. Es wäre mir eine Ehre, wenn ich euch einen Einblick in die tibetische Kräutermedizin geben dürfte.« Dabei verneigte er sich freundlich lächelnd.

Was für ein tolles Angebot! Ich strahlte vor Freude. Das genügte als Antwort. »I expect you tomorrow!«, schmetterte er mit einer tiefen Bassstimme. Er schenkte Buttertee in die vorbereiteten Becher und begleitete uns zu einer kleinen Zeremonie, bei der uns als Willkommensgeste wieder eine Kata, der weiße Seidenschal, umgehängt wurde.

Nach dieser herzlichen Begrüßung bezogen Julia und ich das Quartier im Gästehaus des Klosters. Endlich hatten wir ein Dach über dem Kopf und es gab Betten, die sogar mit Heizdecken ausgestattet waren. Als ich sie anschalten wollte, erlitt ich einen schmerzhaften Stromschlag. Peng! Wir verabschiedeten unseren Traum von vorgewärmten Betten. Aus Angst vor weiteren elektrischen Zwischenfällen zogen wir alle Stecker, schlüpften unter die Decke und kuschelten uns aneinander. Wir wärmten uns gegenseitig, das waren wir ja mittlerweile gewohnt. Fließendes Wasser und Heizung existierten nicht. Mein Traum von der Körperpflege ging noch nicht in Erfüllung. Zur Toilette mussten wir hundertfünfzig Meter über den Innenhof im Freien zurücklegen. Es gab auch hier wieder kein Klo, wie wir es uns vorstellen: Diese Toilette bestand aus zwei überdachten Löchern im Boden. Türen gab es keine, aber immerhin eine Trennwand als Sichtschutz. Eine Seite für Männer, die andere für Frauen. Wer sich in der freien Natur aufgrund der unberechenbaren Windverhältnisse schon einmal selbst ans Bein gepinkelt hatte, war über diese Toilettenlösung froh. Obwohl unser Zimmer schlicht eingerichtet und nicht beheizbar war, waren wir dankbar, dass wir ein sicheres Dach über dem Kopf hatten. Immerhin waren wir vor Wind und Wetter geschützt und konnten in richtigen Betten schlafen.

»Mhm, Mama, da riecht es lecker. Aus der Küche dampft es warm heraus. Komm, lass uns was essen!« Julia zog mich zur holzgeschnitzten Tür. In der großen Stube der Unterkunft stärkten wir uns mit etwas Reis und einem wärmenden Tee. Ein Ofen stand in der Mitte des Raums. Um ihn herum saßen einige Mönche des Klosters und einheimische Tibeter, die angeregt in ihr Gespräch vertieft waren. Wir tauchten ein in den wohlklingenden Singsang der fremden Sprachmelodie und genossen die behagliche Wärme. An einem der Tische saß eine

Gruppe Sherpas. Ihre Körper waren ausgezehrt, aber drahtig. Man konnte die erheblichen Belastungen ihrer Arbeit allenfalls erahnen. Mit ihrer vom Wetter gegerbten Gesichtshaut wirkten die Männer deutlich älter, als sie mit Sicherheit waren. Einige von ihnen hatten amputierte Fingerglieder, wahrscheinlich eine Folge von Erfrierungen. Wir schauten interessiert zu ihnen hinüber und nach kurzer Zeit winkte uns einer der Männer zu. In erstaunlich gutem Englisch lud er uns ein, an ihrem Tisch Platz zu nehmen. Dankend nahmen wir sein Angebot an. Die Männer waren sehr aufgeschlossen und schnell integrierten sie uns in das Gespräch. Gipfelfotos machten die Runde. Trotz der Opfer und Entbehrungen waren die Männer alle sehr stolz auf ihre Arbeit.

Julia und ich wollten unbedingt mehr über das Leben der Sherpas und die Besteigung des Everest erfahren. Der augenscheinlich älteste Bergführer begann seinen Bericht mit einer Legende: Nach dieser Sage töteten die fünf Schwestern des langen Lebens einen fünfköpfigen Drachen. Anschließend verwandelten sie sich in die fünf höchsten Gipfel der Region. Aus Respekt vor der Berggöttin des Mount Everest lehnte die Bevölkerung es über lange Zeit ab, den Berg zu besteigen. Der Gipfel wurde erst im Jahr 1953 von dem Neuseeländer Edmund Hillary und seinem Sherpa Tensing Norgay bezwungen. Allerdings gibt es berechtigte Zweifel, ob die beiden wirklich den Ruhm der Erstbesteigung für sich allein in Anspruch nehmen dürfen, denn dreißig Jahre zuvor hatte sich eine britische Expedition auf den Weg zum Gipfel gemacht. Lautstark diskutierten plötzlich alle Männer am Tisch. Einer der Sherpas schlug zur Bekräftigung seiner Ausführungen so sehr auf den wackeligen Tisch, dass ein Becher Tee umfiel. Schnell saugten wir die Flüssigkeit mit Papierservietten auf. Der Gruppenälteste sorgte mit einer herrischen Geste für Ruhe und erklärte, warum sich die

Männer so aufgeregt hatten: Seit Langem spekulierten Fachleute, ob es ein junger britischer Bergsteiger namens George Mallory war, der den Mount Everest im Jahr 1924 als Erster bezwungen hatte. Er war ein ausgezeichneter Kletterer, der zuvor mehrere Viertausender in den Alpen bestiegen hatte. Wie gebannt hingen Julia und ich an seinen Lippen. Er berichtete, dass sich die Sherpas vor den Berggottheiten fürchteten und deshalb zu deren Besänftigung vor jeder Bergbesteigung eine Puja nach buddhistischem Brauch durchgeführt würde. Bei der damaligen Expedition prophezeite ein Lama den Absturz der Teilnehmer. Trotzdem wagten sie den Aufstieg. Viele der Männer litten unter der Höhe, sie hatten Erfrierungen und kämpften gegen Schneeblindheit und rasende Kopfschmerzen an. Mallory und sein Kletterpartner stiegen als Zweierteam weiter auf. Vor ihnen lag die Todeszone, der Bereich über 8.000 Meter, in dem es damals wie heute bei längerem Aufenthalt kaum Überlebenschancen gibt. Ich hielt die Luft an. Der Bericht war so wirklichkeitsnah, dass ich glaubte, dabei zu sein. Von draußen rüttelte der Wind an den Fenstern und durch die Ritzen wurde eine kleine Sandstaubwolke auf den Fenstersims geblasen. Mit ausladenden Gesten unterstrich Tsering, so hieß unser Erzähler, dass Mallory und sein Begleiter sich nach Eintritt in die Todeszone beeilen mussten. Mallory hatte ein Foto seiner Frau dabei, welches er am Gipfel hinterlegen wollte. Nach der Überlieferung hatte ein anderer Expeditionsteilnehmer die beiden Männer noch unterhalb der Gipfelpyramide beobachtet. Danach wurden sie nicht mehr gesehen. Mallory und sein Partner konnten zwar theoretisch den Gipfel erreicht haben, doch das Foto von Mallorys Frau fand man dort nicht.

»Wie soll man denn ein Foto auf dem windigen Gipfel inmitten der Schneeverwehungen so platzieren, dass man es zu einem späteren Zeitpunkt wiederfindet?« Meine Frage blieb unbeantwortet. Einige der Sherpas winkten ab. Die beiden

Bergsteiger blieben spurlos verschwunden. Es gilt als wahrscheinlich, dass die Kletterer beim Abstieg ums Leben kamen. Erst im Jahr 1999 konnte Mallorys Leiche gefunden werden. Tsering schlug mit der flachen Hand bekräftigend auf den Tisch, als er erwähnte, dass der Brite das Foto seiner Frau nicht mehr bei sich hatte, als man ihn fand. Es bleibt also ungewiss, ob er und sein Begleiter den Gipfel bezwingen konnten. Trotzdem wurde die Expedition Mallorys zum Mythos. Ich wusste, dass Sir Edmund Hillary und sein Sherpa Tensing Norgay die Ersten waren, die vom Gipfel auch wieder herunterkamen. Ihr Gipfelfoto ging auf den Titelseiten der Zeitungen um die Welt und diente als Beweis, dass sie ganz oben waren.

»Habt ihr Angst vor dem Berg?«, fragte ich in die Runde.

Tsering hob mahnend seine verstümmelte Hand: Mit dem Zorn der Berggötter sei nicht zu spaßen! Jahr für Jahr kämen Menschen am Everest ums Leben. Mit ernster Miene sagte er, man könne den Berg der Berge nicht bezwingen, man sei dort allenfalls von den Berggottheiten geduldet.

Nach diesen Ausführungen kehrte Stille am Tisch ein. Wahrscheinlich hatte jeder von ihnen schon Freunde und Kletterpartner am Berg verloren. Sie selbst hatten mehr als einmal Leib und Leben riskiert und waren offensichtlich nicht immer ganz heil davongekommen. Die verkrüppelten Fingerstümpfe sprachen ihre eigene Sprache.

Als wir uns von der Gruppe verabschiedeten, drückte mir Tsering einen Stein in die Hand, den er als heiligen Stein bezeichnete. Er hatte ihn von seiner letzten Everest-Besteigung mitgebracht. Der Stein solle mir Glück bringen.

Ich traute meinen Augen nicht, als ich sah, dass es sich um einen Ammoniten, ein versteinertes Fossil eines Tintenfisches handelte. Wie kam der nur ins Gebirge? Hier war doch weit und breit kein Meer. Die Fragezeichen in meinen Augen müssen weithin sichtbar gewesen sein. Während der Erzählung der Sherpas hatte sich ein bärtiger Mann um die fünfzig an den Nebentisch gesetzt. Er trug einen Kapuzenpulli mit dem Logo einer amerikanischen Universität. Von seiner Statur her wirkte er wie ein in die Jahre gekommener Footballspieler. Er nahm meinen fragenden Blick auf, erhob sich von seinem Sitzplatz und stellte sich als Andy vor. Ich hob die Augenbraue. Sehr gutes Deutsch! Der amerikanische Akzent und die singende Sprachmelodie machten ihn sofort sympathisch.

Andy kam ins Erzählen. Er arbeite als Geologe im Department of Earth and Planetary Sciences an der Universität. Dabei zog er seinen Pulli glatt und zeigte auf das Logo. Harvard. Durch seine Arbeit habe er einige Jahre in Deutschland gelebt, aktuell beschäftige er sich im Rahmen einer Forschungsarbeit mit dem Himalaya. In bester Professorenmanier begann Andy eine improvisierte Lehrstunde zur Erdgeschichte: »Okay, let's go. Vor siebzig Millionen Jahren lebten die Ammoniten, sogenannte Kopffüßler, in allen Weltmeeren. Es gab so gut wie keine Landflächen und der Urozean Tethys trennte den indischen Kontinent vom asiatischen. Durch geologische und physikalische Kräfte verschwand dieser Lebensraum im Lauf der Zeit. Die indische Kontinentalplatte schob sich nach Norden und verschloss die vormals trennende Meerenge. Dabei stießen die Erdplatten vor fünfzig Millionen Jahren aneinander, die indische tauchte unter die asiatische und schob den einstigen Meeresboden in die Höhe. Ein riesiges Gebirge faltete sich auf, der Himalaya entstand und mit ihm wurden die Überreste aller Meeresbewohner in die Höhe gehoben. All the way up!« Er zeigte mit dem Finger nach oben.

Während Andy über die Entstehung des Faltengebirges referierte, erinnerte ich mich, wie ich auf unserer Reise von den farbenprächtigen Gesteinsschichten fasziniert war, die das Land wie bunte Bänder durchzogen: Offenbar stille Zeugen der Entstehung Tibets. Als Andy noch weiter ausholte und ausführte, dass der Himalaya auch heute noch um zehn Millimeter pro Jahr wachse, wurde es Julia zu viel.

»Mama, ich habe jetzt genug von Erdplatten, Erdbeben und Bergbesteigungen gehört. Mir reicht es! Ich will endlich den Zauberstein aus Omas Garten ins Basislager bringen. Bitte komm.« Sie nahm meine Hand und zog mich hinter sich her. Andy nahm es sportlich und winkte uns lachend nach.

»See you later!«

Der Sitz der Götter – die Mutter des Universums

Und so gingen wir wieder auf der staubigen Schotterstraße, den Mount Everest als Ziel vor unseren Augen. Je näher wir kamen, desto stärker blies uns der Wind ins Gesicht. Die Sonne brannte trotz Sonnenschutz auf unserer Haut. Ohne die Brillen hätten wir der Intensität des Lichtes gar nicht standhalten können. Kein Wunder, dass viele der hier lebenden Menschen mit zunehmendem Alter ihr Augenlicht einbüßen, da sie ihre Augen nicht vor der aggressiven UV-Strahlung schützen können.

Als wir an dem Gedenkstein angekommen waren, der das Basislager markiert, waren wir erstaunt, dass außer einem Militärfahrzeug mit zwei Offiziellen niemand da war. Zu Hause hatte man uns Dreck, Müllhalden und Menschenmassen prophezeit. Wie konnte das sein? Ich hatte die Bilder doch selbst gesehen. Mir fiel ein, dass es zwei Basislager gibt. Eines auf der nepalesischen Seite, dicht am Khumbu-Eisbruch, und eines auf der tibetischen Seite. Die massentouristischen Beschreibungen inklusive des Internetcafés passten zum Basislager auf der nepalesischen Seite. Hier auf der tibetischen Seite war es blitzblank aufgeräumt, kein Zelt, so weit das Auge reichte.

Wir waren allein mit dem Berg, der den blauen Himmel zu berühren schien. An den exponierten Felsabschnitten fand der Schnee keinen Halt und wurde vom Jetstream mitgenommen. Dadurch wechselten an der Gipfelpyramide dunkle Felsen und Abschnitte mit blendend weißen Schneefeldern in einem imposanten Streifenmuster. Von der Bergspitze zog sich eine kilometerlange weiße Windfahne in den Himmel. Wir konnten den Wind am Fuße des Berges schon kaum aushalten. Wie musste es da erst am Gipfel sein?

Julia arrangierte ihre Steinsammlung an der Gedenktafel des Basislagers zu einem kleinen Häufchen. Sie flüsterte ein paar geheime Wünsche, küsste den Zauberstein und legte ihn auf eine sonnenbeschienene Stelle am Fuße der Gedenktafel. »Schau, wie schön der Stein glitzert. Von Omas Garten bis hierher. So eine lange Reise!« Julia klatschte in die Hände. Dann sang sie das von Andreas Bourani komponierte Lied »Auf uns«. Als Julia es am Everest anstimmte, glaubte ich, es sei für uns geschrieben worden:

Wer friert uns diesen Moment ein,
Besser kann es nicht sein.
Denkt an die Tage, die hinter uns liegen,
Wie lang wir Freude und Tränen schon teilen.

Dabei legte sie ihre Arme um meine Taille und schmiegte sich eng an mich. Ich war so gerührt, dass ich ihr einen dicken Kuss auf den Kopf drückte.

Während wir beide wie gebannt den Berg der Berge fest im Blick hatten, wechselten wir zum Refrain und verstanden ihn als Lobeshymne auf uns und die Leistung, die wir uns in den vergangenen Tagen abverlangt hatten:

Ein Hoch auf uns,
Auf dieses Leben!
Auf den Moment,
Der immer bleibt.
Ein Hoch auf uns,
Auf jetzt und ewig,
Auf einen Tag
Unendlichkeit!

Wir lagen dem Giganten praktisch zu Füßen, waren stolz, dass wir den weiten und beschwerlichen Weg auf uns genommen hatten. Vergessen waren die beschwerlichen Momente, mein Zaudern und Hadern, meine Wut. Die gewaltige Kulisse setzte ihre eigenen Maßstäbe und im Angesicht dieser Größenverhältnisse fühlten wir uns klein und vergänglich. Es war ein sehr emotionaler und auch intimer Moment, mit Julia Hand in Hand im Tête-à-Tête mit dem höchsten Berg der Erde zu stehen: Vor uns ragte der Gipfel noch weitere dreieinhalb Kilometer in die Höhe. Mich durchströmten unbeschreibliche Gefühlswellen. Ein Erlebnis, das seinesgleichen sucht. Worte können diese berührende Erfahrung im Angesicht der grandiosen Dimensionen nicht ausdrücken. Auch die monumentale Wirkung des Mount Everest kann auf Bildern nur sehr eingeschränkt vermittelt werden. Und dennoch wollten wir diesen Moment für die Daheimgebliebenen festhalten. Die uniformierten Beamten waren uns behilflich und fotografierten uns vor der Kulisse des Everest. Ein unerwartet freundlicher Kontakt. Erstaunlich, dass die beiden jungen Beamten sich so aufgeschlossen verhielten und noch dazu fließend Englisch sprachen. Wir hörten, dass die Wissenschaftler ihre Zelte abgebrochen hatten. Sie hatten, wie Andy, Unterkünfte in der Klosteranlage bezogen. Der Wind war so stark geworden, dass die Zelte und Präzisionsgeräte in der Nacht weggerissen und zum Teil zerstört wurden. Aus Sicherheitsgründen hatte man entschieden, die Experimente vorzeitig zu beenden. Gemäß der meteorologischen Prognose waren für die kommenden Wochen heftige Stürme angekündigt. Deshalb trafen wir auch keine Bergsteiger an, zumal die Gipfelsaison ohnehin den Monaten April bis Juni vorbehalten war. Die chinesische Regierung regulierte den Everest-Tourismus in erheblichem Maße und die Aufstiegsroute über die tibetische Nordflanke war nur sehr erfahrenen Bergsteigern vorbehalten. Ganz im Gegensatz zum trubeligen Basislager in Nepal, wo sich nicht nur Gipfelstürmer in spe, sondern auch viele Touristen tummeln, da diese Seite als die einfachere und vor allem kostengünstigere Aufstiegsroute gilt. In dieser Höhe und unter diesen Bedingungen sind Begriffe wie *einfach* natürlich sehr relativ. Trotzdem ist der Everest-Tourismus für ein armes Land wie Nepal enorm lukrativ und dient als Einnahmequelle für begehrte Devisen. So kommt es in der Zeit der Gipfeltage von April bis Juni immer wieder zu grotesk anmutenden Szenen. Die wenigsten dieser Gipfeltouristen sind physisch oder psychisch für diese Anforderungen im Grenzbereich geeignet. Manchen Bergsteigern geht nicht nur sprichwörtlich die Luft aus, wenn sie im Menschenstau am Hillary Step Schlange stehen und wartend ihre Sauerstoffflaschen leer geatmet haben. Dieser Gipfelrausch fordert Jahr für Jahr seine Todesopfer.

Wir spürten beide unsere Erschöpfung und die Anstrengung, die hinter uns lag. Unsere Körper verlangten nach Rast und Ruhe. Bei unserer Rückkehr in die Herberge erwartete uns eine junge Tibeterin. Sie winkte und schob den schweren Vorhang aus Yakwolle zur Seite, der als Windschutz vor der Tür angebracht war. Beim Betreten der warmen Stube betrachtete ich sie näher: Sie trug eine dunkle Kutte aus Wolle, über die sie eine bunt gestreifte Schürze gebunden hatte. Daran erkannte ich, dass sie verheiratet war. Wie viele andere tibetische Frauen hatte sie in ihr glänzendes schwarzes Haar Türkise und Bernsteinperlen geflochten. Im Vorbeigehen legte sie ihre Hände vor die Brust und schenkte uns ein offenes, entspanntes Lächeln. Kaum hatten wir unseren Platz auf einer der dicken Sitzmatten in der Nähe des Ofens eingenommen, erschien sie mit zwei Tassen dampfenden Buttertees, die sie mit einer angedeuteten Verbeugung vor uns abstellte. Ich roch den würzigen Weihrauchduft, spürte die behagliche Wärme und fühlte mich so geborgen wie seit Langem nicht. Andy hatte uns erwartet und setzte sich neben Julia. Meiner Tochter gefiel es, ihr Schulenglisch zu probieren. Als Julia ein Bild in ihr Tagebuch malte, nutzte ich die Gelegenheit, um Andy noch ein paar geologische und klimatische Informationen zu entlocken. Ich lernte, dass der Himalaya nicht nur das höchste, sondern auch das jüngste Gebirge unserer Erde ist.

Andy dozierte:»Das Wort Himalaya kommt aus dem Sanskrit, einer altindischen Sprache und heißt Ort des Schnees, des Frostes und der Kälte.«

»Das passt ja«, meinte Julia und malte ein paar Schneeflocken über das gezeichnete Gebirgsmassiv.

Andy baute aus farbigen Servietten und zwei Müsliriegeln eine Miniaturlandkarte in 3D.»Das ist der Himalaya«, sagte er und zeigte auf die Müsliriegel, die die beiden Servietten voneinander trennten. Seine natürliche Wolkenbarriere führt dazu, dass sich die tibetische Hochebene im Sommer aufheizt und die warme Luft nach oben steigt. Es entsteht ein Sog, der vom Meer auf der indischen Seite feuchte Luft in Form von Regenwolken nachzieht. Diese steigen an den Bergen auf und entladen dabei ihre Feuchtigkeit in Form von Regen und Schnee.« Mit diesen Worten kippte er ein Wasserglas auf der einen Seite des Müsliriegelgebirges aus. «Dadurch bleibt die Ebene jenseits des Himalayagebirges sehr trocken.» Er klopfte auf die andere, trockene Seite. «Die Niederschlagsmengen sind geringer als in der Sahara. Hättet ihr das gedacht?"

Wir schüttelten den Kopf. Anschaulicher konnte unser klimatischer Exkurs kaum sein. Andy war nicht zu bremsen.

Er betonte, dass den Flusstälern als wasserführende Lebensadern besondere Bedeutung zukam. Die Ressource Wasser sei als Trinkwasser und für die Stromerzeugung begehrt. Die Flüsse speisten sich aus dem Schmelzwasser der Gletscher, einem gigantischen Wasserreservoir, das sich auf einer Fläche von etwa 35.000 Quadratkilometern ausdehnt. Andy kratzte sich seinen wuscheligen Vollbart und rekelte sich in seinem flauschigen Kapuzenpulli. Dann nahm er die Müsliriegel aus der Verpackung und aß sie mit zwei Bissen.

»Hey!«, sagte Julia lachend. »Du hast den Himalaya verschluckt!«

Wir waren müde geworden und eilten durch den eiskalten dunklen Innenhof in unser Zimmer zurück. Julia und ich kuschelten uns im Bett aneinander und versuchten, uns gegenseitig zu wärmen. Wie ein Kleinkind schmiegte sie sich an mich und schlief sofort ein. Ich lauschte ihren gleichmäßigen, tiefen Atemzügen, war aber selbst zu aufgewühlt und fand keinen Schlaf.

Ganz bei mir

Der Wind rüttelte an den Fenstern und drückte feine Staubwirbel durch die kleinsten Ritzen unseres winzigen Zimmers im Gästehaus des Rongbuk-Klosters. Windböen verursachten pfeifende Geräusche in unterschiedlichsten Lautstärken und Frequenzen und ließen die Holzbalken aufächzen. Julia ließ sich in ihrer Nachtruhe nicht stören, aber für mich war nicht an Schlaf zu denken. Schließlich hatte ich mich mit dem Nachthimmel auf ein Foto-Date verabredet. Die Kulisse des höchsten Berges der Welt erschien mir genau passend.

Ich verließ unser Refugium und ging einige Schritte in Richtung Everest, bis mich das Dunkel der Nacht vollkommen umschloss. Wie gebannt stand ich da, schaute empor zur gigantischen Gipfelsilhouette. Dort musste er sein, der Sitz der Göttin. Ich spürte mein Herz klopfen, mein Atem ging stoßweise.

Die Nacht hatte ihren Vorhang für mich zurückgezogen und erlaubte mir den Blick in die Tiefe des Weltraums. Ganz nah leuchteten die Sterne, als wären sie ein Bestandteil der Landschaft. In der Ferne sah ich die vom Gipfel wegziehende Schneefahne, die sich, vom Wind getrieben, irgendwann im Blau des Nachthimmels auflöste. Eine Mischung aus Begeisterung, Respekt und Demut erfasste mich.

Diesen Anblick sog ich auf. Ich fühlte, wie mein Herzschlag langsamer und mein Atem ruhiger wurden. Tief in mir entstand ein Bild, an welches kein Foto jemals heranreichen kann. Trotzdem wollte ich den Versuch wagen, einen Schnappschuss vom Everest bei Nacht zu machen. Ich hatte mir die Kameraeinstellung genau überlegt, und doch bargen eisige Temperaturen, Dunkelheit und Wind ihre Tücken. Die Kälte ließ meinen ganzen Körper zittern, meine Finger waren steif und ich fummelte ungelenk an den Rädchen der Kamera herum. Ich mahnte mich zur Ruhe und Besonnenheit, fast wäre die Kamera samt Stativ von einem Windstoß weggeweht worden.

Plötzlich riss ein Windstoß ein Loch in die Wolkendecke und der Mond schickte ein Strahlenbündel auf den Everest, das einen hellen Fleck auf ein vorgelagertes Schneefeld, die Brust der Göttin, malte. Eine Auszeichnung für den Berg der Berge, den höchsten unter den Achttausendern, die als Wächter des Universums das strahlende Firmament beschützen.

Welch ein Himmelsschauspiel! Welch ein Motiv! Für einen Moment herrschte Windstille. Ich nutzte die Chance, um diesen erhabenen Anblick festzuhalten. Der Auslöser surrte und ich hielt den Atem an, bis sich die Linse nach der Langzeitbelichtung mit einem Klicken schloss.

Geschafft! Die Dunkelheit umfing mich wie ein Mantel. Die Sterne glitzerten. Zwinkerten sie mir zu?

In diesem Moment ging mein Kindheitstraum in Erfüllung. Ich hatte meinen Sehnsuchtsort erreicht und genoss die Stille um mich herum, ganz allein. Auge in Auge mit der Mutter des Universums. Ein unbeschreibliches Glücksgefühl durchströmte mich. Ich weinte. Tränen liefen über meine Wangen und gefroren, bevor sie das Kinn erreichten.

Es gab nichts Ablenkendes, nichts Störendes. Keinen Gedanken, der gedacht sein wollte. Ich fühlte die Stille. Ein Gefühl tiefer Geborgenheit machte sich breit. Was sollte schon passieren? Ich hatte den Weg gefunden. Ich war bei mir.

Heilkräuter, Raupenpilze und Co.

Am nächsten Morgen kamen mir die Erlebnisse der Nacht wie ein Traum vor. Ich nahm die Kamera zur Hand und betrachtete die Bilder. Sofort stiegen mir Tränen in die Augen. »Mama, warum weinst du?« Julia rieb sich den Schlaf aus den Augen. Stolz berichtete ich von meinem nächtlichen Erlebnis und zeigte ihr die Fotos. Sie schlang ihre Arme um meinen Hals und gab mir einen schmatzenden Kuss auf die Nase.

»Echt cool. Das Bild kannst du dir in dein Arbeitszimmer hängen. Am besten so, dass du es von deinem Schreibtisch aus siehst. Dort hattest du die Idee, hierherzukommen.« Julia streckte und rekelte sich. »Boah, das war gut, mal wieder in einem richtigen Bett zu schlafen. Aber mir war ganz schön kalt. Schau mal, da sind die Fensterscheiben von innen gefroren!« Sie war aus dem Bett gesprungen und malte ein Smiley-Gesicht in die vereiste Schicht.

»Na ja, ist nur noch für eine Nacht. Die Heizdecke lassen wir aber ausgeschaltet. Ein Stromschlag reicht.«

Ich schlüpfte aus meiner wärmenden Jogginghose und zog mir meine Trekkinghosen wieder an. Meine Güte, waren die dreckig! Ich vermutete, dass sie durch zahlreiche Staub- und Schmutzschichten bald von allein stehen könnten. »Was hältst du davon, wenn wir erst zu Yeshi ins Kloster gehen? Oder bist du hungrig?« Fragend schaute ich Julia an.

»Essen können wir später. Lass uns ins Kloster rübergehen.«

Das grelle Sonnenlicht blendete uns, eilig setzten wir die schützenden Sonnenbrillen auf. Ich schaute zum Everest. Im Morgenlicht erstrahlten die Felsen und Schneefelder in einem gleißenden Licht. Je nach Sonnenstand wurden andere Facetten des Berges in Szene gesetzt und vermittelten eine andere

3D-Perspektive. Gigantische Dimensionen. Das waren keine kurzen Wege und keine einfachen Bedingungen. Wer auf dem Gipfel stehen will, den erwarten unvorstellbare Strapazen. In der vergangenen Nacht musste ich auf Toilette. Aufgrund der Kälte sprintete ich durch den Innenhof. Ein Fehler. Ich erlitt einen Hustenanfall und japste nach Luft. Meine Atemwege brannten vor Schmerz. Solche Fehler konnten am Berg fatale Folgen haben.

»Hey! I'm waiting for you!«

Yeshi riss mich aus meinen Gedanken, als er mit wippenden Schritten zu uns kam. Durch diesen Gang balancierte er seine Körperfülle geschickt aus. Lachend breitete er die Arme aus und begrüßte uns freundlich: »Nga-to delek! Guten Morgen! Schön, dass ihr gekommen seid. Es erfüllt mich mit Stolz, dass ich euch meine Sammlung tibetischer Heilkräuter zeigen darf.« Mit flinken Schritten nahm er die Stufen einer Steintreppe und führte uns zielstrebig durch den Innenhof des Klosters. Über eine steile Stiege gelangten wir in einen dunklen Raum von weniger als zehn Quadratmetern Größe. In der Mitte stand ein hölzerner Tisch, auf dem einige Bücher aufgeschlagen lagen, daneben befanden sich zahlreiche Tongefäße in unterschiedlicher Größe. Vor den Gefäßen häuften sich getrocknete Blätter, Wurzeln, Früchte, Baumrinden und Harze. Sah so eine medizinische Schatzkammer aus?

»Das riecht ja komisch hier«, platzte Julia hervor. »Mama, schau mal, der ganze Raum ist voller Wandregale mit ganz vielen bunten Schiebern. Aber dunkel ist das! Es gibt nicht mal ein Fenster.«

»Tashi hat mir schon viel über deine Beobachtungsgabe berichtet. Ich hoffe, dass ich Antworten auf alle deine Fragen finde.« Yeshi zwinkerte Julia zu. »Hier lagern sehr wertvolle Kräuter, deshalb müssen wir sie vor dem Sonnenlicht schützen.

Sie könnten sonst Schaden nehmen und ihre Heilkräfte nicht mehr entfalten. Die Kälte und die Dunkelheit helfen uns, sie zu konservieren.«

Yeshis Atem verursachte beim Sprechen kleine Wölkchen. Er entzündete eine Kerze und entrollte ein Thangka, auf dem neben einem Baum ein sitzender Buddha zu sehen war.

»Dieser Baum symbolisiert die tibetische Gesundheitslehre. Die vier Äste stehen für das Zusammenspiel von richtiger Ernährung, richtigem Verhalten, Medizin und Methoden der Therapie.«

»Und wer ist das?«, fragte Julia und zeigte auf die Abbildung.

»Das ist der Medizinbuddha. In der rechten Hand hält er einen Zweig vom Myrobalanenstrauch, einer bedeutenden Heilpflanze. In der linken Hand hält er eine Schale mit drei Arten von Ambrosia: ein Nektar, der Krankheiten heilt, einer, der das Altern verhindert, und einer, der den Geist heilt und das Verstehen mehrt. Ihr müsst wissen, es ist ein unschätzbares Glück, in einem menschlichen Körper wiedergeboren zu werden, da die Existenz als Mensch zahlreiche Möglichkeiten bietet. Der Körper muss liebevoll und mit Achtung behandelt werden, denn er bildet die materielle Basis für alle Erfahrungen in diesem Leben. Seine Pflege ist deshalb kein eitles Gehabe, sondern liebevoll geachtetes Mittel zum Zweck. Der Körper ist ein Gefäß der Wandlungen. Alles verändert sich. Alles beruht auf dem Prinzip von Ursache und Wirkung. In einem Medizinsystem, das Körper und Geist nicht trennt, wirkt sich jede Veränderung immer auf die Ganzheit aus und hat auch ihre Ursache im Ganzen.«

»Das ist interessant«, überlegte ich laut, »ein sehr wertschätzender ganzheitlicher Ansatz. Die Einschätzung, dass eine körperliche Krankheit auch einen geistigen oder seelischen Ursprung und eine ebensolche Auswirkung haben kann, hat erfreulicherweise auch Einzug in die Schulmedizin gehalten.

Wir sprechen vom Wechselspiel zwischen Körper und Seele unter dem Begriff der Psychosomatik.«

Yeshi klatschte in die Hände. »Da siehst du es. Es gibt mehr Gemeinsamkeiten, als du denkst. Die Traditionelle Tibetische Medizin verbindet übrigens Komponenten aus der indischen Medizin, dem Ayurveda und der Traditionellen Chinesischen Medizin. Dabei ist sie dem Ayurveda besonders ähnlich: Die Hauptprinzipien des Gleichgewichts von Vata, Pitta und Kapha kennen wir auch, nur mit anderen Bezeichnungen. Der große Unterschied zum Ayurveda besteht in dem Einsatz und der Art der Heilkräuter. Die tibetischen Pflanzen wachsen in einem ganz anderen Klima in viel größerer Höhe. Sie gedeihen in einer unberührten, natürlichen Umgebung und sind nicht verunreinigt. Ihre Wirkung ist noch besser als die der Flachlandpflanzen in Indien. Ich bin mir mit anderen Heilkundigen darüber einig, dass die besten Heilpflanzen auf den Gebirgszügen zwischen Tibet und Bhutan zu finden sind.«

Mit einem zielsicheren Griff zog der Mönch eine Schublade auf und holte ein kleines getrocknetes Objekt hervor. Ich glaubte, so etwas Ähnliches schon einmal gesehen zu haben, wusste aber nicht mehr, wann und wo. Während ich noch nachdachte, schnippte Julia mit den Fingern und stieß mich aufgeregt an: »Mama, das sieht genauso aus wie das getrocknete Teil, das dir der Nomadenmann zum Abschied überreicht hat!«

Julia hatte recht. Jetzt erinnerte ich mich auch. Es war eine getrocknete Raupe, durch deren Körper ein Pilz wuchs.

»Was ist das?«, fragte ich Yeshi. »Einer der Nomaden hat mir zum Abschied so ein getrocknetes Teil mit auf den Weg gegeben. Ist das ein medizinisches Präparat?«

»Das ist Yartsa Gunbo, ein tibetischer Heilpilz. Er ist sehr kostbar. Ein Pfund dieses Gewächses kann bis zu 35.000 Dollar kosten.«

»Warum ist da die dicke Raupe dran?«, fragte Julia. Interessiert drehte sie den besonderen Pilz in ihren Fingern, um ihn von allen Seiten untersuchen zu können.

»Der Pilz befällt Raupenlarven, die zur Schmetterlingsfamilie der Wurzelbohrer gehören. Er lähmt ihr Nervensystem, sodass sie im Boden verbleiben. Dann nutzt er die Larve als Nährstoffreservoir, wächst an ihr entlang und frisst sie dabei von innen auf.«

»Oh, das ist aber gemein.« Julia machte ein entsetztes Gesicht.

Der Mönch zuckte die Schultern, ließ sich nicht beirren und setzte seine Erläuterungen fort: »Im Frühling stößt die Pilzspitze erst durch den Körper der Larve und wächst dann aus dem Boden heraus ins Freie. Er wird in der Tibetischen Medizin als Mittel zur Stärkung und als Arznei gegen Asthma und Bronchitis geschätzt.«

Yeshi legte den Pilz vorsichtig in die Schublade zurück, dann klatschte er sich mit beiden Händen auf den dicken Bauch. »So, jetzt haben wir lange geredet. Es wird Zeit, dass wir etwas essen. Ich bin schon ganz hungrig. Kommt mit, im Gästehaus ist ein Tisch für uns gedeckt. Außerdem können wir uns am Ofen wärmen. Es ist ziemlich kalt für diese Jahreszeit.« Er blies sich den warmen Atem in die Hände und rieb sie aneinander.

Wir gingen zurück in den Aufenthaltsraum der Klosterherberge und setzten uns an einen Tisch, der mit vielen kleinen Schälchen köstlicher Speisen gedeckt war. »Mama, das riecht lecker. Mmmmmmh!« Julia klatschte vor Freude in die Hände und leckte sich genüsslich die Lippen. Beherzt griffen wir zu und ließen uns Momos mit verschiedenen Füllungen, gebackenen Reis und Spinat mit Kardamom schmecken. Dazu tranken wir Buttertee.

»Ich hoffe, es hat euch geschmeckt. Jetzt habt ihr bei eurem Ausflug in die Traditionelle Tibetische Medizin auch noch den wichtigen Aspekt der Ernährungslehre kennengelernt.« Er lachte und schaute in unsere verdutzten Gesichter. »Unabhängig vom Grundtyp eines jeden Menschen soll die Ernährung ausgewogen sein. Unser Körper und unser Wesen werden durch das, was wir essen, und die Art und Weise, wie wir essen, beeinflusst. Wie im Ayurveda sollte eine vollständige Mahlzeit die Geschmacksqualitäten süß, sauer, salzig, bitter und scharf enthalten.«

»Dann macht der Opa mit seinen komischen Frühstücksgewohnheiten alles richtig«, folgerte Julia. »Er isst Leberwurstbrot mit scharfem Senf und trinkt dazu süßen Kaffee, damit hat er die verschiedenen Geschmacksrichtungen abgedeckt.«

»Dein Opa scheint ein interessanter Mann zu sein«, bemerkte Yeshi. »Ich vermute, Essen ist ihm ebenso Genuss wie mir.« Er rieb sich den wohlgenährten Bauch. »Bevor ich zurück ins Kloster gehe, will ich euch noch etwas geben.«

Aus seiner Tasche holte er einen gefalteten Zettel hervor. Er überreichte ihn Julia mit einer Verbeugung und amüsierte sich über unseren erstaunten Gesichtsausdruck. Neugierig falteten wir das Papier auseinander. Es handelte sich um ein Rezept mit Zutatenliste und Kochanleitung.

»Dies ist mein Lieblingsrezept für Momos, in unserer Familie wird es von Generation zu Generation weitergegeben. Ich habe es für euch aufgeschrieben, damit ihr eure Familie zu Hause mit einer tibetischen Spezialität verwöhnen könnt. Grüßt besonders den Opa von mir!«

»Tuo-Qie-Na!« Danke!

Julia und ich begleiteten Yeshi zurück zum Kloster. Bevor wir uns voneinander verabschiedeten, sagte er: »Es war schön, euch kennenzulernen. Tashi hat mir einiges über euch erzählt. Er hatte recht, das Mädchen mit den goldenen Haaren ist ein richtiger Wirbelwind, voller Energie und immer interessiert, die Welt um sich herum zu entdecken. Bleib so, Julia!«

Als er mir die Hände auf die Schultern legte und mit seiner Stirn meine berührte, gab er mir folgende Worte mit auf den Weg: »Verbringe jeden Tag einige Zeit mit dir selbst.«

Dann drehte er sich um, winkte noch einmal und verschwand über eine steile Treppe ins Innere des Klosters.

Mehr von Bergsteigern mit und ohne Sauerstoff

Julia und ich setzten uns an die Stupa des Klosters und wärmten uns in der Sonne des frühen Nachmittags. Über uns flatterten die Gebetsfahnen im Wind, vor uns grasten in beschaulicher Ruhe zwei Yaks. Ich musste kurz eingeschlafen sein, als ich plötzlich von dem Geräusch quietschender Bremsen aufschreckte. Ein Allradjeep war aus dem Basislager angebraust und hatte eine Vollbremsung hingelegt. Der aufgewirbelte Sand hüllte Julia und mich in eine riesige Wolke. Ich wartete, bis der Staub sich gelegt hatte. Dann blinzelte ich und traute meinen Augen kaum. Julia sah aus, als wäre sie mit braunem Puderzucker bestäubt worden.

»Das ist eine Unverschämtheit!«, schimpfte Julia und versuchte den Schmutz von der Kleidung abzuklopfen.

Andy war mit einem der Bergführer aus dem Wagen gesprungen und kam mit seinem Begleiter zu uns gelaufen.

»Oh, sorry.« Beschwichtigend hob er beide Hände in die Höhe. »Wir kommen gerade vom Basislager, ihr glaubt nicht, was passiert ist. Ein chinesischer Tourist ist dort zusammengebrochen. Er ist vorgestern angereist und wollte eine Erkundungstour machen. Wir haben ihn zufällig gefunden, als ich noch einige Gesteinsproben sammeln wollte. Erst war er kaum ansprechbar und verwirrt, dann wurde er aggressiv. Er ist immer wieder umgefallen und dann einfach liegen geblieben. Tenzing hat gleich das Militär gerufen.« Er zeigte auf seinen Begleiter. »Wenn es ihnen gelingt, seinen Kreislauf zu stabilisieren, bringen sie ihn zu einem medizinischen Versorgungsstützpunkt.« Und mit seinem unverkennbaren amerikanischen Akzent fügte er hinzu: »Hoffentlich schafft er es.«

»Es ist unglaublich, wie leichtsinnig die Leute sind«, entgegnete ich und erzählte, wie ich den chinesischen Touristen in Tingri versorgt hatte. »Auch er hatte geglaubt, dass er sich keine Zeit für die Höhenanpassung nehmen muss.« Aufgrund der Schilderungen vermutete ich, dass der Mann vom Basislager an einer bedrohlichen Form der Höhenerkrankung litt, die vielleicht sogar mit einer für ihn gefährlichen Schwellung des Gehirns einherging. Im Stillen überlegte ich, ob ein Überdrucksack zur Versorgung dieses Patienten zur Verfügung stand. So wie man eine Luftmatratze aufbläst, wird dieser verschließbare Sack durch mechanisches Aufpumpen für eine darin liegende Person zu einer Kammer, in der ein Luftdruckmilieu geschaffen wird, das einen Abstieg um 2.250 Meter simuliert.

Als ich meine Ausbildung zur Höhenmedizinerin absolvierte, hatte ich im Rahmen einer praktischen Übung die Gelegenheit, in diesem Kokon zu liegen. In meiner Erinnerung spürte ich das bedrückende Engegefühl, und das geräuschvolle Zischen der eingepumpten Luft dröhnte in meinen Ohren. Damals schleppten mich meine Kollegen in dem Überdrucksack einmal durch das Hotel und hatten dabei deutlich mehr Spaß als ich. Ich war froh, als ich nach abgeschlossenem Simulationstraining wieder aus dem Druckkammersack herauskrabbeln durfte. In Tibet kann diese aufblasbare, hyperbare Kammer zusammen mit der richtigen Medikation für Patienten mit schwerer Höhenerkrankung lebensrettend sein. Während in den Alpen ein Abstieg in Gebiete unter zweitausend Meter topografisch möglich ist, sind die Umstände in Tibet aufgrund der geografischen Situation eines Hochplateaus ganz anders: Menschen mit einer Höhenerkrankung können zwar von hohen Bergen absteigen oder müssen durch Helfer heruntergebracht werden, sie befinden sich dann aber immer noch auf über viertausend Meter, einer Höhe also, die über den meisten Alpengipfeln liegt und wo der Sauerstoffgehalt der Umgebungsluft für erkrankte Personen unter Umständen nicht ausreicht. Da die vorgehaltenen Reserven an künstlichem Sauerstoff in der Regel begrenzt sind, benötigt man bei der medizinischen Versorgung höhenkranker Personen andere Hilfsmittel, wie zum Beispiel den Überdrucksack.

Tenzing hatte die Wollmütze vom Kopf gezogen und wuschelte sich durch seine struppigen schwarzen Haare. »Mein Vater und meine Brüder arbeiten als Sherpas. Ich bin Bergführer und unterstütze Andy bei seiner wissenschaftlichen Arbeit. Ihr glaubt nicht, was wir hier oben erleben. Jedes Jahr bezahlen Menschen ihre Unvernunft mit dem Leben. Der Everest hat schon mehreren Hundert Menschen das Leben gekostet. Und das sind nur die, die am Berg selbst ums Leben kamen. Ganz gefährlich ist es für die, die den Aufstieg ohne Sauerstoff wagen.«

»Geht das überhaupt?«, fragte Julia fassungslos. »Da stirbt man doch auf jeden Fall in der Todeszone.« Kopfschüttelnd sah sie zwischen Tenzing und mir hin und her. Ich erinnerte mich an eine Zeitungsmeldung aus meiner Kindheit: »Am 8. Mai 1978 ist es Reinhold Messner und Peter Habeler als ersten Menschen gelungen, den Everest ohne künstlichen Sauerstoff zu besteigen. Eine Weltsensation.«

»Im Vorfeld dieser Expedition hatten viele von einem Himmelfahrtskommando gesprochen. Sie hielten das Vorhaben für unmöglich. Dagegen standen die Erfahrungen Messners und Habelers an anderen Achttausendern. Das überzeugte die Expeditionsärzte. Sie hielten den höchsten aller Berge bei optimalem Training und richtiger Akklimatisation auch ohne Sauerstoffgeräte für machbar. Crazy guys!« Andy tippte sich mit dem Finger an die Stirn.

»Und wie haben die das geschafft?«, wollte Julia wissen.

Tenzing suchte sich einen größeren Stein als Sitzplatz und nahm die Spiegelbrille herunter. Seine Augen leuchteten und ich hatte den Eindruck, dass er sich über unser Interesse freute. »Das Rezept von Messner und Habeler war einfach: Sie wollten mit wenig Ausrüstung schnell auf- und absteigen, möglichst wenig Zeit in der kräftezehrenden Höhe verbringen. Die beiden hatten es drauf: Da sie schon von Kindesbeinen an in den Bergen unterwegs waren, hatten sie die klettertechnischen Fähigkeiten über Jahre hinweg in den Alpen erworben. Körperlich waren sie also in Höchstform.«

»Wie lange haben sie denn für den Aufstieg benötigt?«, hakte ich nach.

»So einfach ist das nicht. Um diese Frage zu beantworten, muss ich etwas ausholen.« Tenzing kratzte sich das Kinn und neigte den Kopf. Dann sagte er: »Ein Aufstieg zum Everest, wie auch zu den Gipfeln der anderen Achttausender, nimmt viele Wochen in Anspruch. Ausgehend vom Basislager müssen weitere Lager errichtet werden. Die Bergsteiger werden von den Sherpas unterstützt, die das ganze Equipment nach oben schleppen: Zelte, Nahrung, Sauerstoffflaschen und vieles mehr. Eine große logistische Herausforderung. Es macht keinen Sinn, diesen Vorgang zu beschleunigen, denn der Körper braucht Zeit für die Höhenanpassung. In Intervallen kehren die Bergsteiger nach Aufstiegen immer wieder in tiefere Lager zurück.«

»Das kenne ich aus meiner Ausbildung zur Höhenmedizinerin«, ergänzte ich. »Daher kommt auch die Maxime *Climb high, sleep low*, die besagt, dass der Körper am Tag durch den Aufstieg und Höhenreiz stimuliert werden kann. Der eigentliche Anpassungsvorgang und die Regeneration sollen in tiefer gelegenen Abschnitten während der Ruhe- oder Schlafphase erfolgen.«

»Hey, du kennst dich gut aus«, lobte mich Tenzing. »Andy, was meinst du, sollten wir sie als Ärztin für unsere nächste Expedition einplanen?«

Ich winkte ab. »Ach was. Beantworte mir lieber meine Frage nach der Dauer des Aufstiegs.«

»Ganz wie du wünschst.« Tenzing deutete eine Verbeugung an und zwinkerte mir zu. »Kommen wir zurück zum Berg. Ich fasse kurz zusammen: Die Lager sind in den unterschiedlichen Höhenetagen aufgebaut und mit Vorräten befüllt. Die Bergsteiger sind an die Höhe angepasst. Wenn die Zweier- oder Dreier-Seilschaft im letzten Lager vor der Gipfelbesteigung angekommen ist, muss alles stimmen. Die körperliche und die mentale Verfassung, der günstige Wetterbericht. Als diese Faktoren passten, kam auch für Messner und Habeler das Gefühl für den richtigen Zeitpunkt: *Jetzt lässt uns der Berg auf seinen Gipfel!* Die beiden nutzten ein Zeitfenster von acht Stunden für den Aufstieg zum Gipfel. Ein einsamer Kampf, den jeder für sich bestreiten musste, aber beide wussten, dass sie sich aufeinander verlassen konnten.« Tenzing zeigte auf seinen Kopf. »In dieser Höhe ist da oben nicht mehr viel drin. Freude empfindest du erst, wenn du wieder unten bist. Da oben denkst du wie durch Watte und hast nur noch eins im Sinn: *Raus aus der Todeszone!* Übrigens sterben die meisten Bergsteiger beim Abstieg.«

Er schaute seinen amerikanischen Freund an, der ergänzte: »Es ist unbeschreiblich, wer hier so alles rumkraxelt und auf diesen Berg will.« Andy raufte sich den Vollbart und machte ein nachdenkliches Gesicht. »Du kannst dir nicht vorstellen, was die Leute sich und der Natur antun. Da kann ich nur den Kopf schütteln.«

»Sind das die Geister, die die Pioniere des Bergsteigens riefen? Auch erfahrene Bergsteiger wie Reinhold Messner zog es immer wieder zum höchsten Berg der Welt«, überlegte ich laut.

»Das stimmt«, ergänzte Tenzing. »Neben den vielen Bergtouristen kommen auch zahlreiche ambitionierte Alpinisten auf ihrer Suche nach neuen Rekorden. Ein Irrsinn.«

Julia atmete ein paarmal tief durch. Es kam mir so vor, als müsste sie ihren Mut zusammennehmen. »Es ist schon komisch. Jeder will zum Everest. Wir sind ja auch da. Es stimmt, dass es ein tolles Erlebnis ist, den höchsten Berg der Erde mit eigenen Augen sehen zu können. Aber warum reicht das nicht? Warum wollen die Leute da hoch? Vielleicht denken diese Menschen, dass sie auf dem Gipfel des höchsten Bergs der Erde das ganz große Glück finden. Aber das stimmt nicht. Ich bestimme doch selbst, wann und wo ich glücklich bin. Dafür muss ich nicht nach Tibet fahren. Das klappt sogar zu Hause, wenn ich mit unserem Hund in den Weinbergen spiele.«

Julia trifft Gonpo

Nachdem wir uns von dem amerikanischen Geologen Andy und seinem Begleiter verabschiedet hatten, kehrten wir in unser Refugium zurück und bereiteten unser Gepäck für die Abreise am darauffolgenden Tag vor. Der Plan war, in den frühen Morgenstunden aufzubrechen. Der Rückweg erstreckte sich über mehr als tausend Kilometer Fahrtstrecke, die der Fahrer in nur zwei Tagen bewältigen wollte. In dieser Höhe war nicht nur die Luft dünner, auch die Zeit schien mir schneller zu vergehen. Ich trieb Julia zur Eile an.

»Na los, komm schon, wenn wir noch etwas Warmes zum Essen bekommen wollen, müssen wir uns beeilen. Außerdem wird es gleich dunkel. Wenn wir jetzt nicht die Taschen fertig packen, müssen wir die Stirnlampen aufsetzen, um etwas zu sehen.«

Mürrisch packte Julia ihre Siebensachen zusammen. »Immer diese Packerei«, schimpfte sie. »Können wir was spielen?«

»Wir nehmen die Spielkarten mit in den Aufenthaltsraum. Dann spielen wir nach dem Essen Mau-Mau.«

Ich hatte den Satz kaum beendet, als Julia wie ein Blitz durch unser Zimmer wirbelte. In Windeseile hatte sie die herumliegenden Kleidungsstücke zusammengelegt und in die Tasche gepackt. Den Teddy und das Schmusekissen platzierte sie so, dass sie auf keinen Fall vergessen werden konnten.

»Ich bin bereit, lass uns rübergehen!«

Sie schnappte sich das Kartenspiel und rannte nach draußen. Jetzt musste ich mich selbst beeilen, um ihr hinterherzukommen. Im Innenhof spielten Kinder in Julias Alter. Julia sah ihnen eine Weile zu. Dann traute sie sich und fragte, ob sie mitmachen dürfe. Zu meiner Überraschung hatten diese Kinder keinerlei Probleme, Julias holpriges Schulenglisch zu verstehen. Offensichtlich lernten die Heranwachsenden im Kontakt zu Touristen und meist englischsprachigen Wissenschaftlern deren Sprache. Die Kinder kicherten und jubelten, als sie meine Tochter beim Fangen zu fassen kriegten. Die dünne Luft machte ihnen nichts aus. Als Julia vor Anstrengung einen Hustenanfall bekam, stoppte ich das muntere Treiben und machte stattdessen den Vorschlag, dass wir uns bei einem Becher Tee mit den Kindern unterhalten könnten.

»Magst du mit uns kommen?«, sprach Julia einen tibetischen Jungen direkt an.

»Na klar!« Der Junge führte uns an einen freien Platz im Aufenthaltsraum, rannte in die Küche und kam mit drei Bechern dampfenden Tees zurück. Hinter ihm folgte die junge Frau, die uns schon an den Vortagen bedient hatte.

»Ich heiße Gonpo, das bedeutet Beschützer, und hier ist meine Mama. Sie hat mir erzählt, dass hier ein Mädchen mit goldenen Haaren wohnt. Da bin ich neugierig geworden und wollte dich unbedingt sehen. Ich habe großes Glück, denn ich bin nur zweimal im Jahr zu Hause. Ansonsten gehe ich in eine Internatsschule, die ist aber ein ganzes Stück weg. Mein Papa bringt mich mit seinem Motorrad hin, da sind wir aber zwei Tage unterwegs. Meine Mama habt ihr ja schon gesehen, mein Papa baut an einem Staudammprojekt mit und ist deshalb häufig von zu Hause weg.«

Er hielt die Hände so, als halte er einen unsichtbaren Lenker, dazu machte er eine drehende Bewegung mit dem rechten Handgelenk und gab ein eindeutiges »Brummbrumm« von sich. Ohne Frage machte ihm das Motorradfahren Spaß. Er lachte laut auf und entblößte sein lückenhaftes Gebiss.

»Das ist ganz schön hart, wenn du so selten zu Hause bist. Macht dir das nichts aus? Vermisst du deine Eltern nicht?« Julia machte ein nachdenkliches Gesicht.

»Natürlich habe ich manchmal Sehnsucht nach meiner

Mama und meinem Papa. Aber ich habe auch viele Freunde. Ich bin froh und dankbar, dass ich eine Schule besuchen darf und meine Eltern das Geld für Unterkunft und Verpflegung aufbringen können. Es gibt trotz Schulpflicht viele Kinder, die nicht in die Schule gehen können. Sie werden nicht lesen und schreiben lernen. Und das ist wichtig, ich will nämlich mal Pilot werden, dann kann ich die ganze Welt von oben sehen. Das wird spannend! Vorher muss ich aber gut lernen. Ich muss nicht nur Englisch, sondern auch perfekt Chinesisch sprechen, denn sonst kann ich nirgendwo in China eine Pilotenausbildung machen. Aber ich schaffe das!«

Mit diesen Worten rannte er mit ausgebreiteten Armen durch die warme Stube hinaus in die Küche und kehrte mit einem Teller dampfender Momos zurück.

»Hier, die hat meine Mama für euch gemacht. Lasst es euch schmecken. Guten Appetit!«

Nach dem Essen spielten Julia und ich eine Partie Karten. Ich hatte wenig Lust, wollte aber nicht wortbrüchig werden. Wir entschieden uns für Mau-Mau. Julia konnte die ersten Partien für sich entscheiden. Ihre lauten »Mau-Mau«-Rufe sorgten dafür, dass auch andere Gäste sich für unser Spiel interessierten. Schnell übersetzten wir die einfachen Regeln und begannen eine illustre Kartenrunde mit wechselnden Partnern. Wir spielten bis tief in die Nacht hinein, eine Runde folgte der nächsten, denn jeder, der verloren hatte, forderte natürlich Revanche. Als kurz vor Mitternacht für wenige Minuten der Strom ausfiel, mahnte ich meine Tochter zum Aufbruch. Wir überließen Gonpo und seiner Familie die Spielkarten. Sie legten das Päckchen wie einen kostbaren Schatz in eine kleine Kassette, welche sie in einer Schublade wegschlossen. Zum Dank wickelte Gonpo meiner Tochter zum Abschied ein rotes

Band um ihr Handgelenk. Dabei murmelte er ein Mantra und umarmte sie.

»Das ist mein Abschiedsgeschenk für dich. Es soll dir Glück bringen. Es wäre schön, wenn du ab und zu mal an mich denkst. Ich werde meinen Freunden erzählen, dass ich ein Mädchen mit goldenen Haaren getroffen habe.« Verlegen trat er von einem Fuß auf den anderen.

Julia war sichtlich gerührt. Nach einem kurzen Zögern umarmte sie den tibetischen Jungen und drückte ihn freundschaftlich.

»Tschüss, Gonpo, schön, dass ich dich getroffen habe. Im Mau-Mau bist du gnadenlos, aber sonst ganz nett. Mach's gut!«

Trotz seines dunklen Teints schien der Junge rot zu werden. Dann huschte ein verwegenes Grinsen über sein Gesicht. Er winkte noch einmal und rannte dann, ein Flugzeug nachahmend, mit ausgebreiteten Armen in Richtung Küche.

Wer weiß, vielleicht würde ich eines Tages im Flugzeug sitzen und von Kapitän Gonpo und seiner Crew begrüßt werden.

Der Abschied und das Geheimnis des Chamäleons

Am Tag unserer Abreise vom Basiscamp am Mount Everest schauten wir frühmorgens im Kloster vorbei, um uns von Tashi zu verabschieden. Es war gerade erst hell geworden und der Himmel schimmerte in einem wunderschönen hellen Blau. Es war kalt, unser Atem dampfte in kleinen Wölkchen. Wie wohltuend war es, als die Sonne ihre ersten Strahlen über die gigantische Gebirgskulisse schickte und unsere Gesichter wärmte. Wir trafen Tashi an der Stupa des Klosters, wo er die Bänder mit den bunten Gebetsfahnen entwirrte, damit sie wieder frei im Wind flattern konnten. Als er uns sah, unterbrach er seine Arbeit und kam mit ausgebreiteten Armen auf uns zu. Mein Herz klopfte. Ich fühlte mich unsicher. Abschiede liegen mir einfach nicht. Meine Schritte verlangsamten sich. Ich zog mir die Mütze vom Kopf, fuhr mir durch die Haare und nahm die Sonnenbrille ab.

»Ich freue mich, euch zu sehen.« Er schaute mich an, legte die Stirn in Falten. »Was machst du für ein trauriges Gesicht?« Dann lächelte er, legte den Kopf zur Seite und zwinkerte mir zu. »Du verlierst mich nicht. Den Weg, den wir miteinander gegangen sind, kann uns niemand nehmen. Und die Gespräche, die wir geführt haben, sind für uns alle wertvoll. Ich schließe sie in die Schatzkiste meines Herzens. Ihr wart mir kostbare Begleiter, und ihr werdet es bleiben, denn ihr habt mich inspiriert. Eure Denkweise hat mich bewegt. Ihr habt mir viele Impulse gegeben, denen ich nachspüren will. Deshalb sage ich dir, liebe Katja, nimm den Abschied nicht schwer, hab Vertrauen in den Weg und begegne dem, was kommt, mit einem Lächeln. Lass das Lächeln aus deinem Inneren heraus entstehen, nimm ein paar tiefe Atemzüge und du wirst merken, wie Leichtigkeit dich durchströmt. Du wirst etwas Übung brauchen, aber je öfter du übst, desto leichter gelingt es.« Ich hatte verstanden, aber meine Stimme versagte. Unsere Blicke trafen sich und ich brachte nicht mehr als ein Nicken zustande.

»Das probiere ich«, meinte Julia spontan. »Lachen kann ich richtig gut, aber es gibt noch viele Dinge, die ich nicht kann.« Tashi nahm ihr Gesicht in beide Hände und berührte ihre Stirn mit seiner.

»Julia, hör zu, was ich dir auf deinen Weg mitgeben möchte: Wir Menschen lernen, solange wir leben. Auf unserem gemeinsamen Weg hast du mir die Augen geöffnet für die Steine, die am Wegesrand liegen. Diese hatte ich früher zwar gesehen, aber nicht wahrgenommen. Jetzt weiß ich, dass jeder Stein einzigartig und auf seine Weise wunderschön ist. Dafür danke ich dir.«

Und zu mir sagte er: »Du hast dir und Julia eine großartige Möglichkeit gegeben, eine andere Facette des Lebens kennenzulernen. Das war sehr mutig. Ihr habt euch gegenseitig auf einer besonderen Reise begleitet, durch eine Erfahrungswelt, von der ihr beide euer Leben lang schöpfen werdet. Ihr durftet viel Neues sehen und erleben. Ich weiß, wie euch diese Reise gefordert hat, ihr habt Grenzen erfahren und ich weiß, dass es schwer für euch war. Ihr musstet Lösungen finden und Kraftreserven mobilisieren. Du hast gezweifelt, warst am Boden und musstest dich selbst motivieren. Das hast du geschafft. Julia und du, ihr seid ein gutes Team. Erzählt den Menschen bei euch zu Hause von dieser Reise. Erzählt, warum ihr dieses Erlebnis gewagt habt und was die Reise mit euch gemacht hat. Und vergiss eines nicht: Du hast deinen Sehnsuchtsort besucht!«

»Das werden wir tun«, antwortete ich. »Mir war es wichtig, Julia zu zeigen, dass es sich lohnt, den Träumen eine Chance zu geben und den Blick über den Tellerrand zu wagen.« Ich dachte an Gunther und Katharina, an meine und an Gunthers Eltern, an unsere Geschwister, kurz: an unsere Familie. Und plötzlich freute ich mich darauf, nach Hause zu kommen. »Auf dieser Reise haben wir unsere Wurzeln gespürt und unsere Flügel entfaltet«, sagte ich, »jetzt dürfen wir fliegen üben.«

Tashi nickte. »Macht die Augen auf und öffnet euer Herz. Es gibt so viel Schönes in unserer Welt. Findet eure eigene Lebensanschauung. Von Religionen wisst ihr genug. Auch vom Buddhismus habt ihr in den letzten Wochen viel erfahren. Das wird euch helfen, offen zu sein für andere Menschen, für ihre Meinungen und auch für ihre Religionen. Aber vergesst nicht, wichtiger als jede Religion ist die uns verbindende Ethik.«

»Ich weiß, ich weiß. Aber wenn ich mich für eine Religion entscheide, was ist die beste Religion?«, meldete sich Julia zu Wort. »Das, woran wir glauben, oder das, was den Tibetern oder Indern wichtig ist? Und was ist mit den Juden und den Muslimen?«

Tashi nahm ihre Hand. Er lächelte, dachte einen Moment nach und sagte: »Das ist eine knifflige Frage. Vielleicht ist auch unser Verstand viel zu klein, um darauf eine Antwort zu finden. Ich habe noch eine Geschichte für euch. Es ist die Geschichte, die mir mein Großvater erzählte, als ich ihm als kleiner Junge die Frage nach der besten Religion gestellt habe: Es ging einmal ein Mann in den Wald und sah ein kleines Tier auf einem Baum. Er kam zurück und erzählte einem anderen, dass er ein Tier von wunderbarer roter Farbe auf einem bestimmten Baum gesehen habe. Der andere aber erwiderte: 'Als ich in den Wald ging, sah ich auch dieses Tier. Aber wieso beschreibst du es als rot? Es ist grün.' Ein anderer, der auch anwesend war, widersprach beiden und bestand darauf, dass es gelb war. Da kamen andere hinzu und meinten, es war grau, violett, blau und so weiter. Zuletzt gerieten sie in großen Streit miteinander. Um ihren Streit zu schlichten, gingen sie alle zusammen zu dem Baum und sahen einen Mann dort sitzen. Auf ihre Frage antwortete er: 'Ja, ich lebe unter diesem Baum und kenne das Tier ganz gut. Alle eure Beschreibungen sind richtig. Manchmal erscheint es rot, manchmal gelb und zu anderer Zeit blau, violett, grau und so weiter. Es ist ein Chamäleon. Manchmal hat es überhaupt keine Farbe, sodass man es nicht sehen kann.' In ähnlicher Weise offenbart sich Gott denen, die ihn suchen – in verschiedener Form und unter verschiedenen Aspekten.«

Nachdem Tashi uns das Gleichnis vom Chamäleon erzählt hatte, schloss er mit den Worten:»Ich persönlich glaube, dass alle Religionen zusammen einen Schatz für die Menschen bilden können. Seine Heiligkeit betont, dass der Kern aller Religionen die Liebe ist. Und doch gibt es Konflikte, die im Namen der Religion geführt werden, was dem Sinn der Religion völlig widerspricht: Menschen töten im Namen der Religion und führen heilige Kriege. Wie absurd! Wir haben ganz andere Probleme: Unser Planet ist in Gefahr. Alle Menschen sollten an einem Strang ziehen. Seine Heiligkeit ist zutiefst davon überzeugt, dass wir alle unsere inneren Werte entwickeln können, die keiner Religion widersprechen, die aber auch – und das ist entscheidend – von keiner Religion abhängig sind.« Er machte eine ernste Miene. Diese Botschaft war ihm offensichtlich sehr wichtig.

Wir schwiegen. Es war alles gesagt.

Tashi durchbrach den Moment der Stille, als er mit einer fließenden Bewegung einen Packen Gebetsfahnen aus seiner Kutte hervorzog und mit einem liebevollen Lächeln sagte:»Das ist mein Abschiedsgeschenk für euch. Sucht zu Hause einen schönen Platz und lasst sie im Wind flattern. Dann verbreiten sich die Segenswünsche auch von eurer Heimat aus in alle Welt.«

Ich überreichte Tashi meine Sonnenbrille, damit er seine Augen künftig besser schützen konnte. Er setzte sie sofort auf.

»Hey, is cool man!«, kommentierte Julia Tashis Aussehen. Ein Mönch in traditioneller Kutte und blau verspiegelter Sportsonnenbrille, das sah wirklich stylish aus.

Zum Abschied berührten wir einander mit der Stirn und umarmten uns freundschaftlich. Und wieder kamen mir Tränen der Rührung.

Wir machten uns schon mit unseren Rucksäcken auf dem Rücken bereit zum Gehen, als Tashi mir nachrief: »Ach, übrigens: Welche Farbe hat der Himmel?«

Ich lachte und entgegnete mit einem Augenzwinkern: »Er kann alle Farben haben!«

Tashi machte eine ausladende Geste Richtung Himmel. »Ja, das stimmt. Schau! Heute ist er blau.«

»Auf Wiedersehen!«, sagte ich und nahm Julias Hand.

»Tashi Delek«, grüßte Tashi, drehte sich um und ging zurück ins Kloster.

Für uns war es Zeit für die Rückkehr nach Hause.

Die Rückreise

Pubu und der Fahrer erwarteten uns im windgeschützten Innenhof des klösterlichen Gästehauses im Geländefahrzeug. Schnell verstauten wir unsere Siebensachen im Auto. Ich war froh, als wir sicher im Wagen saßen und der Wind, der während der Fahrt in heftigen Böen am Fahrzeug rüttelte, uns nichts anhaben konnte. In diesem Moment verspürte ich eine große Erleichterung. Unsere Reise ging zu Ende. Alle Anstrengungen hatten sich gelohnt und wir waren gesund geblieben. Dankbar legte ich meinen Arm um Julia.

Sandkörner prasselten so sehr auf die Windschutzscheibe, dass der Fahrer den Scheibenwischer betätigen musste.

Pubu drehte sich zu uns um und fragte: »Es gibt noch Lebensmittel, die wir nicht gebraucht haben. Was haltet ihr davon, wenn wir sie dem Einsiedler bringen?«

Eine gute Idee. Wir übergaben die nicht verbrauchten Öl- und Reisvorräte einem Mönch, der unweit des Everest-Basiscamps in einer Einsiedelei lebte. Vor seiner Hütte stand ein Solarofen, ein parabolartig gewölbtes Blech mit einer Halterung und einem aufgehängten Teekessel in der Mitte – die tibetische Variante des Wasserkochers. In dieser lebensfeindlichen Umgebung hauste er allein mit einer Ziege, die ihn mit Milch versorgte. Das zottelige Tier war an einem kurzen Strick angebunden und suchte vergeblich nach einzelnen Grashalmen. Die Ziege war so mager, dass man jede Rippe sehen konnte. Julias Mitgefühl war geweckt, sie hüpfte aus dem Auto und verfütterte ihre letzten Kekse an das hungrige Tier. Dabei kraulte sie liebevoll das verfilzte Fell der Ziege. Zum Abschied begleiteten uns das Meckern der Ziege und die Segenswünsche des Einsiedlers. Julia winkte aus dem Fenster und der Fahrer trat aufs Gaspedal, sodass wir eine riesige Staubwolke hinter uns ließen.

Der Weg unseres Geländewagens schlängelte sich über holprige Schotterpisten und ausgewaschene Bachbetten. Wir wurden auf unseren Sitzen hin und her geschüttelt. Mehrere Male dachte ich: Jetzt kippen wir um! Aber der Fahrer war mit dem Fahrzeug vertraut und beherrschte die Antriebsarten des Allradboliden.

Nicht alle Ruinen, an denen wir auf unserer Rückfahrt vorbeikamen, stammten von Klöstern, die während der Besetzung durch die Chinesen in der zweiten Hälfte des 20. Jahrhunderts zerstört wurden. Wir sahen auch längst aufgegebene Klosteranlagen und ruinenartige Überbleibsel der Festungen, die sich als ausgedehnte Auffangstellungen in den großen Tälern nördlich des Himalaya parallel zum Gebirge hinzogen. Sie stammten aus der Zeit, als die Tibeter noch ein kriegerisches Volk waren, das die wichtigen Transitstrecken und den zentralasiatischen Handel kontrollierte. Damals wurden nicht nur Einsiedeleien und Klöster, sondern auch massive Befestigungsanlagen gebaut.

Kurz vor Shigatse lenkte unser Fahrer den Wagen von der Hauptverkehrsader weg über eine wenig befahrene, holprige Seitenstraße ins Drumchu-Tal. Der Straßenzustand sorgte dafür, dass wir eine Stunde lang im Wagen durchgeschüttelt wurden, bis wir am Nachmittag Sakya erreichten, das Ziel unserer ersten Tagesetappe. Eine Bedeutung des Namens Sakya lautet *Kloster auf dem Ort Hellgraue Erde* und beschreibt die Umgebung genau. Wo wir auch hinschauten, überall fanden sich Schutt und Geröll in verschiedensten Grauschattierungen. Die hintereinander gestaffelten Bergrücken sahen so aus, als hätte man eine ausladende Bühnenbildkulisse achtlos wie eine Ziehharmonika zusammengeschoben. Mein Blick verharrte an einem kleinen Flecken braungrüner Weide, auf dem zwei Yaks die Erde nach den letzten Halmen absuchten und mit ihren Hufen so lange auf dem kargen Boden scharrten, bis sie inmitten einer Staubwolke kaum noch zu sehen waren. Sogar die Siedlungsbauten waren in dunklen Grautönen gehalten. Wären sie nicht mit weißen, roten und schwarzen Streifen bemalt, hätte man sie kaum vom Grau der umliegenden Berge unterscheiden können.

Schon von Weitem sahen wir, dass es sich bei der Klosteranlage von Sakya um einen Wehrbau handeln musste. Der zentrale quadratische Körper des Südklosters ist mit einer Doppelreihe von zehn Meter hohen Schutzmauern umgeben, verfügt über einen Wallgraben und vier Wachtürme. Ich zog meinen Reiseführer zu Rate und erfuhr, dass die Anlage 1073 errichtet und als Festung gebaut wurde, um Angriffe der Mongolen abwehren zu können. Mich fröstelte bei dem Gedanken an die Gewalt, deren stille Zeugen diese geschichtsträchtigen Mauern im Laufe der Jahrhunderte geworden sind.

Der Name Sakya bezeichnet aber nicht nur das Kloster, sondern mit ihm auch eine der vier großen Schulen oder Sekten des tibetischen Buddhismus, die Bunte-Streifen-Sekte.

In seiner wechselvollen Geschichte erlebte Sakya von der zweiten Hälfte des 13. Jahrhunderts bis zur ersten Hälfte des 14. Jahrhunderts eine Blütezeit als politisches, religiöses und wirtschaftliches Machtzentrum von ganz Tibet, aus der auch die Sonderstellung des Klosters Sakya als Staat im Staate über Jahrhunderte resultierte.

Als bedeutende Feudalherrschaft mit landesweit zahlreichen Nebenklöstern ließ Sakya Tausende Leibeigene für sich arbeiten, um damit seine Existenz zu sichern und seinen Reichtum zu vermehren. Noch 1950 galt es als einflussreiche und vermögende Klosterstadt und Schatzkammer der tibetischen Kultur mit seinem wertvollen Buchbestand und den Wandmalereien. In der Zeit der Kulturrevolution wurden weite Teile des Klosters und seiner Schätze zerstört.

Als wir das Südkloster betraten, fiel unser erster Blick auf eine Hündin, die im Durchgang neben den aufgereihten Gebetsmühlen ihre Jungen säugte. Julia freute sich über die tierische Abwechslung, setzte sich sofort in das Hundegewusel und spielte mit den Welpen, während mein Blick das lebhafte Treiben von Menschen jeden Alters im zentralen Innenhof streifte. Ich empfand die Stimmung dieser emsigen Arbeitsatmosphäre heiter bis ausgelassen. In der einen Ecke wurde mit eindeutigen Gesten darüber diskutiert, ob eine Schaufel oder eine Spitzhacke das geeignetere Werkzeug sei, um den Bodenbelag aufzugraben. In einem anderen Bereich lachten einige Frauen, weil ein Junge mit einem Wassereimer gestolpert war und den Inhalt einem knienden Vorarbeiter übergeschüttet hatte. Nichts erinnerte mich an Baustellen, wie ich sie aus Deutschland kenne, denn alles erschien mir improvisiert.

Besonders staunten wir über die Anstreichtechnik an den Fassaden: Die Eimer wurden vom Dach aus an der Wand hinuntergeschüttet, sodass sich die rostrote Farbe beim Herablaufen verteilte. Die Unregelmäßigkeiten zwischen den Farbverläufen wurden mit einem in Farbe getränkten Besen reguliert. Diese Arbeit verrichtete ein Mann, der auf einem aus Ästen und Hanfstricken gefertigten improvisierten Gerüst balancierte. Fünf Männer standen um ihn herum und gaben wild gestikulierend Anweisungen, die den Ausführenden jedoch allesamt nicht beeindruckten.

Plötzlich rannte Julia voller Begeisterung auf die Farbschlacht zu. Ein junger Chinese im Studentenalter versperrte ihr den Weg, um sie daran zu hindern, noch näher zu treten.

»Halt! Bleib stehen!«, rief er in gebrochenem Englisch und erklärte: »Die rote Farbe lässt sich nur schwer aus der Kleidung entfernen.«

Der junge Mann gefiel mir aufgrund seiner Umsicht und ich

stellte uns vor. So hatten wir das Glück, einen Mitarbeiter des Denkmalpflegeamtes aus Lhasa zu treffen.

»Ich bin verantwortlich für die Renovierungsarbeiten und versuche das zu retten, was übrig ist. Die Bevölkerung packt mit an, aber ohne die Unterstützung von ausländischen Hilfsorganisationen könnten wir dieses Großprojekt nicht stemmen. Sie wissen ja, welche Schäden das kulturelle Erbe Tibets durch meine Landsleute im vorigen Jahrhundert erdulden musste. Seit 2002 arbeiten wir hier an der Dokumentation, dem Erhalt und der Restaurierung der wichtigsten Stätten. Ich freue mich, dass der Potala-Palast und auch der Jokhang in die Liste des Weltkulturerbes Chinas aufgenommen wurden. Das bringt uns zusätzliche Unterstützung und natürlich Geld, das wir für die Renovierung dieses Klosters und seiner Kulturschätze dringend brauchen. Uns steht ein Finanzetat zur Verfügung und die Mönche, die sie hier sehen, beziehen ihr Gehalt vom chinesischen Staat.«

Er entschuldigte sich, dass er uns nicht die älteste und reichste Bibliothek des ganzen Landes zeigen konnte. Alle Schriften waren sorgfältig verpackt worden, damit sie im Zuge der Renovierungsarbeiten innerhalb der Räume keinen Schaden nehmen konnten. Er verabschiedete sich augenzwinkernd mit der Empfehlung, in ein paar Jahren wiederzukommen, denn dann seien die Renovierungsarbeiten wahrscheinlich abgeschlossen und wir könnten alle Räume des ehemaligen Prachtbaus und vor allem die kostbare Bibliothek mit ihren einzigartigen Schriftschätzen besuchen. Welch verlockender Gedanke.

Wir kehrten der Klosteranlage den Rücken zu und drehten noch einmal die Gebetsmühlen am Eingangsportal. Pubu leitete uns durch die engen Gassen, die von allerlei Krimskramsläden gesäumt waren, hin zu unserer Unterkunft.

In dieser einfachen Herberge wurden wir freundlich empfangen; allerdings entging uns nicht, dass sich ein kleines Mädchen die Nase zuhielt, als wir auf dem Weg zu unserem Zimmer an ihr vorbeigingen. Leider entfiel das ersehnte Programm zur Verbesserung unserer Körperhygiene, da aus dem Wasserhahn an der Badewanne nur ein paar Tropfen rostigen Wassers kamen. Immerhin reichte es für eine Katzenwäsche mit kaltem Wasser am Waschtisch.

Am darauffolgenden Morgen waren wir die einzigen Gäste im Frühstücksraum. Uns empfing ein reich gedeckter Tisch, auf dessen Mitte zwischen allerlei Speisen die Katze des Hauses thronte. Sie schnurrte entspannt und ließ sich nicht von ihrem Platz vertreiben. Wir wunderten uns darüber, dass einige Tibeter, die keine Hotelgäste waren, in den Gastraum kamen und sich an die benachbarten Tische setzten. Dabei tuschelten sie unentwegt und zeigten kichernd auf Julias blonde Haare. Im Laufe des Frühstücks kamen immer mehr Menschen. Anscheinend waren wir die Attraktion im sonst eher ruhigen Sakya. Es war ein heiteres Frühstück, bei dem die Katze dritter Gast an unserem Tisch war. Fast schüchtern fragten die Gäste, ob sie ein Foto mit meiner Tochter aufnehmen dürften. Manche boten Geld in Form von Miniaturgeldscheinen, doch davon wollten wir nichts wissen. Während Julia mit den Menschen vor den Smartphone-Kameras posierte, schleppte ich unser Gepäck nach draußen.

Unser Fahrer drängte zur Abfahrt. Auch an diesem Tag lagen viele Fahrkilometer vor uns und das Ziel, am Abend in Lhasa anzukommen, war ambitioniert. Julia und ich wurden von den holprigen Straßenverhältnissen im Fond des Wagens durchgeschüttelt und die chinesischen Kontrollposten bildeten das unfreiwillige Kontrastprogramm zur Freundlichkeit vieler Tibeter.

Während der Fahrt gab ich mich meinen Gedanken hin. Was macht eigentlich die Faszination Tibets aus?

Maßgeblich dürfte unsere Haltung zu Tibet und seine davon ausgehende Faszination durch Bilder von grandiosen Landschaften mit den höchsten Bergen der Welt geprägt sein. Bei so mancher Bilddokumentation haben wir das Gefühl, hautnah dabei zu sein, wenn wir Bergsteigern und Extremsportlern bei ihren Anstrengungen quasi über die Schulter schauen. Die Grenzen des Menschenmöglichen wurden mehrfach überschritten und ein Rekord jagt den nächsten. Dabei fällt es schwer, zwischen dem sportlich-redlichen Wettlauf am Berg und dem geldgedopten Irrsinn eines Prestige-Bergtourismus zu unterscheiden. Längst ist die Natur nicht mehr unberührt, ökologische Kollateralschäden werden sichtbar. Es bleibt abzuwarten, wie lange das gutgeht.

In der historischen Betrachtungsweise reiht sich Tibet in die Liga der Hochkulturen ein: Bereits vor dem 7. Jahrhundert nach Christus hatte sich in Tibet ein kulturelles Leben entwickelt, das in die Schatztruhe der Menschheit gehört. Immer wieder stand ich auf unseren Besichtigungstouren vor kunstvoll gefertigten Skulpturen der tibetischen Götter- und Dämonenwelt. Besonders hatten es mir die Buddha-Statuen angetan. Und ich muss sagen: Zwischen der Darstellung eines blassen, ausgezehrten und leidenden Christus am Kreuz und der Skulptur eines wohlgenährten, farbenfrohen Buddha liegen Welten. Es liegt nicht nur an dieser Art der Darstellung, dass viele Menschen aus dem christlichen Kulturkreis ihre Schwierigkeiten damit haben, das eigene Schicksal einem dreieinigen Gott anzuvertrauen. Es fällt schwer, sich von dieser Gottesvorstellung und einem gekreuzigten Gottessohn Erlösung zu erhoffen. Diese Menschen sind angetan von der Vorstellung, ihr Schicksal ohne Abhängigkeit von einem Gott selbst in die Hand zu nehmen. Nicht selten suchen sie als spirituellen Anker den Buddhismus, der keine Erlöserfigur kennt. Der Buddhismus scheint von einer besonderen Aura umhüllt, auf viele

Menschen übt er eine fast schon magische Anziehungskraft aus. Pubu brachte es bei einer unserer Unterhaltungen auf den Punkt, als er sagte: »Die buddhistische Glaubenspraxis, wie wir Tibeter sie leben, hat nichts mit den westlichen Ratgebern zu immerwährender Glückseligkeit zu tun. Wer einen Yogakurs besucht und Achtsamkeitstee trinkt, ist deshalb noch lange kein Buddhist.« Dem gibt es nichts hinzuzufügen.

Aber es bleibt dabei: Buddhismus ist seit vielen Jahren *in*. Prominente buhlen um mediale Aufmerksamkeit, indem sie sich als Buddhisten outen. Das liegt nicht zuletzt an der medialen Präsenz des weltweit bekanntesten Buddhisten. Er ist von seinem indischen Exil aus der Promi unter den Tibetern, der vierzehnte Dalai-Lama. Wer den in seiner einfachen Robe bescheiden auftretenden Dalai-Lama der gegenwärtigen Jahre sieht, würde ihn auf manchen früheren Bildern kaum wiedererkennen. In dem Dokumentarfilm »Kampf um Tibet« des Regisseurs Thomas Weidenbach aus dem Jahr 2013 sind Originalaufnahmen des jungen Dalai-Lama zu sehen. Ich staunte über den jungen Mann, der sich aufgeputzt mit einer figurbetonten, aufwendig geschmückten Robe dem Volk zeigte und sich bejubeln ließ. Neben einem verzierten Tropenhut trug er eine auffällige Sonnenbrille, was seinen extravaganten Auftritt noch verstärkte. Durch die filmische Aufarbeitung erfuhr ich, dass sich der jugendliche Dalai-Lama zum stellvertretenden Vorsitzenden des Nationalen Volkskongresses der Volksrepublik China wählen ließ. Dieses Amt bekleidete er offiziell auch zum Zeitpunkt seiner Flucht. Es dürfte Mao und die Kommunistische Partei in Erklärungsnot gebracht haben, dass der stellvertretende Vorsitzende ins Exil abgehauen war.

Es wäre zu einfach und nicht statthaft, dies nach heutigen Maßstäben zu bewerten, denn zwischen den im Film gezeigten Originalbildern und dem Dalai-Lama, wie wir ihn heute aus Fernsehauftritten oder Presseberichten kennen, liegt ein ganzes, außerordentliches Leben. Dieser Lebensweg und die damit verbundene persönliche Entwicklung führten durch Höhen und Tiefen, durch feudalherrschaftlichen Luxus sowie vielfältige Einschränkungen und Entbehrungen. Der Dalai-Lama ist mit seiner humanistischen Grundhaltung, seiner Weltoffenheit und seinem Charme zu einem einzigartigen Sympathieträger geworden. Es ist eine menschliche Schwäche, wenn man die positiven Gefühle für eine Sache oder eine Person blindlings auf anderes überträgt, was natürlich beim Dalai-Lama und unserem Bild vom alten Tibet naheliegt. Ich musste feststellen, dass die idealisierende Sicht auf das alte Tibet vor allem aus Unwissen resultiert, gekoppelt mit einer leichtfertigen Übertragung von positiven Eigenschaften, die mit der Person des Dalai-Lama verknüpft sind. Auch das macht die Faszination Tibets aus.

Meine Gedanken entglitten mir. Ich döste vor mich hin in einem Zustand irgendwo zwischen Wachen und Träumen.

Irgendwann rasteten wir auf einer Passhöhe. Wir waren das einzige Fahrzeug weit und breit. Julia und ich hatten uns einen ruhigen Platz abseits des Wagens gesucht, hielten uns an den Händen und blickten noch einmal zurück auf die Gebirgskette des Himalaya. Wie in einem Postkartenpanorama ragten fünf der insgesamt vierzehn Achttausender in den wolkenlosen blauen Himmel hinauf: Makalu, Lhotse, Everest, Cho Oyo und Shisha Pangma. Allein die Namen gleichen einer Melodie. Wie an einer Kette aufgereiht, sahen sie ganz unspektakulär aus. Aus dieser Perspektive schien ein Sprung von Gipfel zu Gipfel ganz einfach. Was für eine beeindruckende Kulisse! Julia ergriff meine Hand. Es ist eines der Bilder, die ich in meinem Herzen trage: Wir beide im Angesicht der Achttausender. Auf dieser Reise sind wir mehr geworden als *nur* Mutter und Tochter. Da gibt es seither eine andere Form der Verbindung zwischen uns. Dieser Moment auf dem Gebirgspass, in dem wir Hand in Hand standen, bedurfte keiner Worte. Der Wind zerrte an uns, wir stemmten die Füße breitbeinig in den Boden. Wir hielten uns an den Händen und ließen den Blick über die schneebedeckten Gipfel schweifen. In diesem Moment habe ich mich vom Himalaya verabschiedet.

Bis heute fragt mich Julia manchmal: »Weißt du noch, wie wir auf dem Dach der Welt gestanden sind?«

»Ja, daran erinnere ich mich gern.« Meistens lächeln wir uns in einer Art stillen Einvernehmens an. Vor Kurzem hat Julia in einem ganz anderen Zusammenhang plötzlich gesagt: »Weißt du, Mama, wenn es mir manchmal zu viel wird und ich das Gefühl habe, ich schaffe es nicht, dann stelle ich mir vor, wie wir beide Hand in Hand auf die Achttausender geschaut haben. Dann habe ich das Gefühl, dass mir nichts passieren kann.«

Ich weiß genau, was sie damit meint. Mir geht es ähnlich. Wenn es besondere Kraftmomente gibt, dann war das ein solcher.

Je näher wir den Stadtgrenzen Lhasas kamen, desto stärker wurde mein Wunsch nach einer Dusche oder sogar einem Bad. Meine Haut begann zu jucken, meine Haare waren starr vor Staub und ich roch mich selbst. Ich stank. Ich sehnte mich nach Komfort und etwas behaglichem Luxus. Kurzerhand beschloss ich, auf unsere vorab gebuchte, zweckmäßige Unterkunft zu verzichten, und bat Pubu, für uns ein Quartier in einem Hotel der gehobenen Kategorie zu reservieren.

Es war kurz vor Einbruch der Dunkelheit, als der Fahrer den Wagen die Hotelauffahrt hinauflenkte und vor dem prunkvollen Eingang parkte. Sofort eilte ein Page herbei und öffnete dienstbeflissen die Tür des Wagens. Uns entging nicht, wie er etwas irritiert die Augenbraue hob und sich unseren Begleitern zuwandte. Offensichtlich stand unser Aussehen in zu starkem Kontrast zu den anderen Gästen. Mit einer kurzen, nicht unfreundlichen Geste wies er uns an, sitzen zu bleiben. Nachdem der herbeigerufene Concierge kurze Rücksprache mit unserem Fahrer und Pubu gehalten hatte, beide die Rechtmäßigkeit unserer Buchung bestätigt und unser »Aliens-Visum« gezeigt hatten, durften wir aussteigen. Mit professioneller Höflichkeit wurden wir durch die Hotelhalle zur Rezeption geleitet. Die Empfangsdame gab sich von unserem Aussehen und Hygienezustand unbeeindruckt. Ich war verwundert, als der Chef der Rezeption erschien, um den Check-in von seiner Mitarbeiterin zu übernehmen. Nach einem kurzen Blick in den Computer gab er der Rezeptionistin einige uns nicht verständliche, harsche Anweisungen. Persönlich begleitete er uns zu dem vorgesehenen Zimmer und erklärte, dass er unsere Reisedokumente gesehen und anhand der passierten Checkpoints unsere Route nachvollzogen hatte. Gestenreich gab er uns zu verstehen, wie beeindruckt er von unserer Reise sei. Es sei ihm eine besondere Freude, uns nach all den Entbehrungen einen kleinen Komfort zu offerieren. Lächelnd öffnete er die Zimmertür. »Enjoy!«

Vor uns lag ein riesiger Raum von ungefähr sechzig Quadratmetern. Behagliche Wärme umfing uns und die bis zum Boden verglasten Fenster lenkten den Blick zu dem illuminierten Potala-Palast, der den Abendhimmel in seinem Glanz überstrahlte. Ich glaubte an die Ausgeburt einer surrealen Fantasie und wusste nicht, wo ich zuerst hinsehen sollte: Kingsize-Bett, begehbares Bad mit Badewanne und Regendusche, Sitzecke mit Minibar und Duftperfusor. Auf dem Tisch standen Getränke und eine Schale mit frischem Obst. Julia setzte sich und strich mit den Fingerspitzen über den hochflorigen Teppich. Fast wäre ich vor Dankbarkeit auf die Knie gefallen und hätte den Boden geküsst. Es war ein unbeschreibliches Glücksgefühl, den Wasserhahn aufzudrehen und mir Hände und Gesicht mit sauberem, warmem Wasser zu waschen. Unser anschließendes Schaumbad war eine Wonne. Julia war froh, dass wir ein Klo mit Tür und Wasserspülung nur für uns hatten. Nach ausgiebiger Körperhygiene und einem stärkenden Mahl sanken wir in die weichen Laken und Kissen des Bettes.

»So muss es im Himmel sein!«, seufzte Julia und kuschelte sich mit ihrem Teddy in die flauschige Bettdecke. Nach kurzer Zeit merkte ich an ihren tiefen Atemzügen, dass sie eingeschlafen war.

Trotz des luxuriösen Komforts fand ich keine Ruhe. Die Eindrücke der Reise stürmten auf mich ein. In meinem inneren Erleben stand ich in einem Moment unter dem Sternenhimmel in freier Natur, Kälte und Wind ausgeliefert, und im nächsten Moment lag ich im warmen Bett mit fast dekadentem Luxus. Was sollte dieses Gefühlschaos? Ich fühlte mich orientierungslos. Der hell erleuchtete Potala bot meinem Auge Halt. In Lhasa hatte unsere Reise begonnen, wir waren an den Ausgangspunkt zurückgekehrt und gleich einem Kreis schloss sich unsere Reise.

Plötzlich musste ich an Tashi denken und mir kam die Übung des inneren Lächelns in den Sinn, die er mir bei unserer Verabschiedung mit auf den Weg gegeben hatte. Ich konzentrierte mich auf meinen Atem, versuchte meinen unternehmungslustigen Geist zu bändigen und stellte mir vor, wie Tashi mir »Hab Vertrauen in den Weg« ins Ohr flüsterte. Unwillkürlich musste ich lächeln. Ich beruhigte mich und mit einem Mal fühlte ich eine unbändige Vorfreude auf unsere Lieben zu Hause. Fast sehnsüchtig und mit kindlicher Aufregung erwartete ich in den frühen Morgenstunden den ersten Lichtstreif am Horizont.

Der Tag unseres Rückflugs war da.

Wieder zu Hause – Was bleibt?

Eine Auslandsreise ist für mich nie beendet, wenn wir deutschen Boden betreten.

Am Flughafen war ich überwältigt von meinen Gefühlen und der Erleichterung, dass wir gesund und wohlbehalten unsere Lieben umarmen konnten. Es dauerte einige Wochen, bis wir wieder im normalen Alltag angekommen waren. Vor allem mussten wir uns erst daran gewöhnen, dass in Schule und Beruf die Uhrzeit unser Leben reglementierte.

Durch diese Reise sind wir alle gewachsen. Jeder Einzelne hat gespürt, wie wichtig wir uns als Familie sind und wie wir einander brauchen.

Diese Reise hat meine Sichtweise auf meine Umgebung und mich selbst verändert: Ich weiß die existenzielle Sicherheit, wie Deutschland sie mit seinem Gesundheits- und Sozialsystem bietet, in hohem Maße zu schätzen. Darüber hatte ich mir zuvor nie so viele Gedanken gemacht wie nach unserer Reise. Es ist gut, dass es in Deutschland verbindliche Regeln für alle gibt und dass unser Staat Systeme unterhält, die diejenigen auffangen, die Hilfe brauchen.

Deutschland und Tibet, das sind zwei Welten, die in politischer, wirtschaftlicher, rechtlicher und kultureller Hinsicht nicht zu vergleichen sind. Bei der Reiseplanung berücksichtigte ich nach bestem Wissen und Gewissen so viele Details und Eventualitäten, wie es von Deutschland aus möglich war. Vor Ort holte uns eine Realität ein, die ich in der Ausprägung nicht erwartet hatte. Ich musste die bittere Erfahrung machen: Papier ist geduldig. Die besten vertraglichen Zusicherungen in Deutschland nutzen nichts, wenn sie in Tibet nicht eingehalten werden. Dank unserem Selbstvertrauen und kreativen Improvisationstalent konnten wir zusammen mit der eigenen Ausrüstung viele Unzulänglichkeiten kompensieren. In Pubu und dem Fahrer sowie später auch in Tashi fanden wir umsichtige und fürsorgliche Begleiter. Und wir hatten Glück: Wir begegneten immer wieder Menschen, die uns halfen, das Beste daraus zu machen.

Den Morgen im Nomadencamp am Fuße des Langma-La-Passes werden wir nie vergessen. Hier saßen Männer, Frauen und Kinder, Alte und Junge beieinander, mit unterschiedlichen Weltanschauungen, Religionen und Kulturen, in anregendem Gedankenaustausch. Gemeinsam verkörperten wir die Hoffnung auf ein friedliches Miteinander aller Menschen in der Welt.

Unsere Reise ist für mich auch eng mit der Erkenntnis verbunden, was wir Kindern zutrauen können. Aus *unserer Kleinen* hatte sich eine verlässliche Teampartnerin entwickelt, die fähig war, im rechten Moment gute Entscheidungen anzuregen. Julia ist seither zielstrebiger und erntet Erfolgserlebnisse. Das tut ihr gut. Sie weiß um ihre Grenzen und sagt, sie habe sich auf der Reise selbst besser kennengelernt. Julia weiß, was sie will, und geht souveräner mit Höhen und Tiefen des Alltags um.

Julia zieht das Fazit unserer Reise so:

Ich bin stolz, dass mich meine Mama nach Tibet mitgenommen hat. Es war schön, aber zwischendurch war es auch sehr anstrengend. Manchmal haben wir geweint, aber nie gleichzeitig. Wenn eine von uns schwach war, hatte die andere eine Idee, und wir wussten wieder, wie es weitergeht. Trotzdem war ich froh, als ich wieder zu Hause war und Papa und Katharina uns am Flughafen abgeholt haben. Wir gehören als Familie zusammen. Toto ist natürlich auch ein Familienmitglied. Besonders habe ich mich auf das Essen zu Hause gefreut. Papa hatte eines meiner Lieblingsgerichte gezaubert, es gab Frikadellen und Lauchgemüse. Das war echt lecker! Auch Herr Rauzga war froh, dass er nicht mehr dauernd im engen Rucksack eingepackt war. Er sitzt jetzt wieder auf dem Schmusekissen in meinem Bett im warmen Zimmer.

In meiner Schule habe ich nach unserer Rückkehr einen Vortrag über unsere Reise gehalten. Ich habe allen erzählt, wie dankbar wir sein können, dass wir lernen dürfen und nach Schulschluss nach Hause zu unserer Familie gehen können. Manchmal denke ich an Gonpo und frage mich, was er wohl macht und wie er es aushält, so weit von seiner Familie weg zu sein. Außerdem bin ich froh, dass wir in einem Land leben, wo man ungestraft seine Meinung sagen darf. Es ist toll, dass wir überall hinreisen können, ohne dauernd kontrolliert zu werden.

Meine Freunde haben mich nach dem schönsten Moment der Reise gefragt. Für mich war das der Zeitpunkt, als wir am Everest ankamen und ich zusammen mit Mama den Stein aus Omas Garten im Basislager abgelegt hatte. Da wusste ich, jetzt haben wir's geschafft, jetzt sind wir am Ziel.

An meinem ersten Arbeitstag begrüßte mich ein Empfangskomitee in der Praxis: Mein Team und einige Patienten überraschten mich mit einem Willkommensfrühstück. Es ist ein schönes Gefühl, erwartet zu werden und in den beruflichen Alltag zurückzukehren. Ich habe begonnen, mich mit traditionellen Heilmethoden zu beschäftigen, und staune immer mehr über den Wissensschatz der uralten Heilkunde. Ich begreife mich als Lernende und versuche, mein medizinisches Spektrum zu erweitern. Hin und wieder denke ich an die tibetische Patientin im Krankenhaus von Lhasa. Ob sie den Weg zurück in ihr Dorf geschafft hat? Ob sie noch lebt?

Nicht immer gelingt mir der Spagat zwischen Beruf, Familie und meinen eigenen Bedürfnissen. Es bleibt ein Balanceakt, in meiner Kraft zu bleiben. Es gibt Momente, da fühle ich mich am Limit. Dann denke ich an Tashi und beginne wieder mit den Übungen. Mein Geist ist wie ein störrischer Esel. Manchmal will er sich einfach nicht ausrichten. Das nervt. Aber Aufgeben kommt für mich nicht in Frage. Ich übe weiter.

Ich sitze an meinem Schreibtisch. Der erste ruhige Nachmittag seit Langem. Ich betrachte den Notizzettel an meiner Pinnwand. Die Schrift ist etwas blasser geworden, aber da steht es, ganz deutlich:

Wo bitte geht's nach Shangri-La?

In der Nacht am Mount Everest habe ich mein Shangri-La gefunden. Die Sterne zeigten mir den Weg.

**Katja und Julia Linke
im Basislager am Mount Everest
am 25.10.2016**

Danke

An erster Stelle möchte ich meinem Mann Gunther danken, dass er mir – wie immer – Kraft und Vertrauen gegeben hat. Er ist und bleibt mein Everest.

Katharina danke ich für ihren Gleichmut, denn sie hat den Rummel um unsere Reise gelassen und ohne Neid ertragen. Danke für ermutigende Aufforderungen, »cool zu bleiben«.

Julia war eine wundervolle Reisepartnerin. Ich danke ihr dafür, dass ich diese wunderbaren Erfahrungen mit ihr gemeinsam machen durfte.

Ich bedanke mich bei allen, die an der Realisierung dieses Buches beteiligt waren.

Es liegt mir am Herzen, mich bei meinem höhenmedizinischen Ausbilder Herrn Prof. Dr. med. Peter Bärtsch zu bedanken. Danke für die engagierte Durchsicht und Hilfestellung bei den höhenmedizinischen Passagen dieses Buches.

Mein ganz besonderer Dank gilt Frau Dr. Christina Knapp, die viele Quellenqualen mit mir ausgestanden hat. Sie war mir nicht nur wertvolle und kritische Gesprächspartnerin, sondern auch thematische Impulsgeberin und geduldige Begleiterin meiner Schreibfortschritte.

Danke an meine engagierte Lektorin Franziska Junghans und an Kaja Lange, meine umsichtige Projektkoordinatorin vom Twentysix Verlag.

Danke an Tanja Rörsch und ihr Team von der Agentur Mainwunder für die kreativen Geistesblitze bei Design und Buchmarketing.

Quellenverzeichnis

»Lhasa – unterwegs in der heiligen Stadt«
In diesem Kapitel wird über König Songtsen Gampo und seine beiden Frauen Brikuti und Wengchen berichtet. Nach: »Tibet. Wahrheit und Legende«. Hrsg. Helfried Weyer. Badenia Verlag Karlsruhe 1982.
»Heimat des Schnees – Land der Götter« von Martin Thöny, erschienen im Weishaupt Verlag, Gnas 1995.

»Vom Prinzen zum Buddha«
Das Zahlenmaterial stammt aus: »Freies Tibet? Staat, Gesellschaft und Ideologie im real existierenden Lamaismus« von Albert Ettinger, Zambon Verlag, Frankfurt 2016.

»Im Kloster Sera« und »Fahrt durch Tibet«
Die sinngemäßen Zitate von Alexandra David-Néel stammen aus:
Mein Weg durch Himmel und Höllen – Das Abenteuer meines Lebens, Frankfurt am Main 1986.
Im Herzen des Himalaya – Unterwegs in Nepal, Wiesbaden 2015.
Magier und Heilige in Tibet, München 2005.

»Der Junge auf dem Löwenthron« und »Der Weg geht weiter«
Diese Kapitel bauen auf historischen Recherchen auf, wie sie in nachstehenden Quellen zu finden sind:
»A History of Modern Tibet Volume I: 1913–1951, The Demise of he lamaist state« von Melvyn C. Goldstein, University of California Press, Berkely 1989, Seite 314 ff.

»Religion und Politik in Tibet« von Michael von Brück, Verlag der Weltreligionen, Frankfurt am Main und Leipzig 2008. Die Bestätigung des Dalai-Lama, dass sich »der Distrikt seines Geburtsortes unter der weltlichen Herrschaft Chinas befand«, wird zitiert nach »Dalai Lama XIV.« von Sabine Wienand, Seite 19, Rowohlt Taschenbuch Verlag, 2009.

Die Schilderungen bezüglich der Inkarnationssuche, der Feierlichkeiten zur Inthronisationszeremonie wurden mit Details aus der autorisierten Biografie des Dalai-Lama versehen: Quelle: »Dalai Lama: Mönch, Mystiker, Mensch« von Mayank Chhaya, Ullstein Buchverlage, Berlin 2009.

Die von Pubu im Kapitel »Der Junge auf dem Löwenthron« ausgeführte alternative Faktenlage unter dem Aspekt »Wem nutzte der 14. Dalai-Lama?« wurde durch nachstehende Quellen überprüft und recherchiert:

»A History of Modern Tibet Volume I: 1913–1951, The Demise of he lamaist state« von Melvyn C. Goldstein, University of California Press, Berkely 1989, Seite 314 ff.

»Freies Tibet? Staat, Gesellschaft und Ideologie im real existierenden Lamaismus« von Albert Ettinger, Zambon Verlag, Frankfurt 2016, Seite 109 ff.

»Quellenqualen« und »Die Rückreise«
Die Aussagen des Dortmunder Ingenieurs Dr. Wang Weiluo sowie die Beschreibung des jugendlichen Dalai-Lama mit Tropenhut und Sonnenbrille wurden dem Film »Kampf um Tibet« der Regisseure Thomas Weidenbach und Shi Ming (Deutschland 2013) entnommen.

Zitate von Martin Thöny aus »Heimat des Schnees – Land der Götter« von Martin Thöny, erschienen im Weishaupt Verlag, Gnas 1995. Der Abdruck der Textpassage erfolgte mit freundlicher Genehmigung von Herbert Weishaupt.

»Die Rolle der Frau« und »Der Abschied und das Geheimnis des Chamäleons«
Es finden sich Zitate Seiner Heiligkeit, des vierzehnten Dalai-Lama, die sinngemäß aus dem »Appell des Dalai Lama für eine säkulare Ethik und Frieden« zitiert wurden.
Quelle: »Der Appell des Dalai Lama an die Welt – Ethik ist wichtiger als Religion« mit Franz Alt, Beneveto Publishing, eine Marke der Red Bull Media House GmbH, Wals bei Salzburg 2015.

»Der Sitz der Götter – die Mutter des Universums«
Textzitate aus dem Lied »Auf uns!« von Andreas Bourani. Abdruck der Textpassagen mit freundlicher Genehmigung der Wanderlust Entertainment GmbH.

Yeshis Rezept für Momos

Füllung:

500 g Kartoffeln, 3 EL Olivenöl, 6 gehackte Zwiebeln, 350 g gehackte Champignons, 350 g geriebener Käse, 1 Bund Koriandergrün, 1 Prise Paprika, Salz und Pfeffer

Kartoffeln kochen, zerdrücken und abkühlen lassen. In einem Topf Olivenöl erhitzen und darin die Zwiebeln weich dünsten. Pilze zugeben und beides zugedeckt zehn Minuten bei niedriger Hitze ziehen lassen. Abkühlen lassen. Dann die Kartoffelmasse mit den Pilzen mischen, Käse und Koriandergrün zugeben und mit Salz und Pfeffer abschmecken.

Teig:

500 g Weizenmehl, 1 ¾ bis 2 ¼ Tassen Wasser

Mehl mit so viel Wasser verkneten, dass ein glatter Teig entsteht. Diesen ausrollen und Kreise von circa 5 cm ausstechen. In die Mitte des Teigstückes die Füllung geben und so einschlagen, dass der Kreis von allen Seiten zusammengefaltet und oben in der Mitte zusammengedrückt wird. In einem Dämpftopf Wasser erhitzen und die Teigtaschen in einem Siebeinsatz 20 Minuten im Dampf garen.

Suppe:

2 EL Olivenöl, 1 gehackte Zwiebel, 2 geschälte und gehackte Tomaten, 1 EL Koriandergrün, 1 Gemüsebrühwürfel, 2 Tassen kochendes Wasser

Das Olivenöl in einem Topf erhitzen, Zwiebeln weich dünsten, Tomaten und Koriandergrün dazugeben und fünf Minuten bei niedriger Hitze ziehen lassen. Im kochenden Wasser die heute üblichen Brühwürfel auflösen und zugießen. 15 Minuten köcheln lassen.

Die Suppe zusammen mit den Teigtaschen servieren.

Autorin

Dr. med. Katja Linke MPH, geboren 1971, studierte Medizin an der Universität Heidelberg und Gesundheitsökonomie an der Medizinischen Hochschule Hannover. Ihre beruflichen Stationen ziehen sich von Deutschland über die Schweiz bis in die USA. Ihre berufliche Philosophie „Wir nehmen uns Zeit – Für Ihre Gesundheit" verwirklicht sie in eigener Hausarztpraxis in Viernheim. Sie lebt mit ihrer Familie an der Bergstraße bei Heidelberg.

»Let's go Himalaya« ist ihr erstes Buchprojekt.

www.katjalinke.de
www.praxislinke.de